青少年犯罪的影响因素、预防指标和措施研究报告

郭开元　主编

中国人民公安大学出版社
·北京·

图书在版编目（CIP）数据

青少年犯罪的影响因素、预防指标和措施研究报告／郭开元主编.—北京：中国人民公安大学出版社，2020.10
ISBN 978-7-5653-4047-5

Ⅰ.①青… Ⅱ.①郭… Ⅲ.①青少年犯罪—研究报告—中国 Ⅳ.①D669.5

中国版本图书馆 CIP 数据核字（2020）第 221904 号

青少年犯罪的影响因素、预防指标和措施研究报告
郭开元 主编

出版发行：	中国人民公安大学出版社
地　　址：	北京市西城区木樨地南里
邮政编码：	100038
经　　销：	新华书店
印　　刷：	涿州市新华印刷有限公司
版　　次：	2020 年 10 月第 1 版
印　　次：	2025 年 1 月第 2 次
印　　张：	13.5
开　　本：	787 毫米×1092 毫米　1/16
字　　数：	251 千字
书　　号：	ISBN 978-7-5653-4047-5
定　　价：	58.00 元
网　　址：	www.cppsup.com.cn　www.porclub.com.cn
电子邮箱：	zbs@cppsup.com　zbs@cppsu.edu.cn

营销中心电话：010-83903991
读者服务部电话（门市）：010-83903257
警官读者俱乐部电话（网购、邮购）：010-83901775
法律图书分社电话：010-83905745

本社图书出现印装质量问题，由本社负责退换
版权所有　侵权必究

前 言

随着经济社会的发展，青少年犯罪依然是严重的社会问题，影响青少年的健康成长。如何有效地预防青少年犯罪，成为青少年发展理论研究的重要课题。针对青少年犯罪的影响因素、预防指标和措施进行研究，有利于科学、有效地开展青少年犯罪预防工作。鉴于此，中国青少年研究中心成立课题组，专门针对青少年犯罪的影响因素和预防指标等问题在全国范围内展开调研。在文献梳理和调研数据分析的基础上，课题组成员撰写了研究报告，汇集成书。

本书共有十章，在对青少年犯罪的总体状况进行概括分析的基础上，从不同层面阐释了影响青少年犯罪的关键因素，并据此提出了青少年犯罪预防的指标体系框架。具体而言，本书主要阐述了以下几个方面的内容：第一，分析了我国青少年犯罪的状况、特征和影响因素，认为家庭、学校和青少年所生活的社会环境对青少年犯罪起到了不同程度的影响作用。第二，从总体上分析了青少年犯罪预防体系的框架，提出青少年犯罪预防指标体系，具有重要的现实意义。第三，从个体因素着手，考察了青少年犯罪的影响因素，旨在从个体因素的影响因子出发开展青少年犯罪的预防工作，提出了青少年犯罪预防的个体指标体系。第四，在青少年生活的家庭环境方面，采取抽样调查方法，从不同角度分析青少年犯罪的家庭因素，认为青少年罪犯的家庭状况和一般人群有着显著差异，其中家庭是否完整、父母的文化程度、父母教养方式等因素与青少年犯罪存在一定程度的相关性。在此基础上，从家庭结构、家庭问题解决、家庭亲密度、父母参与度四个维度来完善家庭功能，预防青少年犯罪。第五，考察了学校教育在青少年犯罪预防中的显著功能，加强对学校教育的理念、内容、方法以及对教育环境等指标体系的研究，对预防青少年犯罪具有很强的现实意义。第六，分析了影响青少年犯罪的社会因素，认为不良的社会因素扭曲了青少年的价值观，不良的社会风气对青少年行为起到不良的导向作用，建议通过弘扬主流价值观、完善立法等方式扭转社会风气，培育健康的社会文化，为青少年的健康成长创造良好的社会环境。第七，分析了青少年重新犯罪的影响因素，并在此基础上提出青少年重新犯罪的预防指标和措施。第八，考察了未成年人犯罪预防和非刑罚处罚措施，提出应对青少年犯罪应始终坚持保护主义的理念，因此，未成年人犯罪的预防和处置措施应坚持以最有利于未成年犯罪人的改造和重返社会为原则。最后一部分是未成年人刑事司法的社会参与，建议建立社会参与的长效机制，推动部门协调，调动社会资源，让全社会来共同营造有利于犯罪未成年人回归社会的良好氛围。

本书的创新之处在于，第一，在于翔实的一手数据材料的收集。通过调查问卷和个案访谈等方式，掌握了大量的实证数据和资料，保证了课题研究的客观性、真实性和科学性。第二，研究结论兼具实证性和前瞻性。本次研究的结论是在充分调研的基础上，对数据进行综合分析后，同时，结合青少年犯罪理论得出的结论，尽可能地做到理论与实际的结合。第三，在对青少年犯罪影响因素进行分类分析总结后，提出了具有针对性的预防指标体系，这是本书的创新之处，对青少年犯罪预防工作具有一定指导意义和参考价值。

青少年犯罪预防是一个长期性的、复杂的社会工程。青少年犯罪问题的解决，既需要健康的家庭建设、科学的学校教育，还需要广泛的社会参与，只有全社会共同织密稳固的安全防护网，才能防止未成年人在成长的道路上迷失。对青少年犯罪问题的研究，要求青少年科研工作者不仅应有"只争朝夕"的紧迫使命感，还应秉持"久久为功"的原则，注重积累和创新。本书的出版，正是本着这样的使命感、责任感、紧迫感，在大量实证调研的基础上，力求全面客观地分析青少年犯罪的新特点、新问题、新规律，并提出有针对性的对策建议，进一步加强青少年犯罪预防工作。

课题组
2020 年 6 月 28 日

目 录

第一章　我国青少年犯罪状况、特征和影响因素研究报告　　1

 一、研究方法与调研情况　　1
 二、青少年罪犯的群体特征　　2
 三、青少年罪犯的犯罪状况与特征　　5
 四、青少年犯罪的影响因素分析　　15

第二章　青少年犯罪预防体系的框架分析　　22

 一、青少年犯罪的概念界定　　22
 二、国外青少年犯罪的现状　　24
 三、我国青少年犯罪的现状和特征　　27
 四、青少年犯罪预防体系的框架　　29

第三章　青少年犯罪的个体因素及预防指标　　33

 一、主要的个体因素相关的青少年犯罪理论　　34
 二、本研究的个体因素相关的青少年犯罪理论　　35
 三、青少年偏差行为的测量　　36
 四、社会态度　　40
 五、青少年犯罪预防体系个体指标分析　　43
 六、结论与讨论　　45

第四章 未成年人犯罪的家庭影响因素   47

  引言   47
  一、调查数据与研究方法   48
  二、研究过程分析   50
  三、研究结论与讨论   55

第五章 青少年犯罪的家庭因素和预防指标   58

  一、家庭环境   58
  二、家庭功能   61
  三、结论   82

第六章 青少年犯罪的学校教育因素及预防措施   83

  一、学校教育在青少年犯罪预防中的功能   83
  二、学校教育中的青少年犯罪影响因素   84
  三、青少年犯罪预防的学校教育措施   95

第七章 青少年犯罪的社会因素及预防措施   97

  一、媒体对青少年的不良影响及预防措施   97
  二、失学和失业对青少年犯罪的影响及预防措施   101
  三、网吧及 KTV 等公共娱乐场所对青少年犯罪的影响及预防措施   104
  四、其他不良社会因素对青少年犯罪的影响及预防措施   109

第八章 青少年重新犯罪的影响因素、预防指标和措施   121

  一、青少年重新犯罪的影响因素   121
  二、青少年重新犯罪的预防指标和措施   131

第九章　未成年人犯罪预防与非刑罚处罚措施　140

引言　140
一、收容教养制度的完善　142
二、工读学校制度的重构　144
三、保护处分体系的构建　147
结语　150

第十章　未成年人刑事司法的社会参与　151

一、未成年人刑事司法社会参与的必要性　152
二、未成年人刑事司法社会参与的主体　156
三、未成年人刑事司法社会参与的内容　160
四、未成年人刑事司法社会参与的保障机制　166

附　录　调查问卷　172

第一章 我国青少年犯罪状况、特征和影响因素研究报告

郭开元[*] 林毓敏[**]

青少年是国家、民族的未来与希望。近年来，因为家庭、学校、社会等多方面的原因，青少年犯罪问题较为严重。如何有效地预防与控制青少年犯罪，是一个综合性的社会问题。预防和控制青少年犯罪的重要基础和现实根据是深入理解我国青少年犯罪的现状和特征，分析青少年犯罪的影响因素，进而提出预防青少年犯罪的对策建议。为实现上述研究目标，中国青少年研究中心针对青少年犯罪的影响因素和预防指标在全国范围内开展调研活动。

一、研究方法与调研情况

本课题的研究方法主要是定量分析与定性分析，调查与收集研究资料的方法包括问卷调查和个案访谈，抽样的调研省（市）是从东部、中部和西部地区中分别抽取2个省（市），共6个省（市）。

（一）问卷调查

设计的调查问卷分为两类（A类、B类），A类调查问卷主要发放对象是14~25周岁的青少年犯，B类调查问卷则针对14~25周岁的青少年，每个抽样省（市）发放问卷1200份，本次共发放问卷7200份，回收有效问卷共6631份，其中A类调查问卷有3338份，B类调查问卷有3293份。课题组成员严格按照课题调查方案的样本抽样要求，到未成年犯管教所、监狱、学校等地组织问卷调查，确保调查问卷数据的真实性。

---

[*] 郭开元，中国青少年研究中心青少年法律研究所所长，《预防青少年犯罪研究》执行主编，研究员。

[**] 林毓敏，天津社会科学院助理研究员。

(二) 个案访谈

本次调查的访谈对象主要是从上述接受 A 类问卷调查的青少年犯中抽样确定,每个抽样省(市)包括 4 名未成年男犯、4 名成年男犯、2 名未成年女犯和 2 名成年女犯,共访谈个案 80 起。通过个案访谈,收集了大量的关于青少年犯罪的第一手资料。

二、青少年罪犯的群体特征

(一) 青少年罪犯的人口学特征

统计数据显示,在本次调查中,70.1%的在押犯属于青少年犯;36.6%的在押犯为未成年犯,其中男性未成年犯占绝大多数(92.5%)。少数民族在各类别的罪犯群体中所占比例大致相当,均在10%以下。

1. 犯罪年龄分布集中

青少年罪犯的犯罪年龄主要集中在 15~16 岁,以 16 岁所占的比例最大(17.97%)。青少年罪犯的年龄均值为 18.28 岁,而未成年犯的年龄均值为 15.46 岁,成年犯的年龄均值为 21.35 岁(见图1-1)。

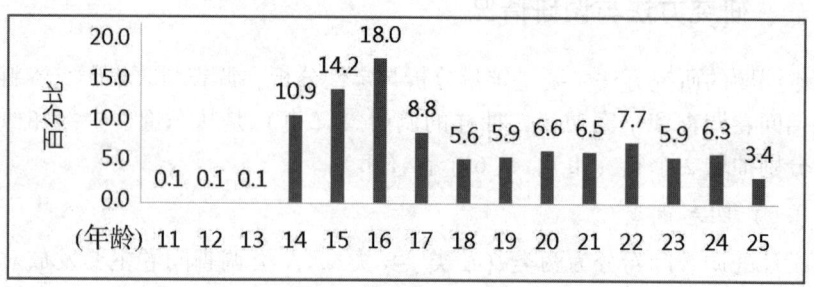

图1-1　青少年犯罪年龄分布图(%)

2. 青少年罪犯的文化程度偏低

在文化程度上,青少年罪犯的受教育水平普遍偏低,其中,90%以上的未成年犯的受教育程度是初中以下文化水平,近30%的未成年犯仅接受过小学教育。成年犯的受教育程度相对高些,70%左右的成年犯是初中以下文化水平,近30%的成年犯的受教育程度是高中以上水平。这与多数未成年犯正值学龄期也有关系。

3. 青少年罪犯的家庭经济状况差

调查显示,家庭经济状况与青少年犯罪具有一定的相关性,23.3%的青少年犯认为自己家庭困难,而对照组中仅有 8.4% 的普通青少年认为自己出身困难家庭。相较女性青少年犯,男性青少年犯家境贫寒的特征更为突出,25.7% 的男性青少年犯的家庭困难,而女性青少年犯的对应数据为 18.2%。此外,相较成年犯(27.9%),未成年犯(20.8%)的家庭贫困率也较低;未成年犯中认为自己家庭经济状况好的比例也较低,只有 6.3%。总体而言,家庭经济状况对男性青少年犯或未成年犯的影响,要比对女性青少年犯或成年犯的影响更加严重(见图 1-2)。

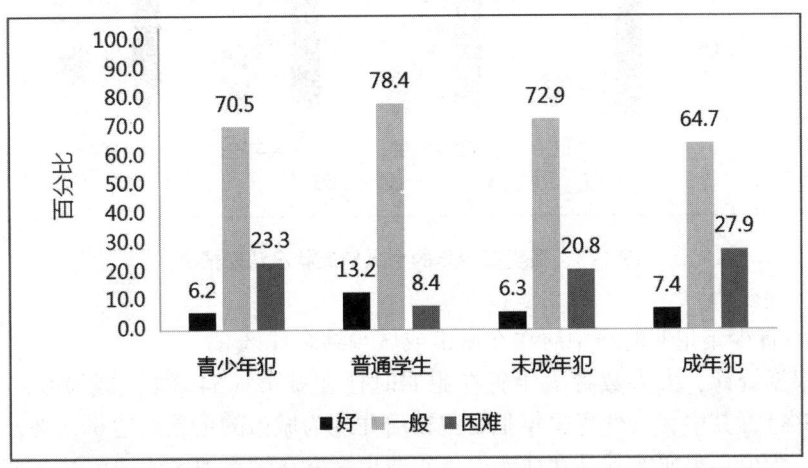

图 1-2 四类青少年的家庭经济状况认知情况

4. 青少年罪犯的个人健康状况一般

青少年犯容易倾向于认为自身的健康状况偏差(6.5%),在普通青少年中,仅有 3% 的人如此认为;未成年犯与成年犯在该问题的认知上有着较大的差异。未成年犯对个人健康状况的认知更为乐观,仅有 5.6% 的未成年犯认为自身健康状况差,将近 1/2(48.6%)和 45.8% 的未成年犯分别认为自己健康状况为好或一般。成年犯中认为自己健康状况好的只有 33.5%,超过一半(54.7%)和超过 1/10(11.8%)的人认为自己健康状况一般乃至差(见图 1-3)。

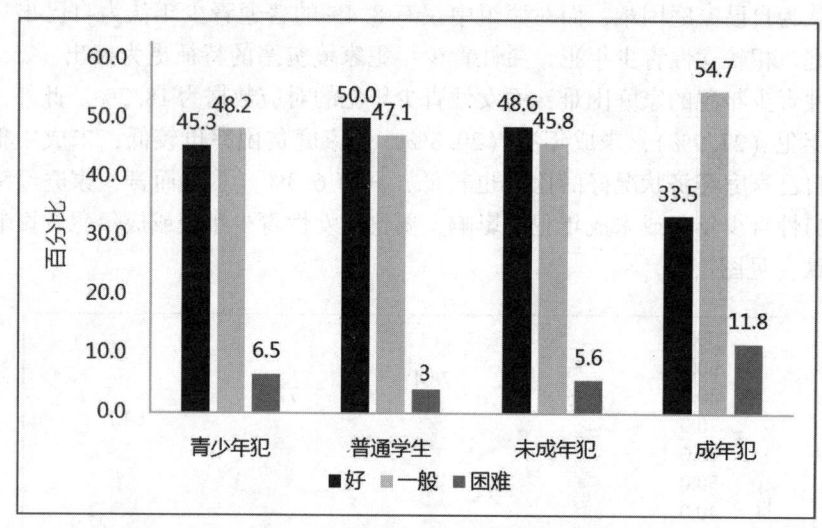

图1-3 四类青少年的个人健康状况认知情况

5. 青少年犯罪时集中居住在城市或城乡结合地区

根据统计，大多数青少年犯在犯罪时住在城市（54.3%）或城乡结合部（19.5%），其中，女性青少年犯的犯罪居住地为城市的更是高达64.0%，由此推定，青少年犯罪尤其是女性青少年犯罪也多发在城市地区或城乡结合部。其中，未成年犯和成年犯在犯罪时居住地的集中次序相同，均依次是城市、城乡结合部与农村。不过，相较成年犯，未成年犯犯罪时居住在城乡结合部或农村地区的比例均更高，分别为22.3%和29.9%，成年犯的相应数据则为16.0%和21.4%；但犯罪时居住地为城市的未成年犯比例则较低，不足总数的一半（47.8%），成年犯比例明显偏高，达62.6%。

6. 过半数的青少年罪犯的生活状态闲散

生活状态与青少年犯走上犯罪道路有很大的相关性，可以说闲散性是大多数青少年犯在犯罪时或犯罪前的明显特征。超过一半的青少年犯在犯罪时处于"既没有上学也没有工作"的状态。调查显示，未成年犯在犯罪前"在上学"的仅有19.3%，"在工作"的仅有21.2%，"既没有上学也没有工作"的则有55.2%；成年犯犯罪前处在工作状态的比例较高些，占37.0%，"在上学"的仅有2.1%，"既没有上学也没有工作"的比例与未成年犯大致相当，达到52.6%。说明无论是成年犯，还是未成年犯，都具有明显的闲散性；同时相较成年人，未成年人在无所事事时更容易有犯罪倾向。

(二) 青少年罪犯的日常行为特征

青少年犯的犯罪行为倾向大都在日常生活中已有苗头，体现为具有明显的反规范倾向和不良行为倾向。

1. 青少年罪犯具有明显的反规范倾向

青少年犯具有较严重的反规范倾向，分别有23.9%与47.4%的青少年犯曾因违反学校纪律而转学或不去学校上学，普通青少年相应的数据仅为1.1%与2.6%。反规范倾向在未成年犯中表现得尤为突出，分别有33.2%和61.9%的未成年犯都曾因违反学校纪律而转学或不去上学，成年犯中相应的比例则为11.2%和39.1%。由此可以得出结论，青少年日常违反学校纪律的行为应该受到及时的关注与重视，对其进行批评教育时，应注意遏制其逃学的倾向，防止其因无聊而结交社会不良青年并因此走上犯罪道路。

2. 青少年罪犯具有明显的不良行为倾向

相较普通青少年，青少年犯的不良行为倾向也较为普遍。此次调查发现，存在每种特定不良行为的青少年犯占20%~30%，而普通青少年则不超过3%。在问卷所列举的26种不良行为中，平均每个青少年经常发生其中的15.63种。青少年犯经常发生的不良行为包括：玩网络暴力游戏（30.8%）、逃学（28.1%）、考试作弊（18.3%）、打群架（17.9%）、离家出走（16.3%）、浏览网络色情信息（12.9%）、携带刀具进入校园（12.6%）等。未成年犯的不良行为倾向尤其明显，75.1%的未成年犯离家出走，经常离家出走的占其中1/3；分别有81.6%、82.4%的未成年犯打群架或者逃学，其中经常打群架或者逃学的未成年犯分别有28.6%、38.0%。

值得关注的是，两大"毒瘤"即网络和毒品在未成年犯的日常生活中已占据不容忽视的位置。未成年犯中沉溺网络现象严重，71.2%、79.5%的未成年犯都有过浏览网络色情信息或玩网络暴力游戏的不良行为，经常玩网络暴力游戏的未成年犯更是高达45.2%。此外，毒品在未成年犯中也已经泛滥，四分之一（25.6%）的未成年犯有过吸食摇头丸、K粉等吸毒行为，是普通青少年（1.5%）的17倍。

三、青少年罪犯的犯罪状况与特征

(一) 犯罪类型

1. 犯罪类型多为暴力犯罪

青少年犯的犯罪类型多集中于抢劫（34.3%）、贩毒（19.1%）。未成年犯实施抢劫罪的比例高达50.0%，其次是故意伤害（18.7%）、强奸（13.4%）、盗窃（9.9%）、故意杀人（15.4%）、贩毒（5.3%）、寻衅滋事（3.4%）、聚众斗殴（2.1%）、抢夺（2.0%）、猥亵妇女（1.9%）、诈骗（0.7%）、敲诈勒索（0.7%）、赌博（0.5%）。除去具有暴力与牟利双重性质的复合型犯罪，未成年犯中超过一半的犯罪集中在暴力型犯罪，远远多于财产型犯罪，具有明显的暴力倾向；成年犯罪与女性犯罪则集中于财产型犯罪，尤其是贩毒的比例远远高于未成年犯（见表1-1）。

表1-1 不同犯罪主体的犯罪行为类型分布（%）

	犯罪类型	未成年犯	成年犯	女犯
复合型	抢劫	50.0	12.1	7.5
	抢夺	2.0	1.3	0.6
	敲诈勒索	0.7	1.0	0.9
	寻衅滋事	3.4	1.8	1.1
暴力型	故意杀人	15.4	5.4	6.0
	故意伤害	18.7	7.9	5.6
	聚众斗殴	2.1	1.5	0.2
	性犯罪（强奸、猥亵妇女）	13.4, 1.9	2.9	1.3
财产型	贩毒	5.3	33.2	43.4
	盗窃	9.9	10.5	4.4
	诈骗	0.7	12.7	15.2
	赌博	0.5	1.5	0.9
	其他型	3.9	17.9	18.5

2. 青少年重新犯罪出现"升级"

青少年重新犯罪类型的集中情况与其初犯时大体相同，均集中于抢劫、故意伤害等；而且在重新犯罪时存在"犯罪升级"的情况，即青少年犯尤其是未成年犯在重新犯罪时犯危害性较严重的犯罪（如抢劫、故意伤害、贩毒等）的比例较首次犯罪时高，犯危害性较轻的犯罪（如抢夺、寻衅滋事、诈骗等）的比例则较首次犯罪时低。值得注意的是，未成年犯再犯故意杀人或强奸的比例均较初犯时低，这或许可以从侧面说明再犯中激情犯罪的比例相较下降，而预谋犯罪的比例则上升。经对比，在有重新犯罪经历的未成年犯中，首次犯抢劫罪的比例为40.5%，而再犯时犯抢劫罪的比例则高达51.7%，较首次犯抢劫罪的比例高出 10 个百分点；此外，未成年犯的重新犯罪还存在财产犯罪转化为暴力犯罪的情况，盗窃犯罪的比例下降 5.9%，故意杀人犯罪的比例则上升将近 10 个百分点，故意伤害、强奸等严重暴力型犯罪的比重也均有提高。经比较可以发现，未成年犯"犯罪升级"的情况较青少年犯严重。此外，未成年犯与成年犯初犯的犯罪类型相差较大，未成年犯高发的首次犯罪类型依次是抢劫（40.5%）、故意伤害（17.0%）、盗窃（15.9%）、寻衅滋事（13.1%）、聚众斗殴（11.2%）、强奸（9.5%）、故意杀人（6.7%）（见表 1-2）；成年犯高发的首次犯罪类型则依次是贩毒（24.5%）、盗窃（17.9%）、故意伤害（12.0%）。

表 1-2 青少年犯与未成年犯的初再犯罪类型比较（%）

犯罪类型	青少年犯		未成年犯	
	初犯	再犯	初犯	再犯
抢劫	31.9	40.3	40.5	51.7
抢夺	4.0	2.6	4.2	2.7
敲诈勒索	3.3	1.9	3.6	1.3
寻衅滋事	12.6	5.0	13.1	5.3
故意杀人	5.5	4.7	6.7	6.4
故意伤害	14.8	16.0	17.0	18.3
聚众斗殴	9.3	3.6	11.2	3.7
强奸	8.6	10.3	9.5	13.5
猥亵妇女	2.7	2.4	2.8	2.9
贩毒	9.5	14.1	4.7	4.8
盗窃	16.0	16.0	15.9	14.6
诈骗	3.3	2.8	1.7	1.1
赌博	1.5	0.9	0.8	1.3

注：样本为调查中存在重新犯罪的青少年犯（样本量为 581）与未成年犯（样本量为 377）。

(二) 共同犯罪

1. 青少年犯罪多数为共同犯罪

青少年犯对于共同犯罪表现出明显偏好，70%以上的青少年犯罪属于共同犯罪，其中未成年犯中共同犯罪的比例接近80%（77.7%），明显高于成年犯与女犯（分别为64.3%、65.9%），比后两者高出12个百分点左右；未成年犯中三人共同作案的更是高达65.8%，成年犯与女犯的相应比例分别为45.1%、45.2%，前者比后两者多出近一半。这说明，团伙集结对于未成年犯罪，尤其是未成年男犯走上犯罪道路的影响不容忽视。

调查数据显示，共同犯罪的犯罪类型与该犯罪主体的犯罪行为类型具有高度一致性，且在不同犯罪主体中显示出巨大差异。未成年犯共同犯罪的暴力性质更加明显，主要集中于抢劫、故意伤害与性犯罪，但故意杀人的共同犯罪率相较前几类犯罪明显偏低，在一定程度上可以反映出未成年犯故意杀人多为激情犯罪，而非有预谋的共同犯罪。成年犯与女犯在实施共同犯罪时，则更集中于贩毒、诈骗、抢劫等犯罪，说明二者的共同犯罪倾向于谋取财产性利益（见表1-3）。

表1-3 不同犯罪主体的共同犯罪类型分布（%）

	犯罪类型	未成年犯	成年犯	女犯
复合型	抢劫	57.4 (50.0)	15.7 (12.1)	10.7 (7.5)
	抢夺	2.1 (2.0)	1.6 (1.3)	0.6 (0.6)
	敲诈勒索	0.6 (0.7)	1.5 (1.0)	1.3 (0.9)
	寻衅滋事	3.7 (3.4)	2.2 (1.8)	1.3 (1.1)
暴力型	故意杀人	5.4 (15.4)	3.0 (5.4)	3.2 (6.0)
	故意伤害	17.2 (18.7)	7.7 (7.9)	4.8 (5.6)
	聚众斗殴	2.1 (2.1)	2.1 (1.5)	0.4 (0.2)
	性犯罪（强奸、猥亵妇女）	12.6 (5.3)	2.3 (2.9)	1.8 (1.3)
财产型	贩毒	4.3 (5.3)	32.5 (33.2)	43.2 (43.4)
	盗窃	9.8 (9.9)	10.8 (10.5)	3.6 (4.4)
	诈骗	0.7 (0.7)	11.1 (12.7)	13.1 (15.2)
	赌博	0.6 (0.5)	1.8 (1.5)	1.2 (0.9)
	其他型	3.7 (3.9)	18.5 (17.9)	21.4 (18.5)

注：括号内数据为对应全部犯罪主体的犯罪行为类型。

2. 受"朋友义气"影响或者对法律责任存在误解

对此的解释之一可见于未成年犯对于"朋友义气"的高度认同和对法律责任的重大误解。36.2%的未成年犯出于"朋友义气"而犯罪,36.4%的未成年犯认为"为朋友两肋插刀,值得",这些想法认识在共同犯罪群体中更为普遍,分别有43.6%、38.4%的共同犯罪未成年犯持有上述两种观念;而成年犯中持相同观点的比例分别是21.0%、25.1%,女犯中持相同观点的比例分别为21.8%、22.9%,明显低于未成年犯。此外,28.8%的未成年犯认为"几个人一起干责任可以分担",比成年犯(13.7%)高出15个百分点,比女犯(9.9%)高出近20个百分点。

(三) 犯罪地点

1. 近六成的未成年人犯罪为街头犯罪

青少年犯对街头犯罪具有明显的偏好,该特征在年龄较小的未成年犯中表现尤其突出。接近一半的未成年人犯罪属于街头犯罪(62.9%),成年犯(27.1%)虽具有同样的倾向,但比例仅为前者的1/2左右,女犯街头犯罪的比例相较更低,仅为19.9%。这与未成年犯的犯罪类型有关。未成年犯中抢劫犯罪比重很高,占全部犯罪的将近一半,而抢劫犯罪多发生在街头,因此未成年犯街头犯罪的比例自然不低。通过交叉分析,发现街头犯罪的未成年犯中有66.7%是抢劫犯罪,未成年犯街头犯罪与抢劫犯罪之间具有一定的相关性(皮尔森相关系数为0.314),且该相关性具有统计学意义上的显著性(见表1-4)。

表1-4 未成年犯街头犯罪与抢劫犯罪交叉表(%)

抢劫	街头犯罪		合计
	否	是	
否	68.5	31.5	100.0
是	37.1	62.9	100.0
合计	52.8	47.2	100.0

此外,未成年犯街头犯罪与共同犯罪同样具有一定的相关性(皮尔森相关系数为0.245),且该相关性具有统计学意义上的显著性。通过交叉分析,可以发现属于街头犯罪的未成年犯中有76.8%拥有2个以上的犯罪同伙,有88.6%为共同作案(见表1-5)。

表1-5 未成年犯街头犯罪与共同犯罪交叉表（%）

犯罪同伙	街头犯罪		合计
	否	是	
没有	75.3	24.7	100.0
1个	50.0	50.0	100.0
2个及以上	41.2	58.8	100.0
合计	49.9	50.1	100.0

2. 偏好公共场所作案

成年犯、女犯选择在出租屋、宾馆作案的比例要比未成年犯高，约40%的成年犯和50%的女犯的作案场所为出租屋与宾馆，其中，出租屋更是女犯作案最集中的场所（30.1%）。未成年犯在出租屋与宾馆作案的比例为24.6%。此外，20%以上的未成年犯选择在网吧、酒吧、KTV等特殊公共场所作案，这与前述未成年犯的日常不良行为习性如玩网络暴力游戏等有一定的关联性。可以得出结论，不同于成年犯与女犯的犯罪偏好在室内等私密场所作案，未成年犯则偏好在街头、网吧等公共场所作案。这与未成年人犯罪的性质有关：未成年犯中激情犯罪的比例相较更高，4/5的未成年犯（81.1%）在犯罪时只是"一时冲动，什么都没想"，成年犯与女犯的相应比例分别是70.4%与69.9%，分别少了10多个百分点（见表1-6）。

表1-6 不同犯罪主体的犯罪地点偏好（%）

偏好	未成年犯		成年犯		女犯	
1	街头	47.5	街头	27.1	出租屋	30.1
2	网吧 酒吧 KTV等公共场所	24.8	其他	25.0	其他	24.9
3	学校附近	13.9	出租屋	24.9	街头	19.9
4	出租屋	12.4	宾馆	16.2	宾馆	19.1
5	其他	12.3	网吧 酒吧 KTV等公共场所	11.3	网吧 酒吧 KTV等公共场所	9.2
6	宾馆	12.2	学校附近	1.1	学校附近	0.6
7	学校	6.6	学校	0.8	学校	0.6

（四）犯罪时间

青少年犯对夜晚作案也有明显的偏好，但以未成年犯为典型。未成年犯的犯罪更多地在夜晚发生，56.9%发生于晚上7点至凌晨1点，其中34.9%集中发生于晚上7点到11点；成年犯与女犯的犯罪则更多发生在白天，42.9%的成年犯、38.7%的女犯选择在夜晚作案。这与未成年犯倾向于在公共场所犯罪有关系，夜幕下在公共场所犯罪很难被他人发现或被抓获。值得注意的是，三类犯罪群体作案的高峰期均是晚上7点到11点，但以未成年犯所占的比例最高（34.9%），比成年犯和女犯高了近8个百分点。

（五）犯罪心理

1. 对犯罪后果认识不清，犯罪侥幸心理特征明显

未成年犯中认为犯罪过程中"没有什么可担心的"的比例高达38.3%，明显高于成年犯（26.5%）。结合未成年人犯罪的暴力倾向特征，未成年人犯罪被害人的境遇堪忧。未成年犯这种不管不顾的想法与其侥幸心理有较大关系，相较成年犯（16.8%），前者更倾向于"凭经验认为不会被抓住"（33.4%）、"犯罪后即使被抓住，找关系也可以放出来"（21.7%）。

此外，未成年犯在犯罪过程中最为担心的情况是"被电子摄像头拍摄到"（28.3%），其次是"被熟人认出来"（21.6%）、"治安人员巡逻"（20.8%）、"被害人反抗"（15.1%）；成年犯则依次是"治安人员巡逻"（24.8%）、"被电子摄像头拍摄到"（21.3%）、"被熟人认出来"（19.6%）、"被害人反抗"（9.5%）。害怕"被电子摄像头拍摄到"与未成年犯的犯罪场所集中于公共场所有一定关系，街头、网吧、KTV等地方电子摄像头的配置比较多见，在一定程度上相当于巡逻人员。

2. 犯罪原因的自我评价——受外界影响明显

青少年犯的犯罪原因有多种，与成年犯相同，其最主要的犯罪原因均是法律意识淡漠、自控能力差；相较成年犯，未成年犯好奇心更强，更讲义气，也更容易受到外界的影响，因"受坏人教唆"、"好奇心"、"受影视作品影响"、"受互联网影响"、"朋友义气"等犯罪的比例要明显高于成年犯。在选择"自我控制力低"的比例上，二者持平；选择因"朋友义气"犯罪的比例上，二者相差悬殊，未成年犯比成年犯高出15个百分点；因"好奇心"、"受影视作品影响"、"受互联网影响"的未成年犯比例也均高出成年犯近10个百分点（见表1-7）。

表1-7 成年犯与未成年犯的犯罪原因比较（%）

犯罪原因	未成年犯	成年犯
自我控制力低	55.5	54.9
受坏人教唆	20.6	14.8
好奇心	24.2	15.1
不懂法律	56.9	51.4
报复社会	2.9	2.0
受影视作品影响	10.5	3.4
受互联网影响	11.3	3.1
朋友义气	36.2	21.0
学历低，找不到好工作	9.4	15.9
其他	7.0	10.2

相较之下，男犯与女犯在对犯罪原因进行自我反省时，差异不大，主要原因仍是"自我控制力低"与"不懂法律"，但该两类在女犯中的比重均略高。不过在因"受影视作品影响"、"朋友义气"、"受互联网影响"而犯罪的女犯比例显低于男犯，均少了近10个百分点，说明女犯的犯罪原因更多的是出于自身，外界因素对其影响要弱于男犯（见表1-8）。

表1-8 男犯与女犯的犯罪原因比较（%）

犯罪原因	男犯	女犯
自我控制力低	54.4	56.3
受坏人教唆	17.3	15.9
好奇心	18.7	17.5
不懂法律	52.7	53.7
报复社会	3.2	0.8
受影视作品影响	9.2	1.0

续表

犯罪原因	男犯	女犯
受互联网影响	8.7	2.0
朋友义气	29.1	21.8
学历低，找不到好工作	13.8	12.5
其他	9.0	8.9

（六）刑罚与矫治成效

1. 科刑轻刑化

统计显示，虽然青少年犯的犯罪类型多集中于暴力犯罪，法院对青少年犯的科刑仍偏于轻缓，从未成年犯与成年犯的刑罚处遇差异可见一斑。在刑种的选择上，二者呈现的差异并不明显；但法院对未成年犯具体刑期的科处明显轻于成年犯，接近50%的未成年犯刑期为5年以下，成年犯被判处刑期在5年以下仅有30%左右，1.5%的未成年犯被判处无期徒刑，成年犯中的相应比例则高达10.1%。值得注意的是，数据显示，法院对女犯的量刑明显重于男犯，其对女犯科刑的刑期分布与成年犯有高度的相似性，但女犯被判处无期徒刑乃至死缓的比例为三者中最高，达11.4%（见图1-4）。

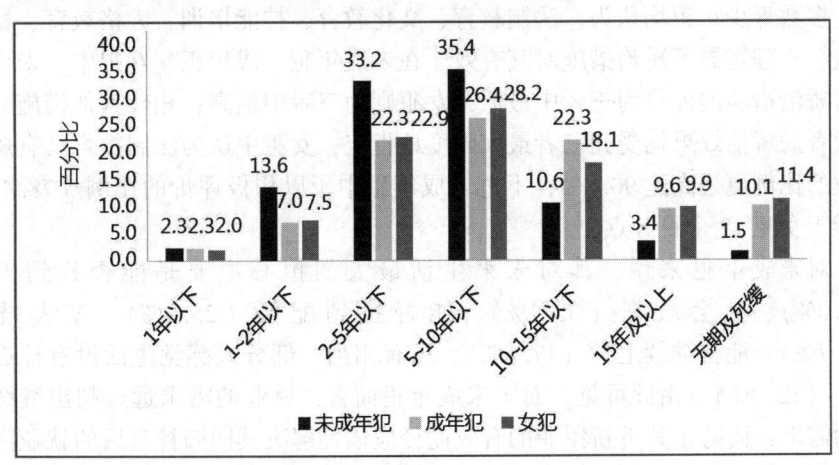

图1-4　不同犯罪主体的刑期分布

2. 再犯构成比例较高

调查数据显示，26.9%的青少年犯、33.4%的未成年犯属于再犯，相较重刑之下成年犯中27.4%的再犯构成，1/3的未成年再犯构成的比例较高。再犯的原因有多种，关键的原因在于无法从就学、就业等渠道帮助青少年犯在首次犯罪后实现正常的社会化，具体原因可以总结为五类。一是刑罚严厉度不足。未成年犯的刑罚严厉感知程度明显低于成年犯，23.9%的未成年犯认为上一次犯罪所受到的处罚并不严厉，成年犯中仅有10.8%如此认为；33.6%的未成年犯认为非常严厉，成年犯中认为非常严厉的占47.2%。二是学校教育难以为继。回归社会后希望接受帮助继续回到学校的未成年犯有22%，但只有14.9%的未成年犯在上次犯罪之后选择继续上学，12.8%的曾有犯罪经历的未成年犯面临"被学校开除、没法继续上学"的困境，辍学、外出打工或无业的比例高达78%。三是情感诉求难以得到满足。20.8%的未成年犯在回归家庭后缺少家庭关爱，23.7%的未成年犯在其上一次接受处罚回到社会时迫切需要接受心理辅导。四是不良交友的掣肘。40.7%的未成年犯虽已接受教育改造，但仍难以脱离以前的朋友圈，超过30%的未成年犯在回归社会后，希望能够获得帮助远离以前的朋友、结交新朋友。五是生存技能的缺失。不论未成年犯还是成年犯，多数对于学习一项技能或找到工作的愿望都比较强烈，因为无一技之长或找不到工作也成为其回归社会面临的主要困难之一。

3. 矫治措施评价略低，回归社会的态度较消极

多数青少年犯均认为，法制教育、文化教育、技能培训、人格教育、社会帮教、心理辅导等矫治措施对其有效。在未成年犯、成年犯、女犯中，未成年犯对矫治措施的评价为三者中最低，女犯则为三者中最高；相较其他措施，法制教育的矫治效果均受到三者最大限度地肯定，女犯中认为法制教育具有矫治成效的比例更是高达90.8%，不过未成年犯中予以积极评价的比例（78.4%）仍低于女犯12个百分点。

对未成年犯来说，其对未来生活最大的担心主要是能否找到工作（50.0%）、社会歧视（35.1%）、能否找到配偶（25.9%）、家人歧视（23.7%）、能否继续上学（17.6%），还有相当一部分人感觉生活没有什么希望了（12.9%）。由此可见，对于未成年犯而言，就业的需求远远超出继续求学的需求，而防止其重新犯罪的有效途径应该是解决其回归社会后的就业问题与社会关系重塑。

四、青少年犯罪的影响因素分析

(一) 青少年犯的家庭功能缺陷

多数青少年犯的家庭在实现情感支持、长辈教育、科学决策、休闲娱乐等功能方面表现平平,家庭融洽程度、幸福程度、民主程度等同样不尽如人意。调查中,青少年犯对有关家庭功能的每个积极性测量指标做否定性评价的比例远远高于普通青少年,是后者的数倍。有趣的是,未成年犯对家庭功能的积极性评价普遍低于成年犯,男性青少年犯对家庭功能的积极性评价也低于女性青少年犯。总体而言,青少年犯的家庭在帮助青少年成长、实现正常社会化方面存在明显的缺陷。

1. 家庭情感支持力度低

对青少年犯而言,家庭对其情感需求的满足程度明显远远低于同龄人。在未成年犯中,认为在有困难时,家庭成员没有或只是偶尔"会尽最大的努力相互支持帮助"的占17.5%,普通青少年则为3.71%,前者是后者的近五倍;一半以上的未成年犯(52.6%)认为家庭成员从不或只是偶尔"主动向家里其他人谈自己心里话",普通青少年中如此认为的占1/5(20.0%)。

未成年犯的交友情况在家庭里所获得的认同,也不及普通未成年人。认为家庭成员之间并不或者只是偶尔"熟悉每个成员的亲密朋友"的未成年犯占总数的接近一半(48.0%),普通青少年中的相应比例为14.0%;认为在家中,每个家庭成员的朋友不会或只是偶尔"受到热情的接待"的未成年犯有28.6%,普通青少年则为15.1%。

2. 家庭成员之间亲密度不足

青少年犯家庭的成员关系相较普通青少年并不密切,成员之间缺乏促进情感增长的有效沟通。29.3%的未成年犯认为其家庭成员之间的关系并非或者只是偶尔"非常密切",普通未成年人的相应比例为6.2%。关系的疏远,导致家庭成员向亲人提出要求时难以启齿。45.8%的未成年犯认为,在他们家里,家庭成员不能或者只是偶尔可以"随便提出自己的要求",而只有18.2%的普通青少年会如此认为。家庭成员之间亲密度的不足还体现在,在未成年犯的家庭中,家庭成员之间"分享彼此兴趣爱好的情况"更加难得,也更倾向于"愿意分开做事,而不太愿意和全家人一起做"。"当家庭产生矛盾时",未成年犯家庭里的成员也更容易"把自己的想法藏在心里"。

3. 家庭民主氛围较弱

青少年犯家庭的民主气氛较差,他们并不喜欢共同讨论问题并参与决策。

45.3%的未成年犯认为其家庭成员不会或只是偶尔会"一起讨论问题并对问题的解决感到满意",50.0%的未成年犯认为其家庭成员在自己做决策时不会或只是偶尔"喜欢与家人一起商量",普通青少年中的相应比例分别为9.0%与10.3%。

4. 家教方式不合理

青少年犯的家庭较不容易形成持久且合理可接受的家教传统。34.6%的未成年犯并不或只是偶尔认为其"家里的家教是合理的",普通未成年人的相应比例是5.8%;51.3%的未成年犯不认为或只是偶尔认为其"家庭的生活规律或家规难以改变",普通未成年人中则只有29.7%如此认为,说明前者家庭的家教传统相对较弱,对其不具有效的约束力。

5. 家庭休闲娱乐不足

青少年犯家庭的休闲娱乐活动更少或更单一。50.6%的未成年犯觉得其家里并不或只是偶尔"进行聚餐、看电影等活动",普通未成年人的家庭则活跃很多,只有20.2%的人如此认为;相应地,50.7%的未成年犯的家庭并不或只是偶尔"共同度过业余时间",普通未成年人的相应比例为13.4%。由于家庭休闲活动的匮乏,青少年更倾向于把空闲时间花费在交友、上网等活动中。

6. 家庭事务参与不积极,家庭责任感差

青少年犯家庭中的事务分配相较不合理,成员对于共同参与家务的热情普遍不高。将近一半(44.0%)的未成年犯认为其家里每个人并非或只是偶尔"承担家庭的义务",38.5%的未成年犯认为家里并不"轮流分担家务",还有20.4%的未成年犯认为家里只是偶尔"轮流分担家务";相较之下,只有不到10%的普通未成年人认为家里每个人并非或只是偶尔"承担家庭的义务",94%的普通未成年人觉得家里有"轮流分担家务"的情况。在对家庭事务不积极的氛围下,家庭成员的家庭责任感同样不高。45.4%的青少年犯认为其家庭成员不能或只是偶尔能"按家庭所作的决定去做事",普通未成年人的相应数据则为10.8%。

(二)青少年犯的亲子关系缺陷

1. 双亲结构残缺

青少年犯尤其是未成年犯的双亲结构残缺现象严重,父母监护状况普遍不佳。调查显示,85.3%的普通青少年的父母居住在同一屋檐下,相较而言,仅有不到60%的青少年犯在犯罪前与父母同住;14.7%的青少年犯出身于离异家庭,未成年犯的相应比例更是高达16%,普通青少年父母离异的则为5%。犯罪前父母同住的未成年犯仅为56.4%,普通青少年的相应比例为85.3%。

2. 父母受教育水平及职业分布集中

未成年犯与成年犯的父母受教育水平普遍都较低，未成年犯中仅16.2%的父亲受过高中以上教育，成年犯稍高些（21.7%），普通青少年则有一半以上（52.5%）的父亲具有高中以上学习经历；上述三者的母亲所接受的教育程度均低于父亲，仅12.3%的未成年犯的母亲接受过高中以上教育，成年犯与普通青少年的相应比例分别为15.9%与45.4%。

在职业分布上，青少年犯的父母集中为农民、产业工人、个体工商户等或无业，普通青少年的父母的职业分布则比较平均，各行业分布的比例相差不大。在未成年犯中，有59.1%的父亲为农民（34.4%）或产业工人（24.7%），50.8%的母亲务农（36.4%）或务工（14.4%）（见表1-9）。

表1-9　未成年犯、成年犯、普通青少年双亲所从事职业的集中情况

类别	未成年犯	成年犯	普通青少年
父亲职业分布（前三类及比例）	农民 34.4% 产业工人 24.7% 个体工商户 11.9%	农民 45.3% 离退休人员 13.2% 产业工人 12.1%	产业工人 17.5% 个体工商户 15.9% 农民 12.4%
母亲职业分布（前三类及比例）	农民 36.4% 无业或失业 16.0% 产业工人 14.4%	农民 50.4% 无业或失业 13.6% 离退休人员 11.1%	无业或失业 16.2% 个体工商户 14.9% 商业服务业人员 14.7%

3. 与父母亲密程度不高

认为与父亲关系亲密（认为"基本符合"或"完全符合"）的青少年犯占48.6%，其中女性略高于男性，普通青少年的对应比例则要高于70%，男性与女性几无差别；认为与母亲关系亲密的青少年犯占67.4%，女性同样略高，普通青少年的对应比例则为85.7%，女青少年的比例更是接近90%（89.1%）。

4. 父母对子女关爱不足

青少年犯对父母的关爱感受程度普遍不高。只有将近一半的未成年犯认为其父亲或母亲给予其适当的关爱，普通青少年的相应比例则均超过80%。未成年犯的父母在孩子"努力完成某事时"表示"高兴并夸奖"的同样不多，对子女的信任程度、对子女在学校表现的关心程度等远远不及普通青少年，"遇到特定节日或事件（如生日），家中常常都会庆祝一下"的情况更少。

值得注意的是，这种关爱不足与父母在家时间的多少并没有关系。调查结果显示，未成年犯与普通青少年对父母是否"忙于工作，待在家里的时间很

少"的认识是大体一致的,并无较大区别。因此,对年轻父母如何关爱子女的教育有待重视。

此外,从青少年犯的感知度出发,父母对子女的期待(诸如考上大学、名列前茅等)会比普通青少年的父母少,但相差并不大。我们倾向于认为,这是由于青少年犯与父母的关系较为淡漠,使其对父母期待的感受程度受到一定影响。

5. 父母管教不严

调查结果表明,青少年犯的父母明显地疏于管教其子女,对其交友情况、离家情况的知悉程度均远不及普通青少年的父母,对子女的课业检查、校园活动等参与度也较低,并且不为子女订立规矩(如禁止不良交友,禁止去酒吧、网吧等场所,禁止观看不良视频等)。也就是说,青少年犯父母更倾向于给予子女更为自由的生活、学习与交友环境。

但是,这种所谓"放养式"的管教方式成效着实一般。我们发现,子女对于该种管教方式也是不认可的。只有26.6%的未成年犯认可其父母的管教方式,40.6%的未成年犯明确表示不"接受其父母的管教方式",还有30%左右的未成年犯表示一半接受一半不接受;相比之下,管教严格的普通青少年绝大多数(70.5%)认可其父母的教养,只有不到8%的普通青少年明确表示不接受。

(三)青少年犯的社区周边治安环境较差

青少年犯与普通青少年对有关邻里关系多数积极性指标的肯定性评价差别较小,如大多数青少年犯(接近70%)与普通青少年(70.1%)都认为"如果需要,我的邻居之间会互相照看宠物或孩子";二者在对社区环境消极性指标的评价上出现明显分歧,认为"我家附近经常发生盗窃案件"、"我家附近社会治安不好"、"我家周围经常有小混混出现"、"我家附近有人或邻居有吸毒/贩毒的"、"时常听说我家的邻居中有人被警察抓了"等基本符合/完全符合的青少年犯明显多于普通青少年,前者占青少年犯总数的比例大致相当于后者的2~3倍。总体而言,社区作为初级社会组织,该组织成员之间的关系(邻里关系)与青少年犯罪关系不大,但社区周边的治安环境则与青少年犯罪有密切联系。

(四)青少年犯接受学校教育的缺陷

调查数据表明,青少年犯对其所在学校的评价要低于普通青少年。

1. 文化教育成效低

在文化学习方面,青少年犯对自身学习成绩的认可程度偏低,20%左右的青少年犯认为自己的学习成绩差,未成年犯中对应数据达 30.8%,普通青少年则仅为 5.2%;仅有 9% 左右的青少年犯认为自己成绩好,普通青少年中的比例则有 23%。

2. 价值观培养效果偏差

在价值观培养方面,虽然大多数的青少年犯认为"当我需要帮助时,我的同学/老师会帮助我"、"我乐于参与学校的集体生活"、"学校和老师鼓励同学参加义务劳动"、"我觉得我们学校是鼓励同学们互相帮助的"等,并且该比例均维持在 50%~60%,但普通青少年的对应比例要高出不少,大多在 80%~90%。

3. 校园安全感不足

在人身保护方面,青少年犯更倾向于认为其学校存在校园欺凌现象("我在学校被同学收过保护费"),而认为学校不注重开展法制教育或自我保护教育(见图 1-5、图 1-6、图 1-7)。

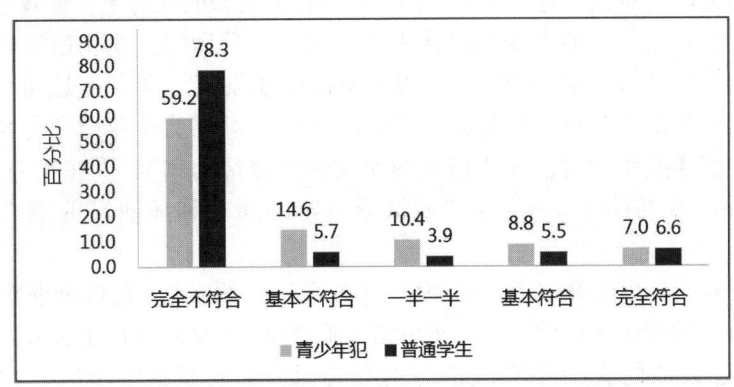

图 1-5　两类人群校园安全感体验——被同学收过保护费

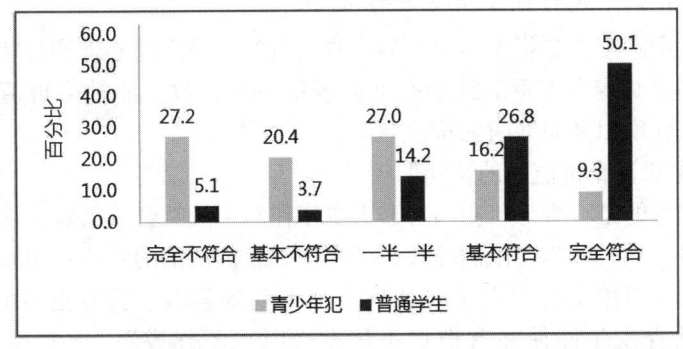

图 1-6　两类人群校园安全感体验——学校注重开展法制教育

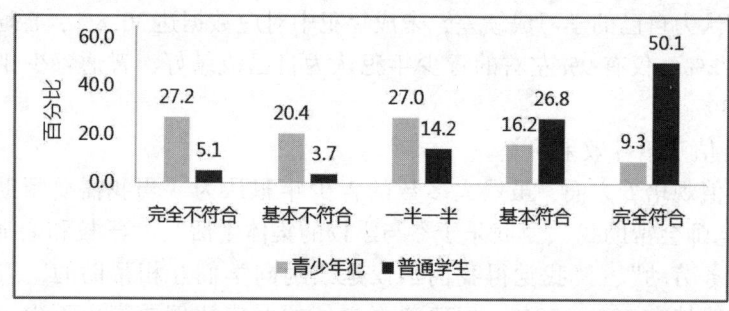

图1-7 两类人群校园安全感体验——学校注重开展自我保护教育

(五) 青少年犯对同伴信任度低, 网络交友现象泛滥

虽然青少年犯对于"朋友义气"具有高度的认同感, 36.2%的未成年犯出于"朋友义气"而犯罪, 36.4%的未成年犯认为"为朋友两肋插刀, 值得"。但与此形成鲜明对比, 青少年犯对同伴的信任程度却明显低于普通青少年, 虽有多数 (50%左右) 的青少年犯认为"当我需要帮助时, 我相信我的朋友一定会帮助我"、"在我的生活中, 有很多关心我的朋友", 但仍有近40%的青少年犯认为"我缺乏分辨好朋友和坏朋友的能力", 普通青少年中则有80%左右认为"当我需要帮助时, 我相信我的朋友一定会帮助我"、"在我的生活中, 有很多关心我的朋友", 认为"我缺乏分辨好朋友和坏朋友的能力"的则占30%。

有1/4的青少年犯认为"我没有什么真正的朋友"。在这种悲观的氛围下, 近40%的青少年犯将交友需求诉诸虚拟网络, "喜欢在网上交友, 与网友聊天", 近20%的青少年犯经常与网友会面, 未成年犯中相应的比例高达57.8%与26.2%, 普通青少年的对应比例则为13.09%与5.18%。

(六) 青少年犯的社会态度缺陷

所谓社会态度, 是指主体对外界事物一贯的、稳定的心理准备状态或一定的行为倾向。对青少年犯的社会态度调查集中在其对主流社会价值观的认同度、社会信任度以及犯罪时的价值倾向。

1. 对主流社会价值观的认同偏颇

值得注意的是, 青少年犯与普通青少年在对主流社会价值观的认同度上差别并不明显, 唯一较为突出的分歧在于有关对考试诚信的看法。相较后者, 明显更多的青少年犯认为"考试时如果老师不到场监考, 会有更多的人作弊"以及"多数青少年即使在有把握不被发现时也不作弊", 比例高达72%与37%, 后者的比例则为54%与51%。对考试诚信的立场直接反映出青少年犯对诚信价值观的认同严重不足。

2. 社会信任不足

总体而言，青少年犯的社会信任度较低，对社会诚信度、专业权威、媒体真实度等方面的态度都较为悲观。令人惋惜的是，青少年犯对于代表社会公正的司法力量并不信任，不到50%的青少年犯完全同意/部分同意"法院是我们都能受到公正对待的场所"，相较之下，有60%左右的普通青少年持完全同意/部分同意的立场。

3. 法治意识差，价值观存在偏差

青少年犯的法治意识大多淡漠，多数人（50%）犯罪时不认为自己触犯法律，是犯罪且会受到处罚。但其法治意识淡薄不等于不具备基本的是非观，70%以上的青少年犯知道其行为是错误的，只是控制不住自己。举止草率、做事冲动、缺乏思虑是青少年犯的普遍行为倾向，这一点在未成年犯上尤为突出，80%以上的未成年犯在犯罪时"一时冲动，什么都没想"。此外，占34.6%的未成年犯认为，其犯罪行为是"为朋友两肋插刀，值得"。

第二章 青少年犯罪预防体系的框架分析

郭开元* 郑红丽**

青少年犯罪问题是世界各国普遍关注的社会问题之一，在我国当然也不例外。近年来，我国青少年犯罪问题日趋严重，青少年已经成为我国犯罪的重要主体之一，并且其社会危害性较大。狭义上，青少年犯罪是指 14~25 周岁实施的危害社会行为并应受到刑罚处罚的行为。青少年犯罪是一个综合性的社会问题，青少年犯罪的预防需要构建完整的框架体系。

一、青少年犯罪的概念界定

研究和探讨预防青少年犯罪问题的前提和基础是正确地界定青少年犯罪。青少年具体包括哪些主体呢？也就是"青少年"的年龄段跨度是怎样的？在正式回答这一问题之前，我们应该清醒地意识到"青少年"并非一个不证自明的存在。因为涉及"犯罪"，因此首先是一个具有法律意义的概念；而"青少年（或青春期）"虽然是人为划分的概念，但却是以生理发展特征、社会文化等为依据的。实际上，青少年阶段（青春期）常分成两大主体，即少年（juvenile）和青年（youth）。在国外研究文献中，与"青少年犯罪"较近似的概念为"juvenile delinquency"，其需要司法进行特殊处遇的对象是指少年（juvenile），且一般都有较为明确针对年龄段的法律规定。例如在美国，根据各州立法差异，其上限年龄从 15~17 岁（Binder et al., 1997）。

目前，在国际上，对青少年犯罪的界定并没有统一要求，联合国在拟定《联合国少年司法最低限度规则》时，曾对"少年"的概念进行了反复的研究和论证，最后也只是原则性地规定："少年是指按照各国法律制度，对其违法行为可以以不同于成年人的方式进行处理的儿童或少年人。"其中还特别指出："少年的年龄限度将取决于各国本身的法律制度，并对此作了明文规定，

---

* 郭开元，中国青少年研究中心青少年法律研究所所长，《预防青少年犯罪研究》执行主编，研究员。

** 郑红丽，中国政法大学副教授。

从而充分尊重会员国的经济、社会、政治、文化和法律制度。"[1] 但是世界各国对于青少年的概念界定有较大差异,甚至同一国家,不同的法律因角度不同对青少年的界定也就有所不同。例如,《德意志联邦共和国青少年刑法》第1条第2款规定:"少年是指行为时已满14岁不满18岁的人;未成年人是指在行为时已满18岁不满21岁的人。"但《德意志联邦共和国在公共场所保护青少年法》第1条第3款则规定:"本法所说的少年儿童是指未满14岁者;满14岁,但不到18岁的为青年。"有的国家将"少年"或"未成年人"的最高年龄规定为20岁或21岁,有的国家则规定为18岁或16岁,而下限年龄则有7岁、10岁、12岁、13岁、14岁等不同规定。在我国,法律上则没有明确的"青少年犯罪"的定义,它往往是一个学术或世俗的概念。而在法律上有明确规定的相关概念则是"未成年人犯罪"。根据《中华人民共和国未成年人保护法》第2条规定"本法所称未成年人是指未满十八周岁的公民",但并未对其下限年龄作出明确规定。不过我国《刑法》的相关条款可以概括出以下规定:已满16周岁的人犯罪,应当负刑事责任(全负刑事责任时期);已满14周岁不满16周岁的人,犯故意杀人、故意伤害致人重伤或者死亡、强奸、抢劫、贩卖毒品、放火、爆炸、投毒罪的,应当负刑事责任(相对负刑事责任时期);不满14周岁的,一律不负刑事责任(绝对无刑事责任时期)。已满14周岁不满18周岁的人犯罪,应当从轻或减轻处罚。因此,通说认为我国法律所规定的"未成年人犯罪"的主体年龄段为14周岁至18周岁。可见,绝大多数国家的刑法都以18岁作为区分少年或未成年人与成年人的年龄标准。但是在各国的犯罪研究中,为了保持其连续性,往往把一部分青年或成年人(18~25岁或21~25岁)也包括在研究对象之内,笼统地称作"青少年犯罪",并已成为一种习惯称呼(康树华,1984)[2]。此外,对于"青少年犯罪"来说,我国学术界一般将其主体年龄段界定为14周岁至25周岁,既包括上述14周岁至18周岁的未成年人犯罪,还包括18周岁至25周岁的青年犯罪(储槐植,2002)。之所以这样界定,在我们看来,主要原因是在我国司法统计上,青少年犯罪的犯罪数据来自14周岁至25周岁的犯罪人,如《中国法律年鉴》中记载的"全国法院审理青少年犯罪情况",包括14周至25周岁的犯罪数据,并且还分"不满18周岁"和"18周岁至25周岁"两大子项进行报告。鉴于以上考量,本研究所指的"青少年",也就是本研究的研究对象为已满14周岁

---

[1] 康树华主编:《犯罪学通论》(第2版),北京大学出版社1996年版,第204页。
[2] 康树华:《国外青少年犯罪概况、特征及其处罚》,载《法学杂志》1984年第6期。

不满 25 周岁的个体。此外，本研究中的相关概念，少年犯罪或者未成年人犯罪的对象是指已满 14 周岁不满 18 周岁的个体，而青少年犯罪的对象则是指已满 18 周岁不满 25 周岁的个体。

除了在具体年龄段上，在什么是"犯罪"的界定上，也存在争议。在中国，一般认为青少年犯罪在界定上有广义和狭义之分。广义的青少年犯罪行为不仅包括犯罪行为，也包括某些违法行为，主体不仅包括 14 周岁以上 25 周岁以下的青少年，也包括 14 周岁以下的儿童。而狭义的青少年犯罪，主要是指已满 14 周岁未满 25 周岁的人触犯了刑事法律而应受到法律规定处罚的行为。此概念是具有一定的法律基础的，按照中国法律规定，未满 18 周岁的人为未成年人，已满 18 周岁的人为成年人。故青少年犯罪既包括未成年人中的少年犯罪（已满 14 周岁未满 18 周岁），也包括成年人中的青年犯罪（已满 18 周岁未满 25 周岁）。而本研究使用的是狭义青少年犯罪。

二、国外青少年犯罪的现状

大部分文献都承认，无论是在发达国家，还是发展中国家都存在青少年犯罪迅速增多，犯罪率日益攀升的严重情况。青少年犯罪已经成为席卷全球的具有共同性的社会问题，被称为世界性的"三大公害"之一。

在青少年期，犯罪率就开始急剧攀升至高峰，因为"青少年犯罪率远远高于其他年龄层的犯罪率"是各国青少年犯罪研究的共识。Gottfredson 与 Hirschi 认为这样的犯罪年龄分布可称为"自然法则"（law of nature），无论何时、何地，任何团体都呈现出这样的现象。既然未有例外，唯一能下的结论就是这是自然现象，因此具有研究的价值。[①] 随后，Moffitt（1993）检视了第一次犯罪年龄分布的官方统计数据，肯定了"青少年犯罪高峰现象"的存在。[②]

---

① Gottfredson, M. R. & Hirschi, T. H. *A General Theory of Crime* [M]. Stanford, CA: Stanford University Press, 1990.

② Moffitt, T. E.. Adolescence-limited and Life-course-persistent antisocial behavior: A developmental taxonomy [J]. Psychological Review, 1993, 100 (4): 674-701.

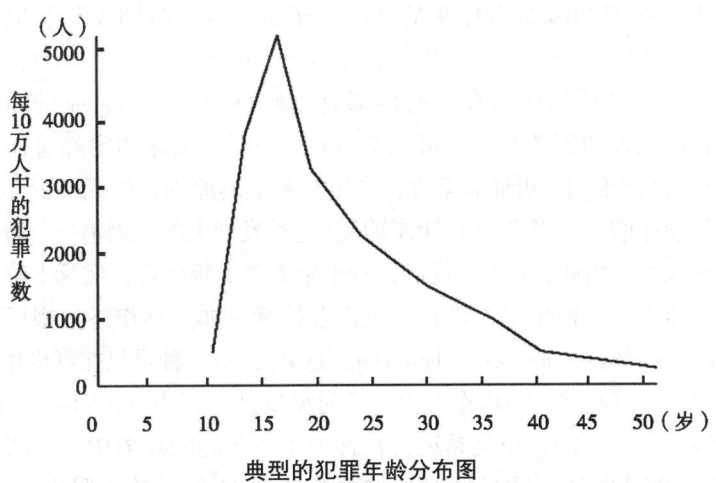

典型的犯罪年龄分布图

注：此图为1980年美国联邦调查局（FBI）犯罪年龄分布指标图（引自：Moffitt，1993）。

Moffitt 又以非官方资料——采用自陈报告法收集的资料——检视了第一次犯罪的年龄分布，结果发现：官方资料只呈现出青少年犯罪的冰山一角，其实在青少年阶段，参与犯罪行为的人数可能多到足以称为青少年期的"常态"。① 青少年犯罪的纵贯研究（longitudinal study）的实证研究也说明，青少年期间的确多了一群暂时参与犯罪行为的人。此类实证研究可追溯至20世纪30年代美国哈佛大学 Glueck 夫妇的少年犯罪的纵贯研究。他们比较了500名犯罪少年与500名非犯罪少年，发现儿童时期的适应不良与青少年甚至成人时期的犯罪行为密切相关。智力较低、心智有缺陷与斗士体形者，最容易成为持续犯罪者（persistent offenders）。② 美国宾州大学的 Wolfgang、Figlio 和 Sellin 等人也采用纵贯研究方式对1945年出生的9945名青少年追踪至18岁，统计发现，占所有样本数6%，累犯5次以上的所谓"常习少年犯"（chronic delinquent offender）却触犯51.9%的所有罪行。③ 此外，Wolfgang 等人（1987）追踪上述研究样本中10%的被试（总计974名）至30岁，进一步发现，成年后之"持

---

① Elliott, D. S., Ageton, S. S., Huizinga, D., Knowles, B. A., & Canter, R. J.. *The prevalence and incidence of delinquent behavior*：1976-1980（*The National Youth Survey Report No. 26*）[M]. Boulder, CO：Behavioral Research Institute, 1983.

② Glueck, Sheldon & Eleanor Glueck. *Unraveling Juvenile Delinquency* [M]. Cambridge, MA：Harvard University Press, 1950.

③ Wolfgang, Marvin, E., Robert Figlio, and Thornsten Sellin. *Delinquency in a Birth Cohort* [M]. Chicago：University of Chicago, 1972.

续性犯罪者"中有 70% 来自原来的常习少年犯；少年时期无犯罪记录者，成年后只有 18% 的犯罪可能性。① Robins（1966，1978）的研究显示，几乎所有具有反社会人格特质的成人在小时候都有偏差行为。②③ Loeber 的回溯研究发现，若要预测成人的犯罪行为，可用 7~11 岁是否有被逮捕的经验作为重要指标。④ Moffitt 因此推测，可能有某种青少年发展上的原因，造成青少年犯罪人口数暂时而猛烈地增加，当青少年期结束后，这种发展上的原因消失，犯罪人口数则开始逐渐减少。由此，Moffitt 提出，对于犯罪青少年而言，实际上存在两种不同类型的犯罪人，一种犯罪人终其一生都会持续犯罪，称作终生型反社会行为（Life-Course-Persistent antisocial behavior, LCP），另一种是只在青少年时期才会犯罪的犯罪人，其犯罪行为称作青少年暂时型反社会行为（Adolescence-Limited antisocial behavior, AL）。也就是说，在青少年犯罪高峰现象中，大部分的青少年犯罪只是暂时现象，只有少部分的青少年最终会选择犯罪生涯（criminal career）而发展成为成人犯罪。正如 Robins（1978）曾提道："事实上，犯罪成人在小时候就有偏差行为，而大部分的犯罪青少年并不会变成犯罪成人。"

为什么会出现青少年犯罪的高峰现象，为什么个体到了青春期就会大量产生反社会行为呢？Moffitt 提出了成熟代沟（maturity gap）理论。她认为，在 20 世纪以前，个体功能尚未完全成熟时社会就赋予他们成人的地位，要他们担负成人的角色和义务，因此"青少年时期"这一阶段很短，甚至没有。但是 20 世纪以来，因为生存和营养条件的改善，个体的发育期比以前来得更早，而现代化的各行各业却需要受过更多训练的人才，使加入劳动市场的年纪往后延。例如，美国许多州政府都规定：青少年（teens）不准工作，未满 16 岁不准拥有驾照，18 岁以前不准结婚和投票，21 岁之前不能买酒，等等。因此，现代社会加快了生理成熟，却延缓了成人角色的给予，于是个体的生理发展与社会发展呈现 5~10 年的落差，Moffittt 称之为成熟代沟。Moffitt（1993）引述 Buchanan, Eccles & Becker（1992）的一段话为"成熟代沟"做了简明扼要的批注："They（青少年）are biologically capable and compelled to be sexual

---

① Wolfgang, M. E., T. P. Thornberry, and R. M. Figlio. *From boy to man, from delinquency to Crime* [M]. Chicago: University of Chicago Press, 1987.

② Robins, L.. *Deviant Children Grown Up* [M]. Baltimore: Williams and Wilkins, 1966.

③ Robins, L. N.. *Sturdy childhood predictors of adult antisocial behavior: Replications from longitudinal studies* [J]. Psychological Medicine, 1978（8）：611-622.

④ Loeber, Rolf et.al.. *Developmental Pathways in Disruptive Child Behavior* [J]. Development and Psychopathology, 1993（5）：103-133.

beings, yet they are asked to delay most of the positive aspects of adult life."换言之，青少年的生理发育迫使他们产生成人角色的需求，渴望与异性建立亲密关系、拥有私人财产、想自己做决定以及受到成人重视；而社会却对他们的"需求"进行了限制，在个体有"需求"而需求被外界所"限制"的情况下，易于导致偏差行为。

从这种意义上说，青少年犯罪高峰现象是随着社会发展到一定程度后出现的社会现象，因此应该具有普遍意义。

三、我国青少年犯罪的现状和特征

在课题研究中，共调查了3338名犯罪青少年。通过调查数据分析，青少年犯罪的现状和特征如下。

（1）青少年犯罪时的年龄平均值为23.31岁。

（2）青少年罪犯中多数是非独生子女，其中，未成年犯中非独生子女占69.5%，成年犯中非独生子女占74.9%（见表2-1）。这与青少年犯多数来源于农村有关。

表2-1　是否成年与是否为独生子女的列联表（%）

是否成年	独生	非独生	合计
未成年犯	30.5	69.5	100.0
成年犯	25.1	74.9	100.0
合计	27.1	72.9	100.0

（3）青少年罪犯的受教育程度低，尤其是未成年犯的受教育程度更低，初中以下学历的占比为92.5%（见表2-2）。受教育程度低在一定程度上也说明了未成年犯的社会化程度低。

表2-2　是否成年与文化程度的列联表（%）

是否成年	文化程度				合计
	小学	初中	高中	大专及以上	
未成年犯	26.5	66.0	7.2	0.3	100.0
成年犯	21.4	51.2	17.6	9.8	100.0
合计	23.3	56.6	13.8	6.3	100.0

(4) 在犯罪以前，青少年的父母关系与青少年健康成长的家庭环境密切相关。调查数据显示，大多数的犯罪青少年的父母都在且共同居住，父母因感情不和而分居的比例仅为4.1%，在未成年犯中所占的比例略高一些（见表2-3）。有一个值得注意的现象——父母离婚是影响青少年健康发展的重要指标，其中，在所调查的未成年犯中，父母离婚的比例是16.0%，比成年犯（10.4%）高近6个百分点。

表2-3 犯罪前父母的情况与是否成年的列联表（%）

父母情况	未成年犯	成年犯	合计
父母同住	56.4	59.8	58.6
父亲或母亲在外地工作	13.1	7.5	9.6
父母因感情不和而分居	5.7	3.2	4.1
离婚	16.0	10.4	12.4
父亲过世	4.8	11.2	8.9
母亲过世	2.7	4.5	3.8
父母都过世	1.3	3.4	2.6
合计	100.0	100.0	100.0

(5) 青少年罪犯父母的受教育程度普遍较低。其中，青少年罪犯父亲的受教育程度为初中及以下的占六成以上（见表2-4）。通过数据比较发现，青少年罪犯的母亲的受教育程度更低（见表2-5），在所调查的未成年犯中，母亲的受教育程度为小学的比例为44.9%，比父亲（38.4%）高6.5个百分点。在所调查的成年犯中，母亲的受教育程度为小学的比例为49.3%，比父亲（37.2%）高12.1个百分点。

表2-4 父亲受教育程度与是否成年的列联表（%）

父亲受教育程度	未成年犯	成年犯	合计
硕士（含）以上	0.5	0.3	0.4
大学或专科毕业	3.5	5.1	4.5
高中、中专或职高毕业	12.2	16.3	14.8
初中毕业	33.1	30.6	31.6

续表

父亲受教育程度	未成年犯	成年犯	合计
小学及以下	38.4	37.2	37.6
不清楚	12.2	10.5	11.1
合计	99.9	100.0	100.0

表 2-5　母亲受教育程度与是否成年的列联表（%）

母亲受教育程度	未成年犯	成年犯	合计
硕士（含）以上	0.4	0.3	0.3
大学或专科毕业	1.6	2.8	2.4
高中、中专或职高毕业	10.3	12.8	11.8
初中毕业	25.8	21.9	23.3
小学及以下	44.9	49.3	47.7
不清楚	17.1	13.0	14.5
合计	100.1	100.0	100.0

（6）青少年罪犯的家庭经济地位偏低。其中，在未成年犯中，认为自己的家庭经济状况困难的比例为 20.8%，成年犯的比例为 27.9%（见表 2-6）。

表 2-6　是否成年与家庭经济状况的列联表（%）

是否成年	家庭经济状况			合计
	好	一般	困难	
未成年犯	6.3	72.9	20.8	100.0
成年犯	7.4	64.7	27.9	100.0
合计	7.0	67.7	25.3	100.0

四、青少年犯罪预防体系的框架

有关青少年犯罪原因的探讨，不同学科从不同层面提出了不同的看法。遗传和生物学从遗传、体格类型、荷尔蒙或生物化学成分失调、脑部受损或脑功能失调、染色体异常等观点来解释青少年犯罪原因。社会学则强调人的行为的本质是社会性，会受到社会环境的影响，并用人与社会环境的互动观点来解释青少年犯罪行为。还有一些学者则从心理学的角度来研究青少年犯罪的成因。

在青少年犯罪原因的研究中，近年来出现了一个崭新的研究取向——识别犯罪的危险因子，进而针对这些问题与因子，提供适当的矫治与预防对策（Dryfoos，1990；Lewis et al.，1988；Santtila and Haapasalo，1997）。所谓犯罪危险因子是指促使犯罪发生的重要前置事件（antecedents）或影响因素，如环境或个人背景因素等（Dryfoos，1990）。在传统上，有关青少年犯罪成因的探讨多限于某单一学派，现在有关犯罪危险因子或犯罪重要相关因素均从多学派切入，如神经生理因素、人格特质与认知、早期家庭的负面影响、学校求学挫折感、社区因素（如小区环境不良等）、社会因素（如交友不慎、接触不良媒体等）。

整体而言，这种犯罪危险因子的研究，有助于找准青少年犯罪形成的关键因素，进而对症下药，同时因探讨面较广，故有助于提出较全面的、更有效的矫治或预防对策。本研究课题整体框架的理论基础——"青少年危险模式"理论正是基于这种犯罪危险因子研究取向。

1996年，Resnick和Burt提出了"青少年危险模式"（Adolescent Risk Model）。此模式认为青少年之所以处于危险（risk）中是因为受到环境的影响，如缺乏社会资源、压力大、制度支持不够，而引发危险行为的变量包括：

（1）危险前提（risk antecedents）：危险前提是青少年可能产生显著负向行为的原因，如贫穷、不良成长环境及家庭功能不良等；

（2）危险标签（risk markers）：功能不良的行为或条件的信号，如学业表现不佳；

（3）问题行为（problem behavior）：是个体所产生的负向行为，如逃学、离家出走、过早性行为等；

（4）结果（consequences）：问题行为所衍生的严重后果，如未婚怀孕、吸毒、辍学、犯罪、服刑等。

Resnick和Burt的模式包括了社区、家庭和个人等因素，提供一个多元化的取向，以了解形成犯罪青少年的复杂互动关系。①同样，Mc Whirter等人（1995；1998）也认为，任何看似微不足道的危险，都有可能在特定的时空背景下转变成严重的危险。例如，从小学时期的偏差行为、攻击行为、低学习成就等征兆，转变成严重的反社会或犯罪行为。这些濒临危险边缘的青少年，就被称为"危险边缘青少年"（at-risk youth），是指因个人身心状况、家庭、学

---

① Resnick, G., & Burt, M. R.. *Youth at risk: Definitions and implications for service delivery* [J]. American Journal of Orthopsychiatry, 1996, 66 (2): 172-183.

校、社会、文化等不利因素之影响，在传统教育体系中难以获得成功经验的青少年，甚至大多面临教育或学业失败的危险，易于发生偏差（deviant）或违规犯过（disruptive）之行为问题，包括中途辍学、药物滥用、暴力攻击、危险性行为或自我伤害等。同时，这些过早离开学校的危险青少年，大多尚未具备求职就业所需的工作技能，以致失业情况严重，甚多流落街头或潜伏在社会底层，极易造成社会更大的危险。①②

Mc Whirter 尝试从生态学观点，将少年产生偏差行为的相关因素加以整合。其中"危险"（risk）系指一组因果动力的假设，会导致少年陷入偏差行为的可能因素，这些危险并非分离、单一的范畴，而是一系列相关联危险因子（risk factors）的连锁状态。因此，这些危险因子只有通过教师、心理咨询辅导人员、心理学家、社会工作者、养育者及政策制定与执行者等相关人员，在青少年成长过程中给予适时及适当的支持辅导，才有可能有效地减少偏差或犯罪行为的产生。基于上述理论基础，本研究提出了青少年犯罪预防指标体系（见表2-7）。

表2-7 青少年犯罪预防指标体系

一级指标	二级指标	三级指标
青少年犯罪预防指标体系	1. 犯罪状况指标	（1）刑事涉案率 （2）起诉率 （3）犯罪率 （4）监禁率 （5）社区矫正率 （6）重新犯罪率
	2. 青少年犯罪的个体因素及预防指标	（1）受教育程度（在学校接受教育的时间长度） （2）不良行为数 （3）不良朋友数

---

① Mc Whirter, J. J., McWhirter, B. T., McWhirter, A. M., & McWhirter, E. H.. Youth at risk: Another point of view [J]. Journal of Counseling & Development, 1995 (73): 567-569.

② McWhirter, J. J.. At-risk youth: A Comprehensive Response [M]. New York: Brooks/Cole Publishing Company, 1998.

续表

一级指标	二级指标	三级指标
	3. 青少年犯罪的家庭因素及预防指标	（1）年轻父母离婚率 （2）亲职教育状况 （3）撤销监护人资格案件数 （4）家庭暴力案件数
	4. 青少年犯罪的学校因素及预防指标	（1）辍学率 （2）学校法制教育状况 （3）专门（工读）学校数量 （4）青少年学生违法犯罪率
	5. 青少年犯罪的社会因素及预防指标	（1）青少年事务社工人数 （2）12355热线情况 （3）青少年失业率 （4）社区青少年活动中心数量 （5）网络环境状况 （6）青少年自我保护教育状况

第三章　青少年犯罪的个体因素及预防指标

郭开元[*]　郑红丽[**]

有关青少年犯罪原因的探讨，不同学科从不同层面提出了不同的看法。遗传和生物学从遗传、体格类型、荷尔蒙或生物化学成分失调、脑部受损或脑功能失调、染色体异常等观点来解释。而社会学则强调人的行为的本质是社会性，会受到社会环境的影响，并用人与社会环境的互动观点来解释犯罪行为。还有一些学者则从个体因素的角度来研究青少年犯罪的成因。

青少年时期确实是一个较其他人生阶段更为敏感的时期，其犯罪率远远高于其他年龄层的犯罪率。心理学家 G. S. Hall（1904）[①] 在其著名学说——"心理复演说"（theory of psychological recapitulation）中第一次明确地将人类的 12~25 岁称为"青春期"（adolescence），并指出这一阶段复演着人类浪漫主义时代。在 Hall 看来，青春期是人生发展中最为特殊的阶段，剧烈的身体变化会导致动荡的心理变化，个体充满强烈而不稳定的情绪，青春期必然是"狂飙突进"（sturm und drang）的时期。个体正是在经历了青春期的种种身心冲突和激荡之后才最终成为一名合格的文明社会成员。Freud（1969）[②] 认为青春期正是学习控制冲动与欲望的人生阶段。Erickson（1968）[③] 则提出，个体在青春期会出现认同危机，若无法顺利发展，就会出现青春期认同危机（adolescent identity crisis），从而出现自我迷失（self-diffusion）。可见，个体相关的因素确实对青少年犯罪有着主要的影响。

目前，已有的关于青少年犯罪个体相关因素的理论学说众多，Newman 和

---

[*] 郭开元，中国青少年研究中心青少年法律研究所所长，《预防青少年犯罪研究》执行主编，研究员。

[**] 郑红丽，中国政法大学副教授。

① Hall, G. S.. Adolescent: Its psychology and its relations to physiology, anthropology, sociology, sex, crime, religion, and education (2 volumes) [M]. New York: Appleton, 1904.

② Freud, A. (1969). Adolescence as a developmental disturbance. In G. Caplan & S. Lebovici (Eds.), Adolescence. New York: Basic Books.

③ Erikson, E. H. (1968). Identity, youth, and crisis. New York: Norton.

Ferracuti 在 1977 年①将已有的关于青少年犯罪个体相关因素的理论学说分为两大类：人际因素论（interpersonal factors）和个体因素论（intra-personal factors）。其中，个体因素论又具体分为不可变个体因素论（unchanging intra-personal factors）和可变个体因素论（changeable intra-personal factors）两种。

一、主要的个体因素相关的青少年犯罪理论

1. 人际因素论（interpersonal factors）

人际因素论的学者认为，影响青少年犯罪行为产生的因素主要是青少年在与他人的人际交往中出现了问题。而这一问题可能有两种情况，一是青少年所在的家庭、社会团体或者同侪团体本身出了问题，或者是这些机构、团体的成员与青少年之间的互动关系出了问题。理论可分为家庭动力论（Mc Cord，l959；Robins，1966）、归因理论（Dion，1970）与社会学习理论（Bandura，1971）等。

2. 不可变个体因素论（unchanging intra-personal factors）

不可变个体因素论的学者认为，青少年犯罪行为产生的主要原因来自青少年个体的内在特质，而这些内在因素是一些无法或难以改变的因素，诸如其所与生俱来的遗传基因与生理特质，或是因这些基础因素在发展中所造成的心理因素。理论可分为特质论、本能论与成熟论等。

3. 可变个体因素论（changeable intra-personal factors）

可变个体因素论的学者认为，青少年犯罪的主要原因，来自少年个体的一些可改变的内在特质，诸如其所有的行为基础因素，如果这些因素能够得到较好的疏导、培育、管教或社会化，个体则不会步入歧途，反之则会走上犯罪的道路，持此一观念的学者将理论分为情绪冲突论（Friedlander，1947；Miller，1913；Haskell & Yeblonsky，1974）、同一性理论（Erikson，1950）、道德发展论（Hains & Miller，1980）与情绪控制论（Fedeschi，Smith & Brown，1976）等。

但实际上，青少年犯罪成因是复杂的，并不能仅仅归结为某一个因素，要综合个体，以及个体受到的外在环境的影响。也就是说，一个既考虑个体本身因素，又考虑到外在环境对个体的影响的研究视角是更合理的。而"一般犯罪理论"则符合以上的要求。

---

① Newman, G. and Ferracuti, F.. *Psychological theories of delinquency*, in Landau, F. and Sebba, L. , (eds.) *Criminology in Perspective*[M]. Washington D.C.：Health & Company, 1977：05-68.

二、本研究的个体因素相关的青少年犯罪理论

一般犯罪理论（A General Theory of Crime）是目前国际上解释青少年犯罪原因的重要范式，是由 Gottfredson 与 Hirschi 在 1990 年所提出的。在此之前，Hirschi 的社会控制理论（Social Control Theory，1969）在犯罪学领域中流行了 20 多年，其认为依恋（attachment）、奉献（commitment）、参与（involvement）与信念（belief）四个社会键（social bonds）的失去，是导致犯罪的理由；[①] 后来 Hirschi 修正自己原先的理论观点，不再持完全的社会成因论，而开始加入心理层面的考虑，终与 Gottfredson 共同提出了一般犯罪理论。一般犯罪理论提出"低自我控制"（low self-control）与"犯罪机会"（opportunity of crime）两个概念。

1. 低自我控制与犯罪机会

Gottfredson 则认为，犯罪行为并不是像我们一般理解的那样是极端、反常的行为，事实上，大多数犯罪行为是微不足道的生活琐事，造成的损失很微小，犯罪者获益也不大；而且调查受害者后发现，大部分的犯罪并没有成功。[②] 一般犯罪理论认为，不同类型的犯罪都具有共同的特质——为了追寻立即、明确、简单的利益，因此犯罪的定义就是"以暴力（force）或欺骗（fraud）的行为来满足个体趋乐避苦的倾向"。绝大多数会实施犯罪行为的人，只不过是想追求立即满足、不顾长远后果、行动缺乏计划的犯罪性（criminality）倾向者，或称低自我控制者。低自我控制者包含几项特征：立即满足的倾向，缺乏勤勉与毅力，冒险、体力取向、缺乏稳定的婚姻、工作与友谊、缺乏一技之长，自我中心、漠视他人与挫折容忍度低等。对于产生犯罪行为的另一个要件——犯罪机会，Gottfredson 与 Hirschi 则采纳了 Cohen 和 Felson（1979）的"日常活动理论"中的观点。认为犯罪事件的发生均需具备三要素：一为具有能力及倾向的犯罪者；二为对犯罪者而言，合适的犯罪标的物；三为足以抑制犯罪发生之抑制者（capable guardian）之不在场。三个条件在特殊时空的聚合足以使犯罪事件发生，缺一不可。[③] 一般犯罪理论认为，犯罪人

[①] Hirschi, T.. *Causes of Delinquency* [M]. Berkeley: University of California Press, 1969.

[②] Hindelang, M., Gottfredson, M. R. & Garofalo, J.. *Victims of Personal Crime* [M]. Cambridge, Mass: Ballinger, 1978.

[③] Cohen, L., & M. Felson *Social change and crime rate trends: a routine activity approach* [J]. American Sociological Review, 1979 (44): 588-608.

是低自我控制者,当具有适当的犯罪时机时他们容易选择从事犯罪行为。那么,犯罪人的低自我控制特质是从何而来的呢? Gottfredson 与 Hirschi 认为低自我控制是不良或无效的社会化所导致;而家庭的养育与学校的教育,是个体社会化的最主要方式。

2. 低自我控制与家庭教养

不良的家庭教养会导致低自我控制,一般犯罪理论提出良好的儿童养育所需具备的四个必要条件,这四个条件有其顺序性,分别是:一是依恋(attachment):亲子间的情感依恋会影响父母对子女行为的关心程度;如果父母对子女缺乏关心,则子女就难以受到完整的社会化熏陶。二是监督(supervision):关心孩子的父母,未必有时间或精力监督孩子的行为;监督的重要性在于它是让社会控制内化为自我控制的最直接管道。三是辨识(recognition)子女的偏差行为:尽管父母关心孩子且具备时间和精力去监督孩子的行为,但他们并不一定有辨识偏差行为的能力。例如,父母明知子女不做功课、学抽烟、在学校打架等,却不认为这是偏差行为。四是惩罚(punishment):具备以上三个条件还是不足,因为尽管父母已经察觉子女有不良行为,却不一定有恰当的方式进行处罚。其中,依恋为社会化的第一要素,若缺乏依恋关系,其他三个条件都免谈。

3. 低自我控制与学校

一般犯罪理论认为,学校也是重要的社会化机构,它具有比家庭更多的优点:第一,学校的监督功能更能彰显,因为老师在扮演监督孩子的角色;第二,老师基本上没有辨识偏差行为的困难;第三,由于学校有维持秩序和纪律的目的,因此学校控制孩子的违规行为是被允许的;第四,学校有权处罚不守纪律或缺乏自我控制的孩子。在学校如果孩子能努力学习、完成功课、喜欢学校、在学校有优良的表现,就能提升一个人的自我控制力;因为做功课代表一个孩子学会顾虑到明天,而非立即享乐、不顾后果;喜欢学校代表孩子愿意接受学校的种种限制、忍耐一些不自由。但是,虽然学校有很多优点,但若没有家庭的配合,仍很难收到好的效果,孩子在学校的问题常常可以追溯至家庭因素,如 Robins(1966)发现,辍学不是青少年才有的问题,而是从儿童时期就开始了,这显然可以追溯到父母教养方式的问题。一般犯罪理论相信,学校与犯罪的关联程度是透过学校是否完成其社会化功能而定,不必完全否定学校的价值。

三、青少年偏差行为的测量

从上述的各种理论我们可以看出,青少年犯罪是由于青春期阶段特有的身心特征导致的,有着自己独特的成因,青少年犯罪所涉及的具体行为与成人犯罪是有所差异的。其中最为突出的就是,发生在成人身上不会带来困扰的行为如果发生在青少年身上,则会被视为违法或犯罪,也就是"身份触法或犯罪"。例如,我国《预防未成年人犯罪法》第 14 条规定"一般不良行为"包括:①旷课、夜不归宿;②携带管制刀具;③打架斗殴、辱骂他人;④强行向他人索要财物;⑤偷窃、故意毁坏财物;⑥参与赌博或者变相赌博;⑦观看、收听色情、淫秽的音像制品、读物等;⑧进入法律、法规规定未成年人不适宜进入的营业性歌舞厅等场所;⑨其他严重违背社会公德的不良行为。因此,在很多情况下,使用"违法或犯罪"来指称青少年的此类行为其实并不准确,有时候人们更愿意将其称作行为不良(delinquency)、偏差行为(deviated behavior)、不当行为(misconduct)、破坏行为(disruptive behavior)、适应不良(maladjustment)、行为失常(conduct disorder)、低社会化行为(undersocialized behavior),等等。(Bornstein, Shuldberg & Bornstein, 1987;[①] McCord & Tremblay, 1992[②])

虽然在传统的犯罪社会学家看来,将那些不符合成人主流文化的青少年行为称为"不良"、"偏差"、"失常",难逃"话语暴力"之嫌(如 Collins, 1995)。但是,当今的研究倾向认为,青少年时期甚至儿童时期的这类偏差行为是个体未来实施违法犯罪行为的最佳预测指标(Kartzer & Hodgins, 1997; Loeber et al., 1998)。

另外,来自犯罪统计的研究已经证实,自我报告法中对于偏差行为或轻微违法行为的调查要比那些具有严重犯罪性质的行为更为真实。因此,要了解青少年犯罪的真实面目,通过偏差行为的自我报告法获得的数据可能提供了更准确的推测基础。同时,我们也注意到,采用传统的以"执法或司法机关裁决结果"来作为个体是否出现违法、犯罪行为的标准有着潜在的问题。除了"犯罪黑数"的缺陷之外,还有如有学者指出的问题:犯罪概念是被作为促进特定种类价值和利益的政治过程的组成部分而被创造和传达的(Berger & Luekmann, 1966; Quinney, 1970),我们目前的立法和司法体系实际上是更有利于有权阶级,或者说社会中政治、经济地位高的人群(Chambliss & Seidman, 1971; Black, 1989)。

---

① Bornstein, P. H., Suhulberg, D., & Bornstein, M. T. (1987). Conduct disorder. In V. B. Van Hassolt & M. Hersan (Eds). *Handbook of adolescent psychology* (pp. 245-264). New York: Pergamon Press.

② McCord, J., & Tremblay, R. E. (1992). *Preventing antisocial behavior: Interrentions from birth through adolescence.* New York: The Guiford Press.

具体到青少年犯罪研究上，我们不得不考虑，也许那些被官方认定的违法，犯罪青少年并不仅仅是因为他们的行为，还要加上"他的家庭或者本人无力帮助他逃避法律的最终制裁"这一因素。如果不排除这一因素，我们在解释青少年犯罪成因的结论上必然存在瑕疵，有所偏颇。而纳入自我报告法（测量偏差行为）则能有效地控制这一研究中的干扰因素。

Elliott 和 Ageton（1980）编制了偏差行为自我报告问卷（Self-Reported Delinquency Measure，SRD），其中包括46个题目，涉及了46项从损坏财物等轻微违规行为到吸毒、抢劫犯罪的偏差行为。我国学者屈智勇（2005）进行了修订，最后问卷包括了25个题目，分别对应一种偏差行为，问卷采取 Likert 五点量表评分，从"1"分到"5"分，总分最高为125分，得分越高，说明被试偏差行为越严重。本研究得到的该问卷的内部一致性系数 a（Cronbach's Alpha）为0.931。

本研究在上海、成都等多地未成年犯管教所和普通中学随机抽取被试，回收有效问卷的总数为6940份，其中犯罪青少年3338人，普通青少年3602人（见表3-1）。

表3-1 被试者基本情况（%）

被试类型	百分比
犯罪青少年	48.1
普通青少年	51.9
合计	100

在这6940名被试中，男性为3659人，女性为3244人，其中有37人性别数据缺失（见表3-2）。

表3-2 被试男女比例情况（%）

被试类型		百分比
性别	男	52.7
	女	46.7
	合计	99.4
缺失		0.5
合计		99.9

将被试类型与性别结合起来形成列联表（见表3-3）。可以看出，在普通青少年组，男女比例接近1∶1，但是在犯罪青少年组，男性比例明显大于女性。经进一步卡方检验的结果证明，在犯罪青少年群体中，确实男性比例大于女性，卡方值为213.42，p<0.001。

表3-3 被试类型与性别列联表

被试类型	性别		合计
	男	女	
犯罪青少年	2055	1251	3306
普通青少年	1604	1993	3597
合计	3659	3244	6903

经进一步统计分析结果发现，在6903名被试中，没有被发现有犯罪行为的普通青少年实际上也出现过偏差行为，自我报告的偏差行为平均分为27.28分（总分为125），并有个别被试高达100分。但是与犯罪组（38.72分）相比，普通组的偏差行为显著较低，t=41.45，p<0.001（见表3-4）。由此可见，从整体上说，官方所判定的"犯罪"与实际情况是较为一致的，犯罪青少年确实比普通青少年在行为上更容易出现偏差。不过，普通青少年也并非不会出现偏差行为，并且偏差行为的严重程度不低。

表3-4 对两组青少年偏差行为得分的统计分析结果

	Mean	SD	t	Sig.
普通组	27.28	5.88	41.45	0
犯罪组	38.72	15.39		

注：数据有缺失。

此外，在性别上，统计分析结果发现，男性青少年自我报告的偏差行为平均分为36.82分（总分为125），女性青少年自我报告的偏差行为平均分为28.19分。与女性青少年的偏差行为相比较，男性青少年的偏差行为更为严重，并具有统计上的显著性，t=29.65，p<0.001（见表3-5）。

表 3-5　对不同性别青少年偏差行为得分的统计分析结果

性别	Mean	SD	t	Sig.
男	36.82	15.34	29.65	0
女	28.19	6.63		

注：数据有缺失。

四、社会态度

1. 社会态度的界定

社会态度是社会心理学形成之初就备受重视的研究课题之一，也是当代社会心理学研究领域的一块基石①。尽管社会态度的研究在社会心理学的诸多领域中有着很长的历史，但态度的概念却依然众说纷纭。在社会心理学中态度的定义归纳起来有如下几类②：

(1) 将态度视为认知和评价组织或倾向，如罗卡奇（M. Rokeach）认为"态度是个人对于同一对象数个相关联的信念的组织"。

(2) 偏重于情绪情感的态度定义，如爱德华（A. L. Edwards）将态度定义为"与某个心理对象有联系的肯定或否定感情的程度"。把态度看作情感的标志，衡量态度就是衡量赞成与不赞成、好与恶。

(3) 把态度看作行为反应的准备状态，强调态度的行为意向性，如奥尔波特（G. Allport）、格根（K. Gergen）等人的观点。奥尔波特认为，"所谓态度即是直接影响个人对有关事物及其状况发生行为反应的、在经验基础上所形成的动力性心理意识准备状态"。③ 虽然这个定义还不尽完善，但相对来说比较中肯，因此目前为大多数研究者所接受，并被视为态度的经典定义。

(4) 把认知、情感和行为都平行地纳入态度之中，试图包容上述三类定义的内容，如弗里德曼（G. Freedman）、梅耶（D. G. Myers）、安德鲁（H. Andrew）等人均持这一观点。弗里德曼等人指出："态度对任何给定的客观对象、思想或人，都是具有认识成分、表达成分和行为倾向成分的持久体系。"认知成分，是指人、物或事件在人脑中所形成的心理映象，包括主体对于态度对象的所有思想、信念及知识，含有评价的意义；表达成分，即情感性

---

① 刘鸣：《社会态度研究的回顾与前瞻》，载《中山大学学报论丛》1997年第6期。
② 全国13所高等院校《社会心理学》编写组编：《社会心理学》，南开大学出版社2003年版，第152-153页。
③ 刘鸣：《社会态度研究的回顾与前瞻》，载《中山大学学报论丛》1997年第6期。

成分,是主体对某一对象的情绪反应,往往表现为一种情感体验及其程度;行为倾向成分是主体对态度对象向外显示的准备状态和持续状态。其中,认知成分是态度的基础,其他两种成分是在对态度对象的了解、判断基础上逐渐发展起来的。情感性成分对态度起着调节和支持作用,行为倾向成分则制约着行为的方向性。国内学者在弗里德曼等人观点的基础上,将态度进一步界定为:"个体对社会存在所持有的一种具有一定结构和比较稳定的内在心理状态。"[①]

（5）偏向社会学的定义,即以托马斯为代表的观点。他强调组成群体的每一位成员所采取的普遍态度,认为态度是社会群体成员所普遍接受的一种看法,对社会生活所起作用越大,个人在社会生活中越会发展和体现这一态度。社会学取向的态度涉及的是社会文化的主观层面,而不是个人层面。本研究中所采用的"社会态度"更偏重于社会学取向。

2. 社会态度与青少年犯罪

作为一种心理现象,社会态度对个体、群体有着不可忽视的影响。社会态度决定着主体对外部影响的判断和选择。主体对某一社会现象或某些社会现象的态度一旦形成,就会产生一套或强或弱的固定看法和情感体验,并逐渐地形成主体的思维习惯。那么,当遇到某种情况或某一问题时,就必然要受到这种习惯的影响来做出判断与必要的选择。而社会态度作为主体行为的直接的心理准备状态,就必然要对主体的行为反应产生某种规定性。也就是说,它会潜在地决定着主体将按什么方式去对特定对象采取行动,做出反应。因此,社会态度能够影响和规定主体的行为方式。因此,在某种意义上说,青少年的社会态度决定着他们是否从事犯罪行为。

关于社会态度的已有研究主要集中在心理学和社会学两大领域。通过文献梳理,可以看出心理学领域的社会态度研究是相对比较微观的,着重于对社会态度本身的研究,如社会态度的结构（李宁宁,1990）、社会态度的形成与改变,即社会态度的内在发生机制（刘宗粤,1998;1999;2003）、内隐社会态度的研究（吴明证等,2004）等。

而在社会学领域,关于社会态度的研究则更多地从社会文化的层面上对不同群体的社会态度、应对方式等进行研究。例如,对农民工（贾强,1993;李培林等,2007a）、私营企业主（胡仕勇等,2007）、青少年及大青少年（彭清玮,1990;韩向明,1991;徐静平等,2004）、女性吸毒者（李雄鹰等,2004）等不同社会群体的社会态度的研究。

[①] 全国13所高等院校《社会心理学》编写组编:《社会心理学》,南开大学出版社2003年版,第153页。

徐静平等人抽样调查了上海市 116 位社区青少年的心理健康状况、社会态度倾向和社会支持程度，并以 146 位大青少年为对照组。研究结果表明，社区青少年心理健康水平显著低于全国常模，在敌意因子上程度显著高于大青少年，心理健康状况不容乐观。社区青少年对社会的态度比大青少年更为消极，他们的社会支持程度也显著低于大青少年。而社会态度与心理健康水平之间存在很高的相关性，社会支持与社会态度相关越度高，三者关系越紧密。

3. 本研究青少年社会态度的测量

基于前人的研究以及前期访谈所确立的观点，本研究进行了社会态度调查问卷的编制工作。将社会态度分为两个维度，包括对他人的态度和对社会的态度。问卷采用 5 点评分，1=完全同意，5=完全不同意。两个维度得分之和为社会态度总分，分数越高说明对社会的态度越积极，反之则可能较为消极或有一定的认知偏差。

对编制的问卷进行了试测。选取了 60 名在校大青少年，并在一周后进行重测，重测信度为 0.87，半分信度为 0.89。两个维度得分与总分的相关性均大于 0.7，有较好的信度。因素分析检测问卷结构效度，各条目共同度在 0.5 以上，抽取出 2 个因子，可解释变量方差百分比共为 75.20%，各条目因素负荷介于 0.4~0.8，因此该自编问卷有较好的结构效度。

本研究在上海、成都等多地未成年人管教所和普通中学随机抽取被试，回收有效问卷的总数为 6940 份，其中犯罪青少年 3338 人，普通青少年 3602 人（见表 3-1，表 3-2，表 3-3）。

经进一步统计分析结果发现，在 6940 名被试中，普通青少年的社会态度平均分为 49.50 分（总分为 95），犯罪青少年的社会态度平均分为 48.47。进一步显著性检验分析结果显示，普通青少年与犯罪青少年相比，在社会态度上更加积极，并具有统计上的显著性，$t=-3.86$，$p<0.001$（见表 3-6）。

表 3-6　对两组青少年偏差行为得分的统计分析结果

	N	Mean	SD	t	Sig.
犯罪组	3284	48.47	10.88	-3.86	0
普通组	3565	49.50	11.32		

此外，在性别上，统计分析结果发现，男性青少年的社会态度平均分为 49.26 分（总分为 95），女性青少年的社会态度平均分为 48.74 分。进一步显著性检验分析结果显示，男性青少年与女性青少年之间，在社会态度上没有显著性差异，$t=1.93$，$p>0.05$（见表 3-7）。

表 3-7 对不同性别青少年社会态度得分的统计分析结果

性别	Mean	SD	t	Sig.
男	49.26	11.92	1.93	0.054
女	48.74	10.12		

五、青少年犯罪预防体系个体指标分析

分析发现,在 6872 份样本中,普通青少年实际上也出现过偏差行为,自我报告的偏差行为平均分为 27.27 分(总分为 125),并有个别样本高达 100 分。但是与犯罪组(38.85 分)相比,普通组的偏差行为平均分显著较低,t=42.12,p<0.001(见表 3-8)。由此可见,从整体上说,官方所判定的"犯罪"与实际情况是较为一致的,犯罪青少年确实比普通青少年在行为上更容易出现偏差。

表 3-8 两组青少年在偏差行为指标上的统计结果

	N	Mean	SD	t	Sig.
犯罪组	3277	38.85	15.30	42.12	0
普通组	3595	27.27	5.87		
合计	6872				

在 6794 份样本中,普通青少年的社会态度平均分为 49.50 分(总分为 95),犯罪青少年的社会态度平均分为 48.59。进一步显著性检验分析结果显示,普通青少年与犯罪青少年相比,在社会态度上更加积极,并具有统计上的显著性,t=-3.36,p<0.01(见表 3-9)。

表 3-9 两组青少年在社会态度指标上的统计结果

	N	Mean	SD	t	Sig.
犯罪组	3235	48.59	10.63	-3.36	0.001
普通组	3559	49.50	11.31		
合计	6794				

为了进一步厘清个体指标在青少年犯罪形成中的作用,我们作了以偏差行为为因变量,以性别、年龄、是否为独生子女、文化程度以及社会态度为自变

量的线性回归分析 [强迫进入（Enter）]。所得结果如表 3-10 所示：性别、年龄、是否为独生子女、文化程度以及社会态度 5 个因素都对青少年的偏差行为有显著的影响力。其中，影响最大的因素是性别，其次是文化程度。

表 3-10　对偏差行为的线性回归分析结果

	B	SE	β	t	Sig.	R	R^2
（常量）	45.750	1.061		43.128	.000	.412	.170
性别	-8.105	.304	-.315	-26.658	.000		
年龄	.045	.017	.031	2.621	.009		
是否为独生子女	.835	.311	.032	2.688	.007		
文化程度	-2.742	.166	-.197	-16.542	.000		
社会态度	.079	.014	.067	5.803	.000		

a. 因变量：偏差行为
b. 预测变量（常量）：年龄，性别，是否为独生子女，文化程度，社会态度

不过，相比于自我报告的偏差行为，人们更关注的是青少年"是否被司法机关处分"，也就是是否出现法律意义上的"犯罪行为"。因此，本研究还以样本类型（犯罪组与普通组）为因变量（以犯罪组为 reference category），进行了回归分析。自变量在年龄、性别、是否为独生子女、文化程度、社会态度这些变量的基础上，增加了偏差行为。因为因变量为二分类别变量，所以采用的是二元 Logistic 回归分析 [极大似然估计法，强迫进入（Enter）]。结果如表 3-11 所示：

表 3-11　二元 Logistic 回归分析结果

	B	Wald	Sig.	Exp（B）
性别	.821	17.439	.000	2.272
年龄	-1.137	566.274	.000	.321
是否为独生子女	-.633	13.282	.000	.531
文化程度	4.531	545.479	.000	92.869
社会态度	12.280	281.340	.000	215260.279

a. The reference category is：犯罪组
b. 预测变量：年龄，性别，是否为独生子女，文化程度，社会态度，偏差行为

根据表 3-11 的结果表明，在预测青少年是否出现犯罪行为方面，年龄、性别、是否为独生子女、文化程度和社会态度作用显著，而偏差行为的作用不显著。根据所得的 Wald 值①，我们还可以发现，在青少年犯罪与否上（或者说，是否被司法机关判定为犯罪人），年龄和文化程度这两项的影响力相当突出，其次则是社会态度。

六、结论与讨论

本研究为了同时考察青少年犯罪的多项个体因素，分别进行了两种回归分析。其一，以青少年自我报告的偏差行为为因变量，以性别、年龄、是否为独生子女、文化程度以及社会态度 5 项个体因素为自变量做回归分析。因偏差行为是连续变量，所以使用的是一般线性回归。结果发现，性别、年龄、是否为独生子女、文化程度以及社会态度均对偏差行为预测作用显著，且影响力由高到低依次为性别、文化程度、社会态度，等等。其二，以犯罪与否（是否被司法机关判定为犯罪人）为因变量，自变量在上述 5 项个体因素的基础上增加了偏差行为这一变量。因犯罪与否是二分类别变量，故采用的是二元 Logistic 回归分析。结果发现，性别、年龄、是否为独生子女、文化程度以及社会态度均对是否犯罪预测作用显著，且影响力由高到低依次是年龄、文化程度、社会态度，等等。但是，新加入的变量——偏差行为的预测作用不显著。

比较此两种回归分析，有一些共同的发现：

（1）性别、年龄、是否为独生子女、文化程度以及社会态度 5 项个体因素，无论对于偏差行为还是犯罪与否都有着显著的预测作用。但根据 Newman 和 Ferracuti（1977）的划分标准，在 5 项个体因素中，性别、年龄、是否为独生子女属于不可变个体因素，而文化程度和社会态度则为可变个体因素。

（2）个体因素性别，无论对偏差行为的出现还是犯罪与否都有着最大的影响作用。根据本研究的差异显著性检验数据显示，男性青少年比女性更有可能出现偏差或者犯罪行为。这些都与前人研究一致。而此研究结论提示我们，在青少年犯罪预防中需要适当地多关注男孩子，因为他们较女孩子更容易陷入困境。

（3）个体因素社会态度，对偏差行为以及犯罪与否也均有着较强的影响

---

① Wald 值等于回归系数（B）除以标准误的平方，因此可以用它作为 logistic 回归分析模型中各自变量的预测力大小指标，某自变量所对应的 Wald 值越大，则表明在模型中此自变量对因变量的预测力（或影响力越大）。Donald Black，*Sociological Justice*，New York：Oxford University Press，1989.

作用。这也与前人研究一致，亲犯罪的社会态度确实是一个良好的犯罪风险预测指标。但与性别、年龄等个人因素不同，社会态度为可变个体因素，是可以改变或者较容易矫正的，而性别或者年龄基本是不可人为改变的。因此，通过家庭、学校以及其他社会机构的教育，积极培养青少年的亲社会态度，是一个可行性较强的犯罪预防对策。

另外，两种回归分析也有不一致的发现。在影响犯罪与否上，年龄这一个体因素的作用明显。相比而言，在影响偏差行为上是文化程度而非年龄作用更为重要。这一差异可能是由刑事司法政策本身的特点带来的。在我国，追究刑事责任的年龄以 14 周岁为起点，这就导致本研究中的"犯罪与否（法定犯罪人）"变量本身就与年龄有着较大的相关性。而自我报告的偏差行为变量则没有此问题。

此外，还需要特别指出的是，在二元 Logistic 回归分析中，并没有发现偏差行为变量对因变量出现统计上的显著预测效应，这点与前人的研究（Mc Whirter 等人，1995；1998）结论不一致。但在前面的差异显著性检验中，犯罪青少年的偏差行为确实是高于普通青少年的。这说明，在本研究中偏差行为确实与犯罪与否存在一定的相关性，只是与其他个体因素相比，其相关性（或预测效力）在回归分析中并没有达到统计上的显著性水平。不过，这种不一致的结果也进一步证明，对青少年犯罪行为指标的测量应同时采用官方统计指标与自我报告法，两者互为补充，以更好地反映青少年犯罪的真实水平。

总之，本研究通过实证数据分析，基本支持本研究的假设，青少年犯罪的成因是多因素的。同时，由于青春期的特殊性，其中的个体因素作用不容忽视。目前研究的结果已经显示，这些个体因素之间并不是简单的平行式的影响，而是多层次的，有的因素影响力较大，有的影响力较小。在识别这些影响青少年偏差或犯罪行为的个体因素的基础上，家庭、学校和社会就能更有效、更科学地制定青少年犯罪的预防对策。

第四章 未成年人犯罪的家庭影响因素

杨江澜* 王鹏飞**

引言

随着科学技术尤其是网络技术的快速发展，网络越来越普及，未成年人接触网络虚拟世界的方式更加便捷。与此同时，社会上一些拜金主义、极端主义等思潮的出现，网络不良信息的传播，都给未成年人的健康成长带来了不可估量的影响。家庭是孩子出生后所接触的第一个人为环境，是未成年人社会化的重要场所。在理论研究中，诸多学者从不同视角对未成年人犯罪的家庭影响因素进行深入研究，如屈智勇等从不良行为、严重不良行为、犯罪行为的角度来区分未成年人群体（具体分为普通学校未成年人、工读学校未成年人和未成年犯的调查对象，年龄是11~18岁），采用多元逐步回归法对影响未成年人犯罪的因素进行分析，研究结论发现家庭环境越和谐、短期内父母的监控水平越高，未成年人违法犯罪行为发生的可能性越小。[1] 胡宁等采用追踪调查的方法，探讨青少年家庭功能和问题行为的发展变化情况，认为家庭功能影响青少年问题行为的发生，并且家庭功能中卷入维度对于青少年问题行为发生有显著的预测作用。[2] 段晓英等通过 Logistic 分析法，对家庭功能、父母监控、自我控制对青少年犯罪行为的影响做回归分析，认为家庭功能、父母监控、自我控制对青少年犯罪与否具有显著的预测作用。[3] 钟伟芳等利用对照比较的方式分析家庭状况、社会支持与青少年犯罪的关系，分析发现青少年罪犯的家庭状况

---

* 杨江澜，河北农业大学副教授，经济学博士。
** 王鹏飞，西北政法大学讲师，法学博士。
[1] 屈智勇、邹泓：《家庭环境、父母监控、自我控制与青少年犯罪》，载《心理科学》2009年第2期。
[2] 胡宁、邓林园、张锦涛等：《家庭功能与青少年问题行为关系的追踪研究》，载《心理发展与教育》2009年第4期。
[3] 段晓英、黄慧：《家庭功能、父母监控及自我控制对青少年犯罪的影响》，载《中国行为医学科学》2006年第11期。

与一般人群有显著的差异，其中家庭是否完整、父母的文化程度、父母教养方式等因素与青少年的犯罪行为有一定的关系。①

家庭环境是一个家庭所处的情况和条件，包括生活条件、家庭结构、家庭关系等行为因素，②良好的家庭环境对未成年人的健康成长具有重要作用，不良的家庭环境是影响未成年人犯罪的重要因素。③在未成年人的成长过程中，尤其是心理发展的敏感时期，若父母子女之间的情感交流淡化、缺乏沟通，容易演变成未成年人违法犯罪的心理和行为。④肖艳红认为，良性互动的亲子关系在预防未成年人犯罪方面具有重要的作用，分析了建立良性互动的亲子关系所涉及的两个重要方面——理性教育观和科学教育方式能够有效改善未成年人的成长经历。⑤邹泓等对国内外有关家庭功能与青少年犯罪关系方面的研究进行了综述，并得出了家庭功能系统与青少年犯罪有着非常密切的关系，改善家庭功能为基础的干预项目对预防青少年犯罪有着重要意义的结论。⑥

在分析家庭环境对未成年人健康成长影响的诸多因素基础上，重点对亲子关系、家庭功能这两个因素对未成年人犯罪的影响进行深入分析，探讨家庭环境对未成年人犯罪的影响，同时结合回归分析模型对亲子关系和家庭功能对未成年人犯罪的影响程度进行分析。

一、调查数据与研究方法

1. 调查数据

本文所采用的调查数据是由中国青少年研究中心通过抽样调查的方法，收集未成年人对亲子关系和家庭功能的评价信息，以此反映与未成年人犯罪相关的家庭环境问题，共发放调查问卷 6000 余份，经过整理后有效问卷为 5098 份，有效率为 84.97%。其中男性为 2628 人，女性为 2470 人；未成年犯为

---

① 钟伟芳、刘洪：《家庭状况、社会支持与青少年犯罪的关系》，载《法制与社会》2016 年第 15 期。

② 康树华主编：《预防未成年人犯罪与法制教育全书》，西苑出版社 1999 年版。

③ 陈秀丽：《我国青少年犯罪与家庭环境研究综述》，载《中国青年研究》2004 年第 3 期。

④ 李旭东、周冬：《青少年犯罪家庭预防对策研究》，载《西南师范大学学报》2004 年第 5 期。

⑤ 肖艳红：《良性互动的亲子关系与青少年犯罪预防》，载《甘肃理论学刊》2000 年第 6 期。

⑥ 邹泓、张秋凌、王英春等：《家庭功能与青少年犯罪的关系的研究进展》，载《心理发展与教育》2005 年第 3 期。

2298人，普通未成年人为2800人。

调查采用态度量表的形式，主要从两个维度进行家庭环境状况的评价，第一个维度为亲子关系，共包含39个条目，具体分为父亲主动性沟通程度、母亲主动性沟通程度、孩子主动性沟通、父母监护度、孩子对父母的认可度、父母期望度6个子维度；第二个维度为家庭功能，共包含25个条目，具体分为支持度、凝聚力、亲密性和情感表达4个子维度。家庭环境因素主要结构如表4-1所示：

表4-1 影响未成年人成长的家庭环境因素评价指标体系

一级维度	二级维度	内容介绍
亲子关系	父亲主动性沟通程度	从孩子角度调查父亲对孩子动向的了解程度
	母亲主动性沟通程度	从孩子角度调查母亲对孩子动向的了解程度
	孩子主动性沟通程度	从孩子角度调查孩子与父母交流的意愿
	父母监护度	从孩子角度调查父母对孩子学习、娱乐的管控程度
	孩子对父母的认可度	从孩子角度调查孩子对父母的建议以及管教方式的认可程度
	父母期望度	从孩子角度调查父母对孩子学习的期望
家庭功能	支持度	调查家庭成员在面对困难和问题时的表现
	凝聚力	调查家庭成员在决策、协调矛盾、承担责任方面的表现
	亲密性	调查家庭成员在相互了解、沟通主动性及成员之间关系表现
	情感表达	调查家庭成员表达各自看法、要求、建议的可行性

量表采用的是5点计分制，其中正向题目是从正向描述的角度由被调查者给出相应评价，评分标准为"完全不符合"计1分，"基本不符合"计2分，"一半不符合一半符合"计3分，"基本符合"计4分，"完全符合"计5分，如"父亲信任你"为正向题目，评分越高说明家庭环境越好；反向题目是从负面角度反映家庭环境状况，如"我家的成员比较愿意与朋友商讨个人问题，而不愿意与家人商量"，若"完全符合"即表明家庭关系存在障碍，不利于未成年人成长，故在评分时采用反向计分法，即评分标准为"完全不符合"计5分，说明亲子关系和家庭功能最好；"基本不符合"计4分；"一半不符合一半符合"计3分；"基本符合"计2分；"完全符合"计1分。最后将各个子维度所含题目的评分进行汇总，整体反映该调查对象的家庭环境状况，分值越

高表明亲子关系和家庭功能越好。

2. 研究方法

本文主要侧重研究亲子关系、家庭功能对未成年人犯罪的影响,首先对亲子关系和家庭功能两个维度进行内部一致性检验,所采用的问卷调查内容内部一致性系数(Cronbach's α 系数)分别为 0.925 和 0.962,表明问卷结果在这两个方面具有较高的可信度。

其次主要采用对比分析法和回归分析法研究未成年人是否犯罪在家庭环境方面的差异。通过比较未成年犯和普通未成年人在各个家庭环境维度方面的均值和标准差,确定两类人群在家庭环境方面的差异性。在研究家庭环境因素对未成年人犯罪的影响作用时,以当前未成年人类型(未成年犯和普通未成年人)为判断结果,主要采用 Logistic 回归分析方法,将被调查者的性别、是否为独生子女、家庭经济状况三个变量作为控制变量,分部分引入家庭环境因素变量构建 5 个子模型,由此分析得出家庭环境因素对未成年人犯罪的影响作用。

二、研究过程分析

1. 组间差异性比较

(1)普通未成年人与未成年犯在亲子关系方面存在显著差异,亲子关系维度共有 39 个条目,将其分成 6 个因子,分别为"父亲主动性沟通程度"、"母亲主动性沟通程度"、"父母监护度"、"父母期望度"、"孩子主动性沟通程度"、"孩子对父母的认可度"。不同组间亲子关系的差异性比较情况具体见表 4-2。

表 4-2　不同群体间亲子关系差异性比较情况

亲子关系	条目	被调查者类型		t 值
		未成年犯	普通未成年人	
父亲主动性沟通程度	10	32.61±10.25	39.16±8.40	24.58***
母亲主动性沟通程度	10	37.10±10.38	43.16±7.45	23.464***
父母监护度	9	27.91±8.07	32.97±7.11	23.514***
父母期望度	3	12.02±3.38	13.67±2.05	20.471***
孩子主动性沟通程度	3	8.83±3.61	11.56±3.07	28.698***
孩子对父母的认可度	4	12.02±4.06	15.67±3.30	34.639***

注:* 表示 p<0.05,** 表示 p<0.01,*** 表示 p<0.001。

总体上，未成年犯和普通未成年人在父亲主动性沟通程度、母亲主动性沟通程度、父母监护度、父母期望度和孩子主动性沟通程度、孩子对父母的认可度方面都具有显著性差异。其中，在父（母）亲主动性沟通方面，普通未成年人比未成年犯所处家庭亲子关系要好，父母对孩子的主动性沟通更加积极，孩子对其评价水平平均高 6.55 分和 6.06 分。

在父母监护度评价方面，普通未成年人比未成年犯平均高 5.06 分，斯达哈迈在《家庭管理实践和青少年犯罪的相互关系》中认为，极粗暴和极松懈的家庭皆蕴含着青少年犯罪的倾向。① 所以，适度的监管尤其是来自父母的监管有利于青少年的健康成长。对于父母期望度的评价，普通未成年人比未成年犯平均高 1.65 分，这说明普通未成年人比未成年犯面临着更高的父母期望。父母对孩子积极的期望会产生激励作用，促进未成年人向更好的方向发展，更有利于未成年人的健康成长。

在孩子主动性沟通评价方面，普通未成年人比未成年犯高 2.73 分，说明普通未成年人比未成年犯更愿意与父母主动沟通。相较于未成年犯，普通未成年人对父母亲的认可度更高，平均高 3.65 分，较高的认可度有利于建立一种和谐的亲子关系，在这种关系中，孩子更愿意接受父母的合理意见，促进其健康成长。而未成年犯缺乏对父母的认可，不利于构建主动沟通的亲子关系，不能获得及时有效的指导和监管，在成长中面临着较大风险。

通过比较发现，普通未成年人和未成年犯在亲子关系方面存在显著差异。但这种显著差异能否体现对未成年人犯罪的影响，其影响方向和作用大小如何，尤其是父母亲的主动行为与未成年人的认可之间是否存在一种交互作用，还有待进一步的回归分析。

（2）普通未成年人和未成年犯在家庭功能方面具有显著差异。

家庭功能维度共有 25 个条目，将其分成 4 个因子，分别为"家庭支持度"、"家庭凝聚力"、"家庭亲密性"、"情感表达"。不同组间家庭功能的差异性比较情况具体见表 4-3。

---

① 康树华主编：《预防未成年人犯罪与法制教育全书》，西苑出版社 1999 年版。

表 4-3 不同人群间家庭功能差异性比较情况

家庭功能	条目	被调查者类型		t 值
		未成年犯	普通未成年人	
家庭支持度	4	13.59±3.39	16.18±3.02	28.432***
家庭凝聚力	7	21.31±6.89	27.99±5.98	36.541***
家庭亲密性	9	27.95±7.34	34.36±6.54	32.621***
情感表达	5	14.58±4.13	17.91±3.88	29.432***

注：*表示 $p<0.05$，**表示 $p<0.01$，***表示 $p<0.001$。

家庭支持度、家庭凝聚力、家庭亲密性和情感表达，都是未成年人成长的重要影响因素。从总体上看，未成年犯和普通未成年人在这些方面的差异具有显著性。其中，在家庭支持度方面，普通未成年人比未成年犯的评价高 2.59 分；在凝聚力方面，普通未成年人比未成年犯的评价高 6.68 分；普通未成年人比未成年犯在家庭亲密性评价方面高 6.41 分；在情感表达方面，普通未成年人比未成年犯的评价水平高 3.33 分。通过比较发现差异，从中可见未成年犯在成长过程中所面临的家庭功能的巨大缺失。家庭是成员情感交流的温馨港湾，亲密的家庭关系和家庭凝聚力有利于孩子形成健康的人格、良好的品质，能够抵御其成长中遇到的风险。

通过以上对比分析发现，普通未成年人和未成年犯在家庭环境因素方面存在着显著差异，因此，家庭环境方面的差异性有助于对未成年人犯罪的风险进行预警分析。

2. 家庭环境因素对未成年人犯罪的 Logistic 回归分析

以未成年人类型即未成年犯和普通未成年人为因变量，以被调查者的性别、是否为独生子女、家庭经济状况以及亲子关系和家庭功能为自变量，依次引入 Logistic 回归分析过程，由此分别构建五个子模型，深入研究各个因素在预警孩子成长风险方面的重要作用。

表 4-4　Logistic 回归结果

	模型 1		模型 2		模型 3		模型 4		模型 5	
	B	S.E	B	S.E	B	S.E	B	S.E	B	S.E
男性（参照类=女性）	0.808***	0.06	0.676***	0.065	0.508***	0.067	0.632***	0.067	0.546***	0.070
独生子女（参照类=非独生子女）	-1.016***	0.062	-1.043***	0.067	-1.089***	0.069	-1.032***	0.069	-1.089***	0.072
良好经济状况（参照类=条件较差）	-0.647***	0.104	-0.429***	0.111	-0.395	0.114	-0.310	0.115	-0.308	0.119
父亲主动性沟通程度	—	—	-0.036***	0.005	—	—	—	—	—	—
母亲主动性沟通程度	—	—	-0.022***	0.005	—	—	—	—	—	—
父母监护度	—	—	-0.024***	0.006	—	—	—	—	0.027***	0.006
父母期望度	—	—	-0.122***	0.014	—	—	—	—	-0.134***	0.015
孩子主动性沟通程度	—	—	—	—	-0.027	0.015	—	—	—	—
孩子对父母的认可度	—	—	—	—	-0.236***	0.014	—	—	-0.16***	0.014
支持度	—	—	—	—	—	—	0.175	0.076	0.192	0.079
支持度平方项	—	—	—	—	—	—	-0.005	0.003	-0.005	0.003

续表

	模型1		模型2		模型3		模型4		模型5	
	B	S.E	B	S.E	B	S.E	B	S.E	B	S.E
凝聚力	—	—	—	—	—	—	-0.117***	0.011	-0.105***	0.010
亲密性	—	—	—	—	—	—	-0.031	0.009	—	—
情感表达	—	—	—	—	—	—	-0.046***	0.012	-0.043***	0.012
常量	-0.16	0.047	4.415	0.214	3.585	0.15	3.014	0.532	4.585	0.577
样本量	5098	—	5098	—	5098	—	5098	—	5098	—
Cox & Snell R方	0.093	—	0.208	—	0.244	—	0.259	—	0.297	—
-2对数似然值	6520.002	—	5827.784	—	5590.837	—	5490.978	—	5223.882	—
△LR	—	—	692.218***	—	929.165***	—	1029.024***	—	1296.12***	—

模型1中被调查者的性别、是否为独生子女、家庭经济状况作为控制变量引入分析过程。相对于女生来说，男生更有可能出现犯罪行为，发生比高出女生124.4%；相对于非独生子女来说，独生子女更不容易出现犯罪行为，其犯罪行为的发生比低于非独生子女63.8%；当未成年人所在的家庭具有良好的经济状况时，出现犯罪行为的可能性会降低，发生比会降低47.7%。这三个因素作为模型的控制变量，其中性别和是否为独生子女在后续各个模型的分析中得到较为一致的结果，而经济状况良好这个因素在模型3、4、5中对未成年人类型的判断并不显著，这也从另一个侧面说明了相对于家庭经济状况而言，良好的家庭氛围、顺畅的情感表达，是未成年人健康成长的重要因素。

模型2在模型1的基础上，引入了亲子关系中的父亲主动性沟通程度、母亲主动性沟通程度、父母监护度和父母期待度，由此来分析父母本身的态度对未成年人出现犯罪行为可能性产生的影响。这几个因素作用都是显著的，回归结果表明父母在这几个方面表现得越差，则未成年人就越有可能出现犯罪行为。

模型3在模型1的基础上，引入了亲子关系中孩子主动性沟通程度和孩子对父母的认可度，这两个因素的评价得分越高，越有可能降低未成年人犯罪行为的发生。因为未成年人越是主动与父母沟通，对父母的认可度越高，在一定程度上越有助于降低未成年人犯罪行为发生的风险，尤其是未成年人对父母的认可度是降低未成年人犯罪风险的重要因素。

在模型4中,将家庭功能中的支持度、凝聚力、亲密性和情感表达引入到模型中,回归分析结果表明,凝聚力、情感表达和亲密性对于未成年人犯罪行为出现的可能性有所抑制,其程度越高,越有助于降低未成年人脱离正常成长轨道的危险,尤其是家庭凝聚力和情感表达对未成年人健康成长作用显著。在支持度这个因素方面,将支持度的平方项引入模型分析中,由此可以看出,在一定范围内随着支持度的增高,未成年人犯罪行为发生比会增加,但超过一定阈值,随着家庭支持度的增高,反而降低未成年人犯罪的可能性。这说明须让未成年人感受到家庭支持的存在,并达到一定程度,才能够发挥降低未成年人犯罪发生比例的作用。

模型5是经过多重共线性检验,在仅保留父母监护度、父母期望度、孩子对父母的认可度、家庭凝聚力、支持度、情感表达等关键变量后得到的最优结果。其中父母监护度与模型2中的回归系数作用方向发生了改变,在模型2中父母监护度越高,未成年人出现犯罪行为的可能性越低,发生比降低2.4%;而在模型5中得出相反结论,父母监护度越高,孩子出现犯罪行为的可能性就越高,发生比将提高2.8%。可能的解释就是,在父母期望度、孩子对父母的认可度、家庭凝聚力、支持度、情感表达等变量保持不变的条件下,增高的父母监护度不利于孩子成长。由此可见,家庭内部顺畅的情感表达、凝聚力以及孩子对父母的较高认可度会显著降低未成年人成长中的风险。

三、研究结论与讨论

在传统研究和常识判断中,不难发现普通未成年人和未成年犯在某些方面存在差异。本文从分析普通未成年人和未成年犯在亲子关系和家庭功能方面存在的差异入手,深入研究家庭环境对未成年人成长的重要作用。

第一,良好的亲子关系是预防未成年人犯罪的重要因素。在亲子关系方面,良好的亲子关系能够促进未成年人的健康成长,对未成年人的发展起到积极的正向引导作用,[1] 成为预防和减少未成年人犯罪的重要环节。[2] 家庭成员间的沟通交流,有助于促进亲子关系,增加彼此的信任。其中,父亲主动性沟通、母亲主动性沟通、孩子主动性沟通这三个方面体现了家庭成员相互沟通的

---

[1] 廖素群:《亲子关系对青少年道德发展的影响》,载《韶关学院学报》2015年第7期。

[2] 宋戈:《未成年人犯罪与亲子关系》,载《天津师范大学学报(基础教育版)》2001年第2期。

情况，分析发现在普通未成年人和未成年犯两类人群间呈现显著差异。沟通是父母与子女之间的信息交流，建立在亲子之间平等地位上的有效沟通对于未成年人成长是非常必要的。[1] 因为良好的沟通氛围增加了未成年人与父母的交流，有助于父母及时帮助解决未成年人成长中的困惑和问题，减少了其犯罪的可能性，对于未成年人健康成长具有正向的影响作用。

在孩子对父母的认可度和父母的期望度方面，同样在普通未成年人与未成年犯之间存在显著差异。其中，认可度是父母树立权威的结果，孩子对父母认可程度越高，往往越听从父母的教导。在回归分析结果中，得出了孩子对于父母的认可度越高，孩子出现犯罪行为的可能性越低。若由于父母自身素质、文化差异等因素，造成了亲子间的不和谐关系，会大大降低父母在孩子面前的威信，[2] 很容易在生活中产生矛盾甚至冲突，而高矛盾性对未成年人违法犯罪行为有显著影响。[3]

期望是使有机体预期某一特定事件的一种内部状态和心向，[4] 本文分析发现，若父母对未成年人寄予较高的期望，就会在一定程度上降低未成年人犯罪行为发生的可能性，因为父母的期望对于未成年人的行为有重要"引导作用"。[5] 如果父母给予孩子适当的期望，孩子不仅会从中获得鼓励，更会感受到父母的关爱，有助于其健康成长。[6]

第二，完善的家庭功能可以预防未成年人犯罪行为的发生。交叉分析发现，普通未成年人与未成年犯在家庭凝聚力、亲密性和情感表达等方面存在显著差异。其中，凝聚力和亲密性体现了家庭成员之间的互助和谐，这有助于未成年人良好身心的养成。[7] 回归分析发现，凝聚力和亲密性越好，越有利于降

---

[1] 郑月清：《亲子关系及其对青少年心理健康的影响》，载《校园心理》2013年第1期。

[2] 范中杰：《论转型时期亲子关系的转变》，载《四川师范大学学报（社会科学版）》2001年第4期。

[3] 程灶火、金凤仙、王国强、张嫚茹、刘新民：《家庭环境、教养方式和人格对青少年违法的影响及影响路径》，载《中国临床心理学杂志》2016年第2期。

[4] 王婷、刘爱伦：《中学生和家长的期望差异及其亲子关系的调查》，载《教育探索》2005年第1期。

[5] 朱倩倩、周青山：《优化亲子关系——促进未成年人健康成长》，载《当代教育理论与实践》2016年第6期。

[6] 李郁清：《父母期望的把握及效用》，载《天中学刊》2004年第4期。

[7] 余皖婉、梁振、潘田中：《暴力网络游戏与青少年家庭环境、人际交往困扰的关联研究》，载《佳木斯大学社会科学学报》2016年第1期。

低未成年人成长中的风险，有助于未成年人健康成长。如果家庭的凝聚力降低，或因家庭关系长期紧张而削弱，会严重影响家长营造教育未成年人的良好氛围和解决问题的能力。因此，在不和谐的家庭关系中，较低的凝聚力会影响到未成年人的健康成长。在情感表达方面，主要体现在家庭成员解决问题时的积极沟通，如果未成年人的意见得到家人的充分认可，能够增强自我认知和自信水平，在一定程度上实现了其自我价值，因此一定的情感表达对未成年人健康成长有促进作用。同时，情感表达也从另一方面表现了子女与父母之间的情感联系，正如特拉维斯·赫西（Travis·Hirschi）所指出的，当与父母的联系加强时，未成年人犯罪的可能性就会降低[1]。

第三，适度的父母监护和家庭支持是预防未成年人犯罪的重要因素。在回归分析中发现，在父母监护方面，随着父母监护水平的提高，未成年人出现违法犯罪行为的可能性趋于减小，但是当家庭功能比较健全，凝聚力、情感表达比较良好，而且孩子对父母的认可度比较高时，父母严格的监护将适得其反，往往会对孩子成长带来较大的副作用。这在回归分析中有所体现，在模型2到模型5中父母监护度的影响系数发生明显的正负性改变。另外，在回归分析中引入了家庭支持度的平方作为自变量，发现家庭支持度与未成年人的健康成长具有显著的相关性，因此，适度的家庭支持对于预防未成年人犯罪具有重要作用。

总之，家庭是未成年人健康成长的温馨港湾，良好的亲子关系、完善的家庭功能、适度的父母监护和家庭支持对于预防未成年人违法犯罪具有重要作用。

---

[1] ［美］特拉维斯·赫希：《少年犯罪原因探讨》，吴宗宪译，中国国际广播出版社1997年版。

第五章　青少年犯罪的家庭因素和预防指标

许永勤*

青少年处在一个复杂的相互影响的社会系统网络之中，诸多因素会导致其犯罪行为的发生发展。在这些因素中，除了宏观的社会政治、经济、法制、意识、风俗习惯等背景因素的影响外，微观的社会因素，包括家庭、学校、居住环境、人际交往、工作场所等都是与青少年个体直接接触的社会因素。其中，家庭对青少年个体的影响尤为巨大。家庭是个体社会化的起点和最主要的场所，也是青少年的价值观形成和行为规范习得的基础环境。在人的一生中，青少年日常生活技能的获得、行为习惯的养成、人际关系互动模式的形成、问题解决的思考方式、道德行为规范的界定等，都与家庭的教养环境存在密切关系。同时，由于青少年时期是接受社会化的关键时期，其社会角色的获得、社会态度的形成以及人生观、世界观和价值观的建立大都在这一时期初步形成。因此，在这一时期，家庭对青少年的成长具有非常重要的作用。又由于青少年这一犯罪主体的特殊性，家庭因素的影响尤为突出。家庭环境对于青少年的成长，无论是认知、情感还是意志品格都有不可替代的作用。本次研究表明，家庭方面存在的某些不足和缺陷是催生青少年犯罪的主要原因，也是预防青少年犯罪的重要对策。这主要体现在家庭的结构、家庭的功能以及家庭的教养方式和监控等方面。只有在充分认识到家庭重要性的基础上，有针对性地开展综合治理工作，制定切实有效的帮教和干预措施，才能从根本上帮助青少年远离违法犯罪，促进青少年健康成长。

一、家庭环境

青少年时期是一个从儿童过渡到成人的转折期，在这一时期，他们在自我探索的过程中，会经历丧失、挫折和拒绝，同时他们的情绪中枢也开始逐渐走向成熟。青少年典型的行为特征是模仿和易受暗示性，他们非常容易受周围环

---

* 许永勤，北京政法职业学院副教授，法学博士。

境的影响，模仿他人或受他人暗示而发生违法犯罪行为。因此，家庭在青少年社会化过程中所起的作用不是弱化了，而是产生了更加深刻、直接和持久的影响。本次调查发现，不良的家庭环境，会阻碍青少年的健康成长，导致犯罪行为的发生。家庭环境中与犯罪行为关系最为密切的因素是家庭结构的缺陷、家庭功能的弱化、家庭关系的不良以及家庭教养方式的不当等因素。上述各种因素交织在一起，相互影响，弱化了家庭与青少年的天然依恋联系，使家庭丧失了对青少年不良行为的基础约束力和控制力。

家庭结构是指家庭成员的组成结构，以及家庭成员间相处与交流的固定模式。常见的家庭结构可以分为核心家庭、扩展家庭、单亲家庭、重组家庭、领养家庭等。不同的家庭结构对于青少年心理健康的影响是不一样的。理想的家庭结构是由夫妻和未成年子女组成的核心家庭结构，其特征是父母双全，并且能够承担对子女的教育责任。这种家庭结构组成简单，家庭环境稳定单纯，亲属交往简单直接，家庭生活矛盾和纠纷较少，容易实现家庭中的民主，有利于培养青少年的独立性、自主性，出现青少年心理健康问题的概率较小。

与核心家庭结构不同，由家中老人代为教养的扩展家庭、单亲家庭，离婚家庭或有继父继母的重组家庭等，则在一定程度上丧失了家庭结构的稳定性和完整性，削弱了部分家庭功能。在上述家庭中，亲子关系遭到破坏，一方面，子女会受到隔代教育的溺爱，出现骄纵、任性等不良行为；另一方面，由于家长忙于生计和自身问题，子女从小就受到忽视，爱与被爱的需要得不到满足，有的甚至遭受他人歧视和虐待，得不到应有的家庭温暖。在这种环境中长大的孩子，很容易形成偏执、孤僻、自卑、冷漠等不良的性格特点，从而使他们被排斥在主流群体之外。因而，在这些家庭长大的孩子，相对于那些生活在结构完整的家庭的孩子而言，更容易受到不良社会刺激的影响和坏人的教唆与引诱，归属于不良群体，并由此走上犯罪道路。

本次调查如表 5-1 显示，与同龄人相比，犯罪青少年的家庭结构完整性较差，明显低于前者。其中，"与父母同住"的犯罪青少年比例仅占到一半左右，远远低于其他同龄人，导致家庭对青少年的日常约束力和教育影响力都比较弱。在其他类型的家庭结构中，根据所占比例的大小，依次为"离婚"、"父亲或母亲在外地工作很少回来"、"父亲过世"、"父母因感情不和而分居"、"母亲过世"、"父母都过世"。

在这些类型的家庭结构中，根据父母对青少年控制力和影响力特点，我们可以将其分为三种类型，分别是缺失型、冲突型和松散型。

首先，占比例最高的是"冲突型"家庭结构，包括"离婚"和"父母因感情不和而分居"两项内容，所占比例高达"16.4%"。父母关系不和甚至离婚，会对青少年产生强烈的心理冲击，使他们对人与人之间的信任和亲密关系产生怀疑，削弱了规划未来目标的能力，在日常人际交往中无法和他人进行良好互动，同时也更容易陷入行为越轨、药物滥用、过早性行为、学业失败以及心灵创伤的高度危险中。

其次，占比例较高的是"缺失型"家庭结构，包括"父亲过世""母亲过世""父母都过世"三项内容，所占比例达到"15.3%"。父母过世对青少年的影响非常巨大。除了无法得到父母的保护和关爱外，对青少年最直接的影响是危及他们日常的经济生存环境，降低生活水准，进而影响他们的受教育水平。在缺乏教育监管和生活照料的双重影响下，他们很容易使自己处于孤立无援的境地，性格变得孤僻和自闭，心理发育不健全，甚至通过打架斗殴或违法犯罪来寻求社会解脱。因此，来自"缺失型"家庭的青少年应该成为社会帮扶的主要对象。

最后，是"松散型"的家庭结构，主要指"父亲或母亲在外地工作很少回来"，所占比例为"9.5%"。松散型家庭结构的主要特征是父母对青少年的监管不到位。许多未成年人因为父母常年在外打工，主要依靠家中老人照顾，无法和父母建立有效沟通。在青春期，家中老人已没有能力引导他们建立正确的价值观和人生观，父母也无法走进他们的内心世界。家长监管角色的缺失，使他们在面对复杂的社会环境时，无法从父母那里寻求支持和帮助，从而更容易受到外界的不良诱惑，走上犯罪道路。

表 5-1 犯罪青少年和同龄人的家庭结构对比分析（%）

父母基本情况		有效百分比
父母同住	犯罪青少年	58.6
	普通青少年	85.3
父亲或母亲在外地工作很少回来	犯罪青少年	9.5
	普通青少年	7.3
父母因感情不和而分居	犯罪青少年	4.1
	普通青少年	1.0
离婚	犯罪青少年	12.3
	普通青少年	5.0
父亲过世	犯罪青少年	8.9
	普通青少年	1.0

续表

父母基本情况		有效百分比
母亲过世	犯罪青少年	4.0
	普通青少年	0.3
父母都过世	犯罪青少年	2.4
	普通青少年	0.1

二、家庭功能

家庭是个体来到这个世界最初接触到的环境，对个体的心理发展和社会化都起着举足轻重的作用。进入青春期后，青少年随着身体发育逐渐成熟产生了心理上的断乳，进而形成强烈的成人意识，希望别人把他们当大人看待。他们开始渴望摆脱家庭的束缚，努力适应外面的社会环境，对外面世界充满了憧憬和好奇。同时，由于思维方式不成熟，过分强调独立性和批判性，他们常常会产生一些偏激思想和行为，对整个家庭系统带来极大的冲击。在这个时候，如果父母不了解青少年的这些发展特点，采用不恰当的应对方式，就容易引起青少年的逆反心理，割断家庭与青少年之间的情感联结，从而使家庭失去对青少年的控制力，进而使整个家庭陷入困境。因此，在动荡不安的青春期，家庭作为一个稳定的、独特的情感和沟通场所，在青少年的发展过程中起着非常重要的作用。家庭功能的强弱，也成为直接影响青少年外在行为的重要因素。

在以往的研究中，学者们大都采取了探讨某个或某些家庭因素作用的研究范式，忽视了家庭作为一个整体系统所具有的价值。现在，许多学者开始将家庭作为一个系统进行研究，他们认为，除了经济支撑外，家庭系统主要是由稳定的、独特的沟通和情感模式以及相应的家庭规则所组成的。具体内容包括规定每个家庭成员的角色和地位、行为准则和外界交往模式。在这个系统中，家庭经济条件的改变、家庭成员数量的变化，或是成员本身的变化等一些内部变化，都可能给家庭系统造成破坏，进而波及每个家庭成员。这时，整个家庭系统就需要进行调整。家庭功能的好坏会持续影响家庭各个成员的心理健康和行为模式，尤其会对青少年产生重要影响。

家庭功能的实现主要依赖于家庭系统是否能够完成两种任务：第一，满足家庭成员的经济需要，即满足家庭成员的基本物质需求，包括有衣穿、有饭吃、有地方住、能上学、出行方便等。第二，满足家庭成员的发展需要，如能够帮助家庭成员解决在日常生活、学习和工作中遇到的挫折和困扰,为家庭成员提供稳定的情感支持;危机型任务,即应付和处理各种家庭突发事件等,如家庭经济危机、升学考试、生病、父母离异等。他们认为家庭任务完成得越好,家庭功能越好。家庭功能的界定包括家庭成员的情感联系、家庭成员之间的沟通、家庭规则和处理外部事件的有效性等几个方面。在本次调查中,我们主要从问题解决功能、沟通功能、角色功能、情感交往功能四个方面,对违法青少年和同龄人的家庭功能状况进行了对比分析,找出两者差异,为下一步社会干预提供数据支持。

(一) 问题解决功能

青少年在社会化的过程中,会遇到一系列的人生课题。例如,如何处理同伴之间的冲突、如何独立和父母沟通、如何看待社会上的不良事件和种种诱惑;如何对自己的职业生涯进行分析和定位;如何处理学业和兴趣、独立和依赖的关系等问题。在进行自我探索的过程中,他们会面对种种困惑和诱惑,也会进行各种尝试,甚至会做出飙车、沉溺网络、吸食麻醉品、不当的性行为、短时间的离家出走或外出打工等行为。面对青少年在青春期出现的种种问题,家庭成员之间如果能够提供支持和帮助,创造一个良好互动的民主氛围,就能够帮助孩子顺利度过青春期,建立良好的自我同一性。相反,如果家庭气氛凝重压抑,家庭成员之间很少沟通交流。当孩子遇到问题时,就不会主动和家庭成员沟通交流,也无法从家庭中获得有效帮助。

在表5-2中,我们发现,犯罪青少年的家庭在问题解决功能上,与普通青少年的家庭存在显著性差异。当面临升学或就业等人生课题时,普通青少年更"喜欢和家人一起商量",更能主动参与到家庭的决策中,也更能得到家庭成员的尊重和接纳;在解决问题时,他们的建议更能够被接受。相比之下,在遇到困难时,虽然犯罪青少年的"家庭成员都会尽最大努力去支持帮助",也会"听取青少年自由发表意见",对此,犯罪青少年比较认可和满意,平均值在3.5分左右,但是,在具体的家庭决策过程中,犯罪青少年则不愿意和父母进行深入交流,很少参与家庭的重大决策,他们的意见和建议也很少被采纳,平均值都在3分以下。表5-3的ANOVA分析进一步表明,犯罪青少年和同龄人的家庭在所有问题解决功能项目上的差异显著性均达到0.01的水平。

表 5-2 犯罪青少年和同龄人的家庭在问题解决功能上的差异分析

	对照组	均值	标准差
在有困难时家庭成员都会尽最大的努力相互支持帮助	犯罪青少年	3.83	1.19
	普通青少年	4.42	0.85
我家中的每个成员都可以随便发表自己的意见	犯罪青少年	3.45	1.24
	普通青少年	4.15	1.00
我家的成员比较愿意与朋友商讨个人问题而不愿意与家人商量	犯罪青少年	2.30	1.19
	普通青少年	2.43	1.37
每个家庭成员都参与作出重大的家庭决策	犯罪青少年	2.82	1.34
	普通青少年	3.93	1.16
家庭成员自己要作决策时喜欢与家人一起商量	犯罪青少年	2.94	1.30
	普通青少年	4.04	1.09
在解决问题时孩子们的建议能够被接受	犯罪青少年	2.85	1.23
	普通青少年	3.76	1.16

表 5-3 犯罪青少年和同龄人的家庭在问题解决功能上的ANOVA分析

		平方和	Df	均方	F	Sig.
在有困难时家庭成员都会尽最大的努力相互支持帮助	组间	583.635	1	583.635	549.8	0
	组内	7293.983	6871	1.062		
	总数	7877.618	6872			
我家中的每个成员都可以随便发表自己的意见	组间	851.282	1	851.282	677.6	0
	组内	8594.388	6841	1.256		
	总数	9445.670	6842			
我家的成员比较愿意与朋友商讨个人问题而不愿意与家人商量	组间	26.061	1	26.061	15.74	0
	组内	11269.490	6806	1.656		
	总数	11295.551	6807			
每个家庭成员都参与作出重大的家庭决策	组间	2111.411	1	2111.411	1361	0
	组内	10559.104	6805	1.552		
	总数	12670.515	6806			

续表

		平方和	Df	均方	F	Sig.
家庭成员自己要作决策时喜欢与家人一起商量	组间	2047.008	1	2047.008	1431	0
	组内	9767.569	6829	1.430		
	总数	11814.577	6830			
在解决问题时孩子们的建议能够被接受	组间	1410.929	1	1410.929	983.7	0
	组内	9748.686	6797	1.434		
	总数	11159.615	6798			

（二）沟通功能

家庭的沟通功能主要是指父母与子女之间交换资料、信息、观点、意见、情感和态度，以达到共同了解、信任与互相合作的过程。家庭成员之间良好的沟通，能够满足青少年的心理安全和归属需要，促进其积极向外探索，获得更多的社会支持，进而有助于他们抵御因挫折事件而产生的愤怒、内疚、恐惧等负性情绪。在表5-4中，我们分别对犯罪青少年和普通青少年在家庭成员之间沟通的主动性、沟通的形式、沟通的效果等方面存在的差异作了分析，表5-5的分析表明，除了"在家庭产生矛盾时家庭成员会把自己的想法藏在心里"这一条目外，两组在其他项目的得分上均存在显著性差异。综合分析各个条目，我们得到的结果如下：

在沟通的形式上，与犯罪青少年相比，普通青少年的家庭更多地采取了双向沟通的方式，这种模式使青少年在父母面前有反馈意见的机会，产生平等感和参与感，增加自信心和责任心，有助于建立双方之间的感情。对于父母来说，双向沟通有些困难，很多家长都是单向沟通，对于子女的意见很少听取。但是，对于青少年来说，双向沟通是很重要的，这样可以走进孩子的内心，去了解孩子并有针对性地进行引导。在"晚辈对长辈的教导可以发表自己的意见"以及"在家里家庭成员可以随便提出自己的要求"两个项目上，我们发现，普通青少年的得分远远高于犯罪青少年，他们在沟通中获得家庭支持的可能性会更大。

在沟通的主动性上，与犯罪的青少年相比，普通青少年更倾向于"主动向家里其他人谈自己的心里话"。同时，在沟通遇到障碍时，他们的家庭成员之间更倾向于"相互谦让以达成一致"，有时候，为了维护家庭的和谐稳定，家庭成员也会倾向于"把自己的想法藏在心里"。由此得出，普通青少年的家庭成员在沟通过程中，会有很多的弹性空间，既能做到积极主动，也能做到彼此宽容和忍让。这种适应性的沟通模式也为青少年的人际交往，提供了很好的引导作用。

最后，在家庭沟通的满意度上，普通青少年的得分显著高于犯罪青少年。由此，整个家庭的沟通模式形成良性循环，使青少年在"暴风骤雨"式的青春期，能够有一个温暖安全的港湾可以获得支持和接纳，从而更好地融入社会。

表 5-4 犯罪青少年和同龄人的家庭在沟通功能上的差异分析

	对照组	均值	标准差
晚辈对长辈的教导可以发表自己的意见	犯罪青少年	2.75	1.26
	普通青少年	3.75	1.21
家庭成员一起讨论问题并对问题的解决感到满意	犯罪青少年	3.02	1.25
	普通青少年	4.03	1.06
当家庭中出现矛盾时成员间相互谦让以达成一致	犯罪青少年	3.04	1.27
	普通青少年	3.94	1.10
家庭成员都很主动向家里其他人谈自己的心里话	犯罪青少年	2.71	1.24
	普通青少年	3.58	1.22
在家里家庭成员可以随便提出自己的要求	犯罪青少年	2.90	1.24
	普通青少年	3.60	1.19
在家庭产生矛盾时家庭成员会把自己的想法藏在心里	犯罪青少年	2.63	1.19
	普通青少年	3.76	1.16

表 5-5 犯罪青少年和同龄人的家庭在沟通功能上的 ANOVA 分析

		平方和	Df	均方	F	Sig.
晚辈对长辈的教导可以发表自己的意见	组间	1724.466	1	1724.466	1131	0
	组内	10419.501	6831	1.525		
	总数	12143.967	6832			
家庭成员一起讨论问题并对问题的解决感到满意	组间	1710.142	1	1710.142	1281	0
	组内	9056.741	6783	1.335		
	总数	10766.883	6784			

续表

		平方和	Df	均方	F	Sig.
当家庭中出现矛盾时成员间相互谦让以达成一致	组间	1383.536	1	1383.536	989.2	0
	组内	9519.616	6806	1.399		
	总数	10903.152	6807			
家庭成员都很主动向家里其他人谈自己的心里话	组间	1265.8	1	1265.8	837.8	0
	组内	10256.128	6788	1.511		
	总数	11521.928	6789			
在家里家庭成员可以随便提出自己的要求	组间	839.954	1	839.954	568.7	0
	组内	10033.312	6793	1.477		
	总数	10873.266	6794			
在家庭产生矛盾时家庭成员会把自己的想法藏在心里	组间	0.089	1	0.089	0.056	0.812
	组内	10707.344	6757	1.585		
	总数	10707.433	6758			

(三) 角色功能

角色功能是家庭为了保障功能的正常发挥，满足家庭成员的需求，协调家庭成员的关系而进行的调控，要求家庭成员担负或承诺某项职责并付诸行动。在本次调查中，我们主要围绕家务分工和家规两个方面，对两组青少年的家庭角色功能进行了对比分析。

在家庭角色设置中，家长让孩子从小练习做家务，不仅能培养他们的动手能力、问题解决能力和分类归纳能力，更重要的是能培养他们的责任感、自信心和独立自主的精神，为他们融入社会、承担社会角色打下良好的基础。相反，如果家长过度溺爱孩子，从小到大不让其做任何家务，就会助长孩子的依赖心理，使其无法独立安排自己的生活，做事效率低下，社会适应性差。因此，家务分工是衡量家庭角色功能实现与否的重要指标。

在表5-6中，我们把犯罪青少年和同龄人的家务分工情况进行了对比分析发现，普通青少年"做家务""承担家庭义务""严格按照家庭决定去做事"的得分，显著高于犯罪青少年。该数据表明，犯罪青少年对家庭所做贡献很少，很少为父母、为家人承担家务劳动。在随后的访谈中，我们还注意到，很多犯罪的青少年把家当作旅馆，只有在没钱或需要休息的时候，才回家寻求经济支持。他们在家大部分时间是上网、睡懒觉或聚会狂欢，很少帮父母做饭、整理房间、收拾家务。家庭已无法对他们的自由懒散行为进行约束和控制。

家庭是预防青少年犯罪的基石,也是传播和践行社会传统道德规范的重要场所。家庭对青少年行为进行管教和引导的一项重要措施是家规。很多家庭把不准夜不归宿、沉迷网络、酗酒、赌博、顶撞父母、逃学、结交不良朋友、说脏话等列入家规,要求"家庭成员都按家庭所作的决定去做事",并"严格遵守家庭的生活规律和家规",为青少年的健康成长构筑起一道安全屏障。同时,他们对青少年的家教也比较合理,在一定程度上允许青少年单独活动,也允许他们分开做事。在表5-7中,除"在家里我们更愿意分开做事而不太愿意和全家人一起做"这一项外,其他几项都存在显著性差异。由此可见,犯罪青少年和普通青少年渴望独立的需要具有一致性,但在家庭监护功能上存在显著区别。相比之下,犯罪青少年家庭养育环境的主要特征是父母的低监控、缺少家规及家庭规则混乱。父母的家庭监护功能缺位,无法对青少年的不良行为进行及时纠正。同时,他们对青少年的管教和要求也缺乏一致性,过严或放纵都会造成青少年行为失范。在调查中,我们发现,很多犯罪青少年基本处于脱管状态。有的父母无暇顾及或者放弃孩子的教育,对于他们的交友状况以及在学校和社会上遇到的挫折一无所知,也无法进行有效监管。通过对未成年犯的深入访谈,我们了解到,有相当一部分的未成年犯从学校逃学、加入团伙,是因为他们认为家庭无法提供有力的保护,也无法再控制他们。例如,其中一名未成年犯说道:"我进入初中后,心理非常毛躁,觉得外面的世界很刺激,老想往外跑,逃学、逛歌厅,心都野了,常常夜不归宿,几个朋友凑钱住宾馆。一次凌晨,他们犯了事,打电话让我也跟着做,莫名其妙地,我也成了罪犯。"

由此可见,在人际氛围不好、缺少家规约束中长大的孩子,生活中伴随他们的多是争吵、打骂以及家庭环境的冷漠疏离,缺少来自长辈心理上的安慰和束缚,一旦家庭内部发生冲突或有任何外力驱使,他们便会选择摆脱家庭的控制,离开家门,沾染社会恶习,从而使犯罪机会大大提高。

表 5-6 犯罪青少年和同龄人的家庭在角色功能上的差异分析

	对照组	均值	标准差
在家中我们轮流分担不同的家务	犯罪青少年	2.72	1.38
	普通青少年	3.83	1.21
我们家的家教是合理的	犯罪青少年	3.34	1.33
	普通青少年	4.23	0.98

续表

	对照组	均值	标准差
在家中每个成员习惯单独活动	犯罪青少年	2.83	1.21
	普通青少年	2.57	1.31
家庭成员都能按家庭所作的决定去做事	犯罪青少年	2.96	1.20
	普通青少年	3.82	1.06
在我家每个成员都分担家庭义务	犯罪青少年	3.09	1.32
	普通青少年	3.98	1.07
家庭的生活规律和家规难以改变	犯罪青少年	2.70	1.35
	普通青少年	3.16	1.31
在家里我们更愿意分开做事而不太愿意和全家人一起做	犯罪青少年	2.50	1.26
	普通青少年	2.47	1.35

表5-7 犯罪青少年和同龄人的家庭在角色功能上的ANOVA分析

		平方和	Df	均方	F	Sig.
	总数	10766.883	6784			
在家中我们轮流分担不同的家务	组间	2089.017	1	2089.017	1244	0
	组内	11371.077	6772	1.679		
	总数	13460.094	6773			
我们家的家教是合理的	组间	1345.318	1	1345.318	1007	0
	组内	9088.262	6801	1.336		
	总数	10433.58	6802			
在家中每个成员习惯单独活动	组间	116.222	1	116.222	73.12	0
	组内	10842.077	6821	1.59		
	总数	10958.299	6822			
家庭成员都能按家庭所作的决定去做事	组间	1248.134	1	1248.134	976.2	0
	组内	8656.806	6771	1.279		
	总数	9904.94	6772			

续表

		平方和	Df	均方	F	Sig.
在我家每个成员都分担家庭义务	组间	1341.224	1	1341.224	941.1	0
	组内	9662.513	6780	1.425		
	总数	11003.737	6781			
家庭的生活规律和家规难以改变	组间	350.419	1	350.419	198.6	0
	组内	12019.868	6813	1.764		
	总数	12370.287	6814			
在家里我们更愿意分开做事而不太愿意和全家人一起做	组间	1.85	1	1.85	1.082	0.298
	组内	10993.932	6429	1.71		
	总数	10995.782	6430			

(四) 情感交往功能

情感交往功能是家庭功能最为重要的组成部分。家庭作为社会的基本细胞，必须满足成员的情感需求，以维持家庭的稳定性。对于每个成员来讲，各种心理立场的形成、个性的发展、情感的控制、爱的培育以及精神的安慰和寄托都离不开家庭，也只有在家庭这个微观的，细腻、复杂的氛围中，其才能得到全面发展。在家庭关系中，父母双方以及和孩子之间形成的亲密依恋，会促使青少年更自觉地接受父母的监督，从而很大程度上减少不良行为的发生。

综观家庭功能与青少年犯罪关系的研究历史，我们发现，研究重点主要倾向于家庭的情感及其行为变量。其中，国内外的实证研究发现，亲子依恋对于青少年的犯罪行为有着很强的预测性。不良的亲子依恋会显著增加青少年犯罪的危险。除了依恋理论，社会控制论也对依恋的重要性进行了解释。社会控制论从个体与社会联系的强弱角度，对此进行了解释。该理论认为，人在社会化的过程中，会与社会建立起不同的社会联系，这些社会联系在一定程度上可以阻止个体进行犯罪行为。社会联系由依恋、奉献、投入、信念四部分组成。其中，家庭中的亲子依恋是社会联系的核心，通过建立这种社会情感联系，孩子可以内化社会所需的常规观念，会认同父母并内化父母寄予自己的期望和要求，这有助于遏制他们的犯罪冲动。从这个角度讲，对父母的依恋在某种程度上具备了间接控制的功能，可以使孩子表现出更多的常规行为。反之，如果这种亲密的情感联系被削弱或破裂，犯罪行为就会产生。在本次调查中（见表5-8），我们分别对未成年犯和普通青少年父母状况进行了分析，结果发现，在未成年犯中,"与父母同住"的比例为 58.6%,远远低于普通青少年 85.3% 的比例。在其他的项目中,我们发现,未成年犯"父母离异"、"父亲过世"、"母亲过世"以及"父母都过世"的比例达到 27.8%,远远高于普通青少年组 6.4%的比例。这一结果,进一步证明了父母的日常监督和情感维系对青少年健康成长的重要性。

表 5-8 未成年犯和普通青少年的父母状况比较(%)

父母状况	未成年犯	普通青少年
与父母同住	58.6	85.3
父亲或母亲在外地工作很少回来	9.5	7.3
父母因感情不和而分居	4.1	1.0
父母离异	12.3	5.0
父亲过世	8.9	1.0
母亲过世	4.0	0.3
父母都过世	2.6	0.1
合计	100.0	100.0

1. 母子关系

在家庭中,亲子关系是青少年最早建立的一种人际关系,子女与父母之间的亲子依恋会对青少年犯罪起保护性作用,青少年与父母关系越密切,越有可能依恋和认同父母,也就越不可能出现犯罪行为。因此,在本次调查中,我们分别对父亲与孩子、母亲与孩子的依恋关系进行了分析。

亲子依恋指孩子寻求并企图保持与父母亲密身体联系的一种倾向,是孩子与父母之间一种积极的、充满深情的感情联结。这种联结是最自然、最基本、最稳固的情感组合方式,为孩子一生的人际交往的发展奠定了根基。其中,孩子最先建立的是和母亲的情感联结。从出生一直到未成年时期,母亲在孩子心目中的地位是至高无上的,母亲被孩子视为家庭生活中的核心,是孩子赖以生存和成长的依靠,也是孩子安全和快乐的源泉。母亲在孩子的成长过程中扮演着任何人甚至父亲都无法替代的角色,主要表现在:

第一,母亲在青少年性格形成过程中起着重要作用。青少年与母亲间温暖、亲密和稳定的依恋关系被看作影响青少年健康成长的最重要因素。在母亲关爱中长大的孩子会很自信、宽容、坚定，更容易和他人建立信任关系。缺失母爱，会使孩子的心理发展受到障碍，尤其当孩子在3岁之前，如果没有和母亲建立安全型依恋模式，与母亲长期分离或频繁更换养护者，就容易形成精神病性人格和日后的问题行为。在以往研究中，人们发现，那些具有冷酷性格的未成年犯中，90%以上都有过早年丧母的经历，而在具有正常性格的未成年犯中，比例仅为15%。① 因此，在缺失母爱的环境中长大的孩子，容易形成抑郁、焦虑、孤僻冷漠、个性执拗古怪的性格特质，从而使他们缺乏人际交往能力。在本次访谈中，李某即是其中之一。

在李某3岁时，父母离异，他开始跟爸爸生活，跟妈妈再无联系。爸爸在城里打工，李某一直在老家跟爷爷奶奶生活。6岁时，爸爸再婚生子，对其照顾很少，一年大概回家五六次，即便回家，也管不了李某。小学时，李某就觉得自己受欺负，开始打架。在他15岁时，爷爷去世后，李某独自一个人从乡下跑到浙江，跟叔叔在一起干活，做桌子，干了一个多月后，觉得没意思，开始在另外一个城市上班，做圣诞树。在上班期间，他一边工作，一边玩，结交不良朋友，受到欺负后，就拿木棍刀子去打群架。最后，在一次聚会中，他喝酒喝多了。双方互相打起来，受害人受了轻伤，后李某被判刑2年。

从以上案例可以看出，从3岁起，李某就被母亲抛弃，父亲再婚后，相当于被二次抛弃。两次被亲生父母抛弃的经历使李某失去对人的基本信任，一旦和同学发生矛盾，就很容易演变成敌对行为。同时，李某具有深深的自卑感，在人际交往中，他常常觉得被欺负，只能通过打架来获得尊严。母爱的缺失，使李某在成长过程中，没有机会学习关心和包容他人，也无法进行正常的人际交往。

第二，母亲在青少年的教育中起着独特作用。母亲是孩子的第一任老师，母子之间形成了一种天然的情感联系和教育形式。在孩子未成年时，母亲几乎与孩子朝夕相处，对孩子的情绪、性格特点、爱好和行为习惯最为了解，可以根据实际情况及时发现问题，加以适当的引导和规劝，其效果往往比其他人的教育效果更好。因此，母亲在教育和培养子女方面具有得天独厚的优势。同时，母亲在日常生活中所表现出来的思想品德、价值观、认知方式、行为习惯，对于可塑性、模仿性很强的未成年孩子起着直接影响和感染作用，是孩子直观和活生生的榜样。在对孩子的教育中，母亲很少采用强迫式手段，主要通过日常生活中的点滴事件来进行引导和示范，并鼓励孩子按照榜样的行为方式

---

① 王思萌、阎昊、汪芸：《母亲在子女性格形成中的角色分析》，载《科技信息（学术研究）》2007年第4期。

进行模仿。与父亲角色中强调功利和规则不同，母亲对孩子的教育更多的是基于文化与道德传承的本能或给予子女生活能力的潜意识使然。因此，母亲的角色具有爱、智慧和忘我的精神，教给孩子更多的是如何照顾别人，体贴别人，如何做到宽容和大爱，这是孩子健康成长的源泉。

随着社会的发展，母亲的角色发生了很大变化，从传统的单一家庭角色转变为家庭角色与社会角色。然而，这种角色的转变，使得母亲在孩子教育中所占的重要性被严重忽视，教育的职能被父亲、教师、社区人员乃至社会所分割。同时，由于要忙工作，很多母亲很难尽到养育孩子的职责。一些孩子在很小的时候就被交由保姆、亲戚或祖辈教养。由此导致母亲和孩子之间的距离被拉大，孩子与母亲的关系被淡化，孩子对母亲的那种依恋也在淡化甚至被过早剥夺。当孩子进入青春期后，变得更加独立和逆反，母亲对孩子的情感约束力会进一步削弱，对孩子的教育也会遇到更大的困难。因此，从小母亲一直伴随在身边长大，受到母亲长期照顾、引导和教育的孩子，很少走上犯罪的道路。

在本次调查中，我们分别对犯罪青少年与普通青少年的母子关系进行比较分析，以进一步探讨预防青少年犯罪的具体途径。详细数据分析结果见表5-9。在表中我们发现：普通青少年的母子关系亲密度在各个具体项目上均显著高于未成年犯组，p值均为0.01水平；无论是未成年犯组，还是普通青少年组，都认为"母亲给了自己适当的关爱"，均值为所有项目的最高分，并且两组都认为，"母亲信任自己"以及"自己和母亲之间的关系亲密"；在母亲对孩子的日常行为监督上，普通青少年和未成年犯组的得分顺序存在区别。与未成年犯组相比，普通青少年组的母亲，对孩子的交友、学校学习状况以及外出活动情况都会更加关注并要求孩子告诉家长；在与母亲的关系上，相对于其他项目而言，未成年犯会更看重自己对母亲的影响，会更加担心自己"使母亲不开心"。上述分析结果，进一步验证了母亲在青少年教育中所起的重要作用。其中，母亲对孩子日常学习、活动以及交友方面的引导和监督尤为重要。

表5-9 未成年犯组和普通青少年组的母子关系比较（%）

母子关系	未成年犯	普通青少年
母亲经常问你在学校里做什么	3.5	4.2
母亲给你适当的关爱	4.0	4.5
对你来说最坏的事是发现你使母亲不开心	3.6	4.0
当你努力完成某事时母亲通常高兴并夸奖你	3.8	4.3
母亲信任你	3.9	4.4

续表

母子关系	未成年犯	普通青少年
你和母亲之间的关系亲密	3.9	4.4
当你和朋友出去玩或约会时母亲想知道你和谁出去	3.7	4.3
当你不在家的时候母亲知道你和谁在一起以及你在哪里	3.5	4.3
当你放学不直接回家时母亲要你告诉她你和谁在一起	3.6	4.3
当你不在家的时候母亲知道你大概在哪里	3.4	4.2

表 5-10 未成年犯组和普通青少年组的母子关系 ANOVA 分析

		平方和	Df	均方	F	Sig.
	总数	12410.052	6745			
母亲经常问你在学校里做什么	组间	939.955	1	939.955	621.2	0
	组内	10244.483	6770	1.513		
	总数	11184.438	6771			
母亲给你适当的关爱	组间	497.539	1	497.539	460.6	0
	组内	7359.869	6814	1.08		
	总数	7857.408	6815			
对你来说最坏的事是发现你使母亲不开心	组间	272.799	1	272.799	180.9	0
	组内	10220.37	6777	1.508		
	总数	10493.169	6778			
当你努力完成某事时母亲通常高兴并夸奖你	组间	432.422	1	432.422	335.8	0
	组内	8734.275	6782	1.288		
	总数	9166.697	6783			
母亲信任你	组间	421.122	1	421.122	349.7	0
	组内	8176.827	6791	1.204		
	总数	8597.949	6792			

续表

		平方和	Df	均方	F	Sig.
你和母亲之间的关系亲密	组间	376.468	1	376.468	313.3	0
	组内	8148.928	6782	1.202		
	总数	8525.396	6783			
当你和朋友出去玩或约会时母亲想知道你和谁出去	组间	531.808	1	531.808	399.4	0
	组内	9036.23	6786	1.332		
	总数	9568.038	6787			
当你不在家的时候母亲知道你和谁在一起以及你在哪里	组间	953.151	1	953.151	680	0
	组内	9509.457	6784	1.402		
	总数	10462.608	6785			
当你放学不直接回家时母亲要你告诉她你和谁在一起	组间	740.37	1	740.37	522.5	0
	组内	9589.252	6768	1.417		
	总数	10329.622	6769			
当你不在家的时候母亲知道你大概在哪里	组间	1120.921	1	1120.921	782	0
	组内	9727.181	6786	1.433		
	总数	10848.102	6787			

2. 父子关系

近年来，父亲在青少年发展中的作用越来越受到社会的广泛关注。与母亲包容接纳的角色不同，父亲的角色代表了更多的权威和责任感，更侧重对规则的尊重和遵守。研究表明，父亲在孩子家庭教育中的深度情感参与，会使孩子人际关系更融洽、活动更开放，更具有进取精神甚至冒险性。与父亲有良好依恋关系的孩子，在青少年时期更多地受到良好的教育，有较高的学业成就，他们很少有违规行为，也很少感到沮丧。同时，父亲的权威教养也是预测孩子学业成就和儿童的内向性和外向性问题的重要因素。[1]

综上所述，父亲在青少年的教育中，起着举足轻重的作用。作为家庭中的重要成员，父亲的理想工作状态应包含 6 个方面：伦理道德性工作，即满足孩

---

[1] 李燕、黄舒华、张筱叶、俞凯：《父亲参与及其对儿童发展影响的研究综述》，载《外国中小学教育》2010 年第 5 期。

子发展伦理道德等的需要，对孩子的日常行为进行管教和培养道德责任感；服务性工作，即满足孩子对资源和有利环境的需要，包括提供物质支持，改善邻里环境等；发展性工作，即满足孩子受关注和调整自己的需要，包括与孩子交流、聊天等；娱乐性工作，即满足孩子休息和发展各种能力的需要，包括和孩子一起参加户外运动以及兴趣班等；精神性工作，即满足孩子得到鼓励和实现价值的需要，包括给孩子表扬和情感支持、鼓励学业成就等；指导性工作，即满足孩子获得智慧和支持的需要，包括教孩子读书，鼓励孩子发展才能等。因此，父亲在家庭中的参与活动应是多方面、多维度的，需要从各个角度来加强对青少年的教育和培养。但是，长期以来，囿于各个方面的原因，除了经济角色外，父亲在家庭中所应承担的其他角色，尤其是家庭教育者角色一直是缺失的。父亲的工作主要是外出赚钱"养家糊口"或"功成名就"，为家庭提供经济支持和获得社会地位。随着经济的快速发展以及生活节奏和方式的急剧变化，父亲这一角色所受的经济和社会压力会更大，不得不把更多的精力投入到工作中，牺牲了和家人在一起的时间，也错过了对青少年进行教育的最佳时期。这种情况，在未成年犯的家庭中，尤为普遍。因此，父亲参与家庭教育的范围和程度，成为预测青少年犯罪的重要指标。

在本次调查中，我们分别对未成年犯组和普通青少年组的父子关系情况进行了比较分析，详细结果见表5-11。从表中，我们看到：两组在所有项目上的得分都存在显著性差异，说明未成年犯组的父亲参与家庭教育的程度远低于普通青少年组；两组得分最低的都是第一个问题，即父亲对孩子在学校做了什么关注较少；相对于未成年犯组，普通青少年组的父亲会更加关注孩子外出活动情况，并对孩子的活动规律和交友情况了解更多，说明普通青少年组的父亲对孩子的日常行为监控投入更多的精力，与孩子的亲密关系也更融洽。

表5-11 未成年犯组和普通青少年组在父子沟通上的差异比较（%）

父子沟通情况	未成年犯组	普通青少年组
父亲经常问你在学校里做什么	2.97	3.56
父亲给你适当的关爱	3.61	4.25
对你来说最坏的事是发现你使父亲不开心	3.15	3.56
当你努力完成某事时父亲通常高兴并夸奖你	3.43	3.88
父亲信任你	3.60	4.22
你和父亲之间的关系亲密	3.40	3.98

续表

父子沟通情况	未成年犯组	普通青少年组
当你和朋友出去玩或约会时父亲想知道你和谁出去	3.25	3.79
当你不在家的时候父亲知道你和谁在一起以及你在哪里	3.04	3.83
当你放学不直接回家时父亲要你告诉他你和谁在一起	3.18	3.83
当你不在家的时候父亲知道你大概在哪里	3.05	3.92

表5-12 未成年犯组和普通青少年组在父子沟通上的ANOVA分析

		平方和	Df	均方	F	Sig.
	总数	12410.052	6745			
父亲经常问你在学校里做什么	组间	599.693	1	599.693	355.7	0
	组内	11488.976	6815	1.686		
	总数	12088.669	6816			
父亲给你适当的关爱	组间	712.77	1	712.77	531.8	0
	组内	9142.958	6822	1.34		
	总数	9855.728	6823			
对你来说最坏的事是发现你使父亲不开心	组间	287.015	1	287.015	164.9	0
	组内	11835.594	6801	1.74		
	总数	12122.609	6802			
当你努力完成某事时父亲通常高兴并夸奖你	组间	357.032	1	357.032	223.7	0
	组内	10883.07	6818	1.596		
	总数	11240.102	6819			
父亲信任你	组间	649.555	1	649.555	457.4	0
	组内	9687.255	6821	1.42		
	总数	10336.81	6822			
你和父亲之间的关系亲密	组间	570.953	1	570.953	367.3	0
	组内	10540.572	6780	1.555		
	总数	11111.525	6781			

续表

		平方和	Df	均方	F	Sig.
当你和朋友出去玩或约会时父亲想知道你和谁出去	组间	493.274	1	493.274	279.7	0
	组内	11948.939	6776	1.763		
	总数	12442.213	6777			
当你不在家的时候父亲知道你和谁在一起以及你在哪里	组间	1059.915	1	1059.915	601.9	0
	组内	11960.035	6792	1.761		
	总数	13019.95	6793			
当你放学不直接回家时父亲要你告诉他你和谁在一起	组间	708.659	1	708.659	384.9	0
	组内	12497.872	6788	1.841		
	总数	13206.531	6789			
当你不在家的时候父亲知道你大概在哪里	组间	1265.722	1	1265.722	766	0
	组内	11144.329	6744	1.652		
	总数	12410.051	6745			

3. 父母共同参与度指标

上述分析表明，父母在青少年成长道路上所起的作用均具有独特性，不可或缺。虽然父母角色在分工上会有所侧重，但他们的关注重心基本相同，主要分为五个方面：帮助孩子解决问题，探讨正确的世界观、人生观和价值观；建立良好家规，约束孩子的日常行为、防止孩子沾染不良的行为方式；指导和监督孩子的学习情况，激励孩子的学习动机；促进家庭成员的情感互动，营造温馨和谐的家庭氛围；创造建立与学校和社区的联系网络，为孩子营造良好的外部学习和交往氛围。针对上述五个方面，我们分别对未成年犯组和普通青少年组进行了分析，结果如下：

第一，共同帮助孩子解决问题。我们发现，普通青少年组的父母能够更好地与孩子分享交流信息，提供更加有效的建议，并在孩子的学习上提供更有针对性的帮助。相比之下，未成年犯组的父母对孩子只能提供有限的帮助，尤其是在孩子的学业上，提供的知识支持会更少。通过进一步分析，我们认为，这可能与他们的受教育水平以及职业类型存在一定关系。表5-13显示，未成年犯组的父亲受教育程度为小学及以下水平的占到38.1%，高中以上学历的仅为19.7%。相比之下，普通青少年组的父亲受教育程度为高中以上的占到52.5%，因此，当孩子在学业上遇到困难时，他们会提供具体的指导和支持，帮助孩子分析考试的得失并在功课上提供具体的办法。另外，父母在职业类型上的差异，也决定了他们看待问题的思路和角度、言语表达、沟通方式以及看待世界的方法存在很大差异，因而和孩子分享的效果也会有很大不同。在未成年犯的父母中，有72.1%的人属于产业工人（包括电工、机修工、搬运工、养路工、建筑工等），6.7%的人属于商业服务业人员（厨师、出租车司机、推销员、导游、服务员、保安、清洁工等）。他们长期工作在生产一线，社会接触面很少，上班时间很长，休息、娱乐和继续学习的时间和机会也很少，也无法紧跟社会新思想和技术的发展，因而和孩子沟通时，存在明显代沟，无法对孩子的现实困境和未来发展提供有效的帮助。

表5-13 未成年犯组和普通青少年组的父亲在受教育水平上的差异分析（%）

	父亲的受教育水平	普通青少年组	未成年犯组
有效	硕士（含）以上	3.1	0.4
	大学或专科毕业	21.2	4.7
	高中、中专或职高毕业	28.2	14.6
	初中毕业	33.1	31.2
	小学及以下	9.5	38.1
	不清楚	4.9	11.1
	合计	100.0	100.1
缺失	系统		
合计			

表5-14 未成年犯组和普通青少年组的父母在问题解决上的差异分析（%）

	未成年犯组	普通青少年组
你会告诉父母对事情的看法	3.06	3.90
你喜欢和父母聊天	3.00	3.79
你喜欢和父母一起活动	2.86	3.79
你在考试没有考好的时候父母会与你共同检讨原因	2.50	3.61
你的功课有不懂的地方父母会为你解答疑惑	2.57	3.18

第二，塑造孩子的良好行为。从表5-15中，我们看到与未成年犯的父母

相比，普通青少年的父母对孩子的学业会更加重视，会经常检查孩子的家庭作业和考试成绩并给予正确积极的引导与鼓励。同时，他们也会根据未成年人的身心发育情况和特点，有针对性地采取一些控制措施，防止孩子过早接触社会不良信息，沾染社会恶习，包括禁止与品行不端的孩子交往，禁止抽烟，禁止去网吧、酒吧，禁止看淫秽暴力的电影，禁止夜不归宿等。相对而言，未成年犯的父母，在这一方面的控制力明显较弱。在上述规则中，最为关键的是父母对青少年不良交友行为的控制情况。通过进一步的调查分析，我们了解到，与普通青少年相比，未成年犯在犯罪过程中绝大多数都有同伙经历。因为在家里或学校表现不好，他们与同龄人长期关系淡漠或不被同龄人认同，未成年人会选择在社会上找一些闲散游荡青年作为玩伴，从中获得归属感和自我认同感。一旦加入团伙后，未成年人很容易受到整个团伙氛围的影响，自我控制力减弱甚至消失，为了哥儿们义气或树立个人权威，铤而走险，走上犯罪道路。因此，父母对青少年不良交友行为的控制和引导，尤为重要。

表 5-15　未成年犯组和普通青少年组的父母在行为塑造上的差异分析（%）

父母对孩子的行为塑造	未成年犯组	普通青少年组
父母会检查你的家庭作业	2.80	3.09
当你的考试成绩不理想的时候父母会鼓励你	2.94	3.90
父母会禁止你与有不良行为的朋友交往	3.95	4.37
父母会禁止你去网吧、酒吧等场所	3.76	4.40
有些电视节目或电影父母会禁止你看	3.27	3.77
父母会制定一些规矩要求你遵守	3.21	3.71

第三，激发成就动机。除了帮助孩子解决问题和约束不良行为外，父母也要在一定程度上扮演权威者的角色，对孩子提出合理的要求，为孩子设定一定的行为目标。同时，也要坚持要求孩子服从并达到这些目标，积极关注孩子的情绪和行为反应并适当调整。"权威型"父母教养方式是公认的最理想的状态，其典型特征是"理性、严格、民主、耐心和关爱"。在上述教养方式下，孩子会思维活跃，自控力强，做事有主见，学习灵活刻苦，善于和同伴交往。在本次调查中，我们针对"权威型"父母的管教方式进行了问卷调查。结果发现，与未成年犯组相比，普通青少年组的父母采用"权威式"教养的比例显著增高，他们往往寄予孩子更高的期望，更希望孩子取得优异成绩，考上大

学。同时，他们会取得孩子的认可和配合，对孩子提出适当的要求，设立具体的目标，并对孩子的目标完成情况进行监督和反馈。从表5-16中，我们看到，未成年犯组的父母虽然也对孩子抱有很大的期望，也希望孩子考上大学，但是，在具体的目标执行过程中，无论是在管教方式还是在规则遵守方面，他们很难得到孩子的接受和认同。

在访谈中，我们进一步发现，许多未成年犯的家庭对孩子采用的教养方式为专制型和放任型。其中，专制型父母对孩子的教养方式过分严厉严格、对孩子要求过高，行为粗暴甚至虐待孩子。这种方式会使孩子产生恐惧或焦虑、敌意或残忍的心理，容易发生逆反、倔强、冲动和攻击行为。例如，其中一位访谈对象说道："从小，我爸对我的要求就比较严格，3岁时，我骂了人，他把我关在屋里玩命打，上小学时，对我打得更凶了，简直把我看成真正的小偷了。13岁时，我就离家出走了，临走前，我告诉我妈，这个家要不有他没我，要不有我没他……"

随着社会的发展，工作竞争的剧烈化和家庭生活的娱乐化，放任型父母的管教方式逐渐增多。有的父母把孩子托付给保姆、祖父母或者老师、社会，他们很少管孩子，对孩子的学习和日常行为也无法进行约束。这种缺乏责任心和权威感的教养方式很容易使孩子行为放纵，染上不良习惯。另外一种放任型的父母是对孩子百依百顺，过分溺爱宽容，容易使孩子养成骄横放纵、自私自利的性格和嫉妒的心理。这样的孩子一旦在社会生活中遇到挫折，愿望不能及时得到满足，容易产生对立、仇视情绪，引发犯罪行为。

表5-16 未成年犯组和普通青少年组的父母在目标激励上的差异分析（%）

父母对孩子的目标激励	未成年犯组	普通青少年组
父母对你的要求你都能遵守	2.86	3.71
你能接受父母的管教方式	3.05	3.79
父母希望你能考上大学	3.95	3.94
父母希望你的学习成绩排在全班的前列	3.94	4.69
父母对你的期望很大	4.02	4.42

第四，营造良好家庭氛围。放松、积极、充满欢乐的家庭氛围是孩子健康成长的基石。温暖友好的家庭氛围，会满足孩子爱和归属的需要，激发孩子的自信心，培养孩子的良好性格。在家庭中，父母会通过举办庆祝会、定期开展家庭日活动以及创造和睦友好的沟通情境等方式，为孩子营造一种家的温暖气

氛，使孩子体会到家的情感支持。这样，一旦孩子在外面遇到挫折，他会寻求家庭资源来度过危机，从而避免外部世界的不良诱惑，这对处于青春期的青少年发展尤为重要。我们分别对普通青少年组和未成年犯组的家庭氛围情况进行了统计分析，表5-17的分析结果表明，虽然普通青少年组的父母在家的时间也相对较少，但是，他们在家时参与家庭活动的程度要显著高于未成年犯组。

表5-17 未成年犯组和普通青少年组的家庭亲密度比较（%）

家庭亲密度情况	未成年犯组	普通青少年组
你家家庭气氛很和睦	3.57	4.26
你常与父母沟通意见或讨论事件	2.94	3.94
遇到特定节日或事件如生日家中常常都会庆祝一下	3.25	4.07
父母忙于工作待在家里的时间很少	3.03	2.80
父母的意见对你很重要	3.27	3.91

第五，构建家庭与亲友、学校、社区的社会联系网络，为孩子创造良好的学习和生活环境。孩子在成长过程中，除了受到来自父母的言传身教影响外，还会受到老师、同学乃至周围邻居潜移默化的影响。因此，家长需要与老师及时沟通、与亲友加强联系、与社区人员友好互动，及时发现并帮助孩子解决问题，为孩子创造一个温暖、和谐、积极向上的学习和生活环境，使孩子养成阳光心态，发展社会情感，增强社会适应力。在调查中，我们也根据上述指标，对普通青少年组和未成年犯组的父母情况进行了比较分析（见表5-18）。结果发现，普通青少年组的父母会主动为孩子建立社会支持系统，加强与学校、社区和亲友的社会联系，为孩子争取更多的社会资源。他们会更加积极地参加学校和小区举办的活动，参加亲友聚会，同时也更能使孩子获得亲友的支持和帮助。

表5-18 未成年犯组和普通青少年组的社会联系比较（%）

社会联系情况	未成年犯组	普通青少年组
你的父母经常会与学校老师联系	2.79	3.13
你的父母与学校老师的关系比较熟	2.67	2.98
你的父母会参加学校的活动	2.52	3.26
你家附近的邻居你大部分都认识	3.87	3.79

续表

社会联系情况	未成年犯组	普通青少年组
你的父母会参加你家所在小区举办的活动	2.59	3.09
邻居会将你的言行告诉你的父母	3.37	2.96
父母与亲友有密切的来往	3.57	4.03
父母经常会参加亲友们的聚会	3.23	3.77
当家里有急事时父母的亲友可以协助解决	3.67	4.07

三、结论

综上所述，我们认为，青少年犯罪的家庭预防对策主要从以下几个方面入手：

（1）家庭结构，包括家庭的经济状况、父母职业以及父母的婚姻关系等因素，是预防青少年犯罪的基础，也是预防青少年犯罪的宏观方向性对策，反映了社会发展的整体状况，也为政府介入和干预不良的青少年成长家庭，提供了基本框架。本次调查，我们发现，政府机关、福利部门以及其他民政组织，尤其要关注父母离世的青少年，给予他们物质支持和精神引导，以免他们过早接触社会，走上犯罪道路。

（2）家庭问题解决，即父母帮助孩子解决现实问题的能力。其中涉及父母的受教育水平、职业、沟通技能以及权威感等。问题解决指标是家庭功能最基本的衡量标准。

（3）家庭亲密度，包括父子关系、母子关系以及所有家庭成员共同营造的家庭氛围等。家庭与其他社会支持系统最显著的区别之一，是能在家庭成员间建立最深厚、最稳固、最安全的情感，为青少年的健康成长提供强大的心理支持，使孩子充满自信。家庭亲密度是衡量家庭功能的最核心指标，也是最难达到的目标。

（4）父母参与度，包括父母角色的扮演、家规的制定、对孩子学业的激励和监督、构建社会联系网络等。父母在青少年的健康成长过程中起着无可替代的独特作用。父母参与度指标是衡量家庭功能最具可操作性的行为指标。在当今社会，家庭的很多职责都可以被社会相关结构和高科技技术所代替，父母在青少年教育中的职责也被上辈老人、学校老师、社会媒体所分担，造成对青少年教育的断裂。因此，家长要深度参与孩子的成长和教育过程，从各个方面加强对青少年的引导，减少不良行为，塑造健康人格。

第六章　青少年犯罪的学校教育因素及预防措施

张小海[*]

一、学校教育在青少年犯罪预防中的功能

对于青少年违法犯罪的治理，无外乎主动方式和被动方式两种。主动方式强调的是犯罪的预防，亦即防范犯罪于未然，而被动方式则强调的是犯罪发生后的打击。犯罪发生后予以严厉打击，当然是治理犯罪的一种重要方式，但是犯罪的实际危害已经发生，而且社会在打击犯罪中也要消耗很多的成本，因而这是一种消极的、成本高昂的犯罪治理手段。而犯罪预防，着眼于未来，可以有效地防止犯罪的危害，节约治理犯罪的成本，是一种积极的、高效率的犯罪治理方式。随着对犯罪现象研究的深入，各国研究犯罪的学者都先后把注意力转移到犯罪的预防上。尤其是对青少年违法犯罪问题，各国在制定打击犯罪的对策时，也逐渐把注意力转移到了青少年违法犯罪的预防上，强调预防在犯罪治理中的地位和作用。学校教育无疑是预防青少年犯罪尤为重要的一个环节。在人的一生中，青少年时期是接受社会化的关键时期，是其社会角色的获得、社会态度的形成以及人生观、世界观和价值观的初步形成时期，学校教育本身承担着教书育人的社会责任和功能，青少年知识水平、道德修养、职业技能的获得、思维习惯的养成、人际关系互动模式的形成、问题解决的思考方式等，都与学校教育存在密切关系。假如将教育比喻成一个滑轮的话，最里面的则是家庭教育，是整个教育的轴心；中间一层是学校教育，是承接轴心和外环的铁球；外环是社会教育，是滑轮正常运转的关键。可见，学校教育在青少年的成长过程中，既能弥补家庭教育功能的不足，同时，也为青少年进入社会，辨别和主动接受社会教育打下基础，起到了一个承上启下的作用。相应地，在对青少年违法犯罪进行预防的过程中，加强对学校教育的理念、内容、方法以及对教育环境等指标体系的深入研究并在实践中加以完善，就具有很强的现实

---

[*] 张小海，北京政法职业学院副教授，法学博士。

意义。

二、学校教育中的青少年犯罪影响因素

（一）教育理念的功利化

教育理念是教育主体在教学实践及教育思维活动中形成的对"教育应然"的理性认识和主观要求，是教育主体对教育及其现象进行思维的理性认识的成果，包含了教育主体关于"教育应然"的价值取向。教育理念是个外延比较宽泛并能反映教育思维一类活动诸概念共性的普遍概念，如教育思想、教育观念、教育主张、教育看法、教育认识、教育理性、教育信念、教育信条等都在理念之中，而理念本身也包含了上述诸概念的共性。此外，教育理念还以上述诸概念的外在形式表现出来以示其既有抽象性又有直观性，如教育宗旨、教育使命、教育目的、教育理想、教育目标、教育要求、教育原则等。教育理念之于教育实践，具有引导定向的意义。现代教育理念应当包括"以人为本"、"素质教育"、"全面发展"、"创造性理念"、"主体性理念"、"个性化理念"等内容，扬弃了传统教育重视知识的传授与吸纳的教育思想与方法，更注重教育过程中知识向能力的转化工作及其内化为人们的良好素质，强调知识、能力与素质在人才整体结构中的相互作用、辩证统一与和谐发展。针对传统教育重知识传递、轻实践能力，重考试分数、轻综合素质等弊端，现代教育更加强调青少年实践能力的锻造，全面素质的培养和训练，主张能力与素质是比知识更重要、更稳定、更持久的要素，把青少年综合素质的培养与提高作为教育教学的中心工作来抓，以帮助青少年学会学习和强化素质为基本教育目标，旨在全面开发青少年的诸种素质潜能，使知识、能力、素质和谐发展，提高人的整体发展水准。一个国家的教育理念，尤其是关于青少年的定位，直接影响着青少年的成长与发展。

就目前学校教育的理念来说，教书育人和培养社会主义现代化事业的有用人才是学校教育的方针，部分学校更是把全面发展、素质教育、以人为本等列为学校教育的基本方略。但是，国内部分学校教育的实践表明教育理念是知识教育和应试教育。加之地区发展的不平衡以及经济条件的差异，这种教育理念势必导致部分青少年出现厌学、逃学、辍学的情况，而这样一部分人因为是非判断和社会融入能力的问题，更容易出现违法犯罪问题。

对青少年犯罪时生活状态的调查数据显示，53.1%青少年犯罪时既没有上学也没有工作，处于闲散状态（见表6-1）。由此可见，学校教育的缺失以及学习成绩差，是青少年犯罪的一个重要的影响指标。

表 6-1 青少年罪犯在犯罪时的生活状态（%）

	犯罪时的生活状态	百分比	有效百分比	累积百分比
有效	在上学	8.1	8.3	8.3
	在工作	30.7	31.4	39.7
	既没有上学也没有工作	51.9	53.1	92.8
	其他	7.1	7.2	100.0
	合计	97.8	100.0	
缺失	系统	2.2		
	合计	100.0		

（二）教育内容的不全面

教育内容是在教育理念的指导下为实现一定的教育目的所实施的包含各个方面教育的总称，是衡量和评价教育人才质量的重要因素。教育内容的正确、全面、丰富与否以及教育内容的偏重，价值取向直接影响教育人才的质量。全面发展、以人为本、素质教育的现代教育理念对未成年教育的内容提出了相应的全面、素质、以人为本的内容设计要求。青少年违法犯罪现象的大量出现，无疑是一个国家在教育内容的设计、实施方面，在教育地区、教育阶段、教育对象等方面出现了偏差所导致的直接结果。因此，教育内容理应成为预防青少年违法犯罪指标体系的重要一环。

就学校教育的具体内容来说，不但要有主要的语政外、数理化这些基础知识，更要有针对青少年生理和心理成长的生理常识、心理健康教育，有德育修养、法律常识的宣传，还要有培养青少年技能的实践，培养青少年交往沟通的第二课堂的青少年活动，广泛开展富有特色的校园文化建设。而在实际教育中，学校教育绝大部分精力都围绕着第一课堂的知识传授，忽略了其他更有助于青少年全面素质培养的教育内容的开展。尤其是针对青春期青少年特点开展的生理卫生，针对未成年人社会好奇心的法制宣传等，很多学校的这些教育内容完全是走过场，开展法制教育的时间常常被挤占。

调查资料显示，在青少年犯中，有34.2%和23.0%的被调查者认为他曾经所在的学校在开展性健康教育方面完全不符合或者基本不符合要求，在自我保护教育中有17.4%和16.5%的被调查者认为完全不符合或者基本不符合要求（见表6-3）。而普通青少年的这一调查数据前者为13.2%和10.7%，后者为4.1%和3.9%（见表6-4）。

尤其值得关注的是，在对犯罪原因调查时，自我控制力低占到54.9%，不懂法律占53.0%，朋友义气占26.2%，好奇心占18.2%，受坏人唆使占16.6%（见表6-2）。不难看出青少年犯对自己犯罪原因的归纳，前五位因素无一例外地与学校教育的内容有极大的关系。如果在学校教育中更侧重对未成年青少年情感认知、是非曲直的教育，更加大对法制教育宣传的比重，那么现实情况会发生很大的改变。

表6-2 青少年犯罪原因（%）

犯罪原因	百分比	个案百分比
自我控制力低	26.7	54.9
受坏人教唆	8.1	16.6
好奇心	8.8	18.2
不懂法律	25.7	53.0
报复社会	1.1	2.3
受影视作品影响	2.9	6.0
受互联网影响	3.0	6.1
朋友义气	12.7	26.2
学历低，找不到好工作	6.5	13.5
其他	4.4	9.0
总计	99.9	205.8

表6-3 青少年犯教育内容（%）

教育内容	完全不符合	基本不符合	一半一半	基本符合	完全符合	总计
学校注重开展性健康教育	34.2	23.0	22.6	12.6	7.7	100.1
学校开展自我保护教育	17.4	16.5	27.7	24.4	14.1	100.1
学校周围社会治安良好	15.3	15.1	28.5	28.0	13.1	100.0

续表

教育内容	完全不符合	基本不符合	一半一半	基本符合	完全符合	总计
当我需要帮助时，我相信我的朋友一定会帮助我	6.4	7.4	29.5	35.6	21.0	99.9
生活中，有很多关心我的朋友	5.6	7.9	29.5	34.4	22.6	100.0
我缺乏分辨好朋友和坏朋友的能力	15.5	16.5	30.6	22.0	15.4	100.0
我没有什么真正的朋友	26.7	22.1	26.6	15.0	9.5	99.9
与其他孩子相比，我常换学校读书	51.6	17.4	13.2	9.8	8.0	100.0
我喜欢在网上交友，与网友聊天	23.6	12.9	21.7	21.3	20.5	100.0
我经常与网友见面	42.1	19.1	19.7	10.3	8.8	100.0

表 6-4 普通青少年教育内容（%）

教育内容	完全不符合	基本不符合	一半一半	基本符合	完全符合	总计
学校重视开展性健康教育	13.2	10.7	18.8	20.7	36.6	100.0
学校开展自我保护教育	4.1	3.9	12.8	28.3	50.9	100.0
学校周围社会治安良好	3.1	3.7	16.8	31.3	45.0	99.9

续表

教育内容	完全不符合	基本不符合	一半一半	基本符合	完全符合	总计
当我需要帮助时，我相信我的朋友一定会帮助我	2.2	2.0	11.6	31.9	52.3	100.0
生活中，有很多关心我的朋友	2.4	3.1	12.1	30.7	51.7	100.0
我缺乏辨别好朋友和坏朋友的能力	33.2	20.3	16.9	13.9	15.7	100.0
我没有什么真正的朋友	61.0	17.9	10.5	5.9	4.8	100.1
与其他孩子比，我常换学校读书	78.6	8.4	5.4	3.7	3.8	99.9
我喜欢网上交友，与网友聊天	54.0	17.4	15.5	7.0	6.1	100.0
我经常与网友见面	83.6	6.9	4.3	2.2	3.0	100.0

另外，青少年犯认为最需要提供的帮助中青少年维权、志愿者协会等社会组织所提供的社会帮教即法律援助占37.8%，心理辅导占43.1%（见表6-5）。在被调查到如果存在哪些事项不会进行犯罪，33.0%的人和59.5%的个案受访者认为是知道犯罪的代价的（见表6-6）。同时，在被调查到国家和社会如何预防青少年犯罪时，24%的被调查者，68.2%的个案受访者认为是使青少年知道犯罪后果，有17.9%的被调查者和50.9%的个案受访者认为是开展青少年犯罪预防宣传教育活动（见表6-7），可见在青少年中开展法制教育宣传，让他们懂得基本的法律常识，知道什么是违法犯罪以及犯罪的后果，知道个人犯罪后要付出的代价是多么重要。

表 6-5　需要对青少年犯提供的帮助（%）

提供的帮助	百分比	个案百分比
青少年维权、志愿者协会等社会组织所提供的社会帮教——法律援助	20.3	37.8
心理辅导	23.1	43.1
就业培训	27.7	51.7
犯罪预防的宣传活动	11.5	21.4
不良行为的预防和矫治	14.1	26.3
其他	3.4	6.4
总计	100.1	

表 6-6　青少年犯存在哪些事项不会进行犯罪（%）

不会实施违法犯罪行为的可能条件	百分比	个案百分比
父母对你好一些	14.1	25.5
老师对你好一些	3.6	6.5
结交一些朋友	9.7	17.6
不怕吃苦	15.7	28.3
好好学习	13.8	24.9
知道犯罪的代价	33.0	59.5
没有玩网络游戏成瘾	5.6	10.2
其他	4.5	8.2

表 6-7　国家和社会如何预防青少年犯罪（%）

国家和社会如何预防青少年犯罪	百分比	个案百分比
修改《预防未成年人犯罪法》	7.9	22.6
制定《未成年人福利法》	7.6	21.6

续表

国家和社会如何预防青少年犯罪	百分比	个案百分比
成立专门的少年审判组织	6.7	18.9
加强网络信息管理，净化网络空间	13.3	37.6
办好专门（工读）学校教育	7.5	21.3
加强法制教育，使青少年知道犯罪后果	24.0	68.2
动员和组织更广泛的社会力量参与青少年犯罪预防	13.4	38.0
开展青少年犯罪预防宣传教育活动	17.9	50.9
其他	1.7	4.8

（三）教育方法的不科学

教育方法是指在一定的教育思想指导下形成的实现其教育思想的策略性途径，包括教师直接指向教育内容的教学方法、青少年学习方法及学前教育和家庭教育的方法。教育方法是教育的客观规律和原则的反映和具体体现，正确地运用各种教育方法，对提高教学质量、实现教育目的、完成教育任务具有重要的意义。

在注入式教育方法观的指导下，教师从主观愿望出发，任意向青少年灌注知识，无视学习主体——青少年的能动作用，把青少年视为被动的装知识的容器。教师在教育中仅仅起到现成信息的载体和传递的作用，青少年则起信息接受和储存的作用，压抑了青少年的主动性和创造性，阻止青少年独立思考，阻碍了青少年主体性和个性的张扬。在教育关系上，片面夸大教师的主导作用和主体地位，把青少年看作教育的客体，否认青少年的主体地位，强调教师的权威和领导决定作用。在教育与发展的关系上，把教育的目的仅放在掌握知识层面。在教育方法上，片面强调教师外在的注入、灌输，让青少年死记硬背，不注重教师的启发和教给青少年学习的方法等。

启发式教育方法强调在生动活泼的教育活动过程中，激发青少年的学习热情，调动他们学习的主动性，并在此基础上引导青少年进行积极的思维活动，促使青少年对知识的掌握能够融会贯通，举一反三，实现青少年学习的主动性和创造性的结合。启发式教育方法符合辩证唯物主义内外因互相作用关系原理。在教育过程中，青少年既是对象又是主体。教师的指导和教育影响是青少年学习的外因。而青少年学习的主动性、自觉性及其原有的认识水平等是青少年学习的内因。教师的教这一外因只有通过青少年的学这一内因的积极配合才能收到好的效果。启发式教育方法恰好是促进外因与内因有机结合的重要手段。知识的获得是一个积极的内化过程,知识的内化包括同化与整合。学习是青少年头脑中认知结构的不断改造,处于某一发展阶段的青少年所具有的认知结构总是他过去活动的结果。在开始新的学习时,总是运用已有的认知结构去同化传入的新信息,有些信息能同化,有些则不能,于是便在企图同化和能够同化的两种信息之间造成了矛盾,产生了认知结构内部的不平衡——认知冲突,这便成了青少年心理发展的动因。青少年的学习就是要不断解决认知冲突,建立新的认知结构的平衡。启发式教育方法正是要求教师从青少年原有的认知结构出发,通过各种有效手段不断打破原有认知结构的平衡,不断激发青少年新的认知需求,以促进其认知结构不断向前发展。

人本主义的教育方法从尊重人的个性出发,强调师生之间平等、和谐的人际关系的建构,重视青少年价值观及人格的形成,有一定的进步作用。但是,这种方法又过于强调青少年的主动性和自觉性,在一定程度上忽视了教师的主导地位和作用,存在一定的缺陷。

教育方法效果的不同,对于青少年的成长尤其表现在当青少年的思想出现疑惑、行为出现偏差时因为教育方法的不当直接导致不同结果的发生。由此可见,不同的教育方法不但直接影响教育的效果,对教育对象心理的作用结果也明显不同,而这恰恰成为预防青少年违法犯罪体系指标的重要依据。

根据对青少年犯和普通青少年就在校时老师教育方法的调查,两者呈现出截然不同的一面。学校和老师是否鼓励同学参与义务活动,学校是否鼓励同学们互相帮助,第一个问题,前者认为基本符合和完全符合的数据分别是34.0%和23.6%(见表6-8),而后者认为基本符合和完全符合的数据分别为30.9%和53.8%(见表6-9);第二个问题,前者认为基本符合和完全符合的数据分别是37.6%和25.0%(见表6-8),而后者认为基本符合和完全符合的数据分别为29.9%和58.6%(见表6-9),由此可见,是否鼓励同学们参与义务活动,是否鼓励同学们互相帮助,对于青少年犯来说,明显得到比较低的对待和认可。而对于第三个问题的调查,即老师有体罚或变相体罚的行为这一问题,在青少年犯中,有17.3%和12.8%的被调查者认为基本符合和完全符合(见表6-8),而普通青少年学生中仅有8.6%和9.6%的被调查者对此予以认同(见表6-9)。由此可知,对青少年采取鼓励他们参加义务活动,鼓励他们互相帮助,少些体罚或变相体罚的教育方法,效果也是截然不同。

表 6-8　青少年犯教育方法（%）

教育方法	完全不符合	基本不符合	一半一半	基本符合	完全符合	总计
学校和老师鼓励同学参与义务活动	10.8	9.8	21.9	34.0	23.6	100.1
我觉得我们学校是鼓励同学们互相帮助的	7.0	8.6	21.9	37.6	25.0	100.1
我觉得班里的同学愿意互相分享自己的所见所闻和感受	8.1	8.4	30.4	34.5	18.5	99.9
我会尽力为学校或班集体做出贡献	7.8	11.1	29.3	33.6	18.1	99.9
我愿意遵守校规校纪	9.6	10.8	24.9	31.4	23.3	100.0
我热爱我的学校	8.9	10.9	24.9	31.3	24.0	100.0
老师有体罚或变相体罚的行为	26.4	18.8	24.8	17.3	12.8	100.1
我在学校被同学收过保护费	60.5	14.7	9.8	8.8	6.3	100.1
我与老师吵过架	40.2	13.8	18.1	14.0	13.8	99.9
我的学校注重开展法制教育	24.5	19.2	27.4	18.4	10.5	100.0

表 6-9　普通青少年教育方法（%）

教育方法	完全不符合	基本不符合	一半一半	基本符合	完全符合	总计
学校和老师鼓励同学参与义务活动	1.7	2.6	11.1	30.9	53.8	100.1
我觉得我们学校是鼓励同学们互相帮助的	1.6	1.4	8.5	29.9	58.6	100.0
我觉得班里的同学愿意互相分享自己的所见所闻和感受	2.0	2.8	13.4	31.6	50.2	100.0

续表

教育方法	完全不符合	基本不符合	一半一半	基本符合	完全符合	总计
我会尽力为学校或班集体做出贡献	1.3	1.4	10.2	31.9	55.2	100.0
我愿意遵守校规校纪	1.2	1.0	6.0	25.0	66.9	100.1
我热爱我的学校	2.4	1.9	8.5	25.8	61.5	100.1
老师有体罚或变相体罚的行为	54.8	16.9	10.1	8.6	9.6	100.0
我在学校被同学收过保护费	78.3	5.7	3.9	5.5	6.6	100.0
我与老师吵过架	69.5	10.4	6.2	5.8	8.1	100.0
我的学校注重开展法制教育	5.1	3.7	14.2	26.8	50.1	99.9

（四）不良的教育环境

校园是青少年学习和生活的重要环境。学校教育目的的实现，在很大程度上取决于学校创设的教育环境。教育环境既包括学校青少年学习、生活的基础设施、设备、条件，校园周边等环境的净化和优化，也包括校风、教风、学风和良好的师生、同学关系和积极向上的校园文化等软环境的建设。恶劣的校园周边环境，不和谐的师生、同学关系等是青少年犯罪的重要影响因素。

衡量学校教育环境的指标因素很多，就人文环境来说，良好的校风、教风、学风和良好的师生、同学关系和积极向上的校园文化等软环境的建设甚至要比学校的基础设施、设备等硬件更重要。调查发现，当一个同学需要帮助时，他的同学和老师是否会帮助他，他是否热爱他的老师和同学，他是否乐于参加学校的集体活动，当他尽力把事情做好，得到老师的称赞，得到同学的支持等一系列是否身处一个和谐友好积极向上的学校环境中，青少年犯认为基本符合和完全符合的数据也都明显低于普通青少年的数据。仅就完全符合这一项来看，对前者的相关问题的调查数据分别为18.1%、19.7%、19.5%、24.7%、24.6%、24.5%（见表6-10），而对后者的相关问题的调查数据分别为47.9%、52.7%、52.5%、49.0%、48.5%和49.1%（见表6-11），几乎都是前者比例的一倍多。可见，为青少年在校期间创造更为和谐友好、积极向上、得到他们心理认可，且乐于身处的环境，对青少年的心理健康和向上人格的形成和塑造具有正能量的作用。

表 6-10 青少年犯（学校和同伴）（%）

学校环境	完全不符合	基本不符合	一半不符合一半符合	基本符合	完全符合	总计
当我需要帮助时，我的同学会帮助我	7.3	7.4	28.0	39.2	18.1	100.0
当我需要帮助时，我的老师会帮助我	8.1	10.2	25.1	36.9	19.7	100.0
我爱我的老师和同学们	9.0	9.6	29.9	32.0	19.5	100.0
我乐于参与学校的集体生活	8.9	10.1	22.4	34.0	24.7	100.1
当我尽力把事情做好时，老师会称赞我	6.3	7.3	21.1	40.8	24.6	100.1
当我帮助同学时，同学会接受并支持我	5.5	5.8	22.3	42.0	24.5	100.1
在学校里，老师很注意我是否把事情做好	8.5	10.8	30.4	33.9	16.4	100.0
我觉得老师对同学的行为是赏罚分明的	8.8	10.7	28.8	32.6	19.1	100.0
与其他同学相比，我很满意在学习上的表现	16.8	20.0	30.9	22.6	9.8	100.1
我有信心能够考上大学	35.6	23.1	19.2	13.2	8.8	99.9

表 6-11 普通青少年（学校和同伴）（%）

学校环境	完全不符合	基本不符合	一半不符合一半符合	基本符合	完全符合	总计
当我需要帮助时，我的同学会帮助我	1.9	1.6	8.8	39.9	47.9	100.1
当我需要帮助时，我的老师会帮助我	1.4	2.2	9.9	33.8	52.7	100.0

续表

学校环境	完全不符合	基本不符合	一半不符合一半符合	基本符合	完全符合	总计
我爱我的老师和同学们	1.5	1.7	12.3	32.0	52.5	100.0
我乐于参与学校的集体生活	2.1	2.9	13.5	32.5	49.0	100.0
当我尽力把事情做好时，老师会称赞我	1.6	2.5	12.9	34.5	48.5	100.0
当我帮助同学时，同学会接受并支持我	1.3	2.1	11.6	35.9	49.1	100.0
在学校里，老师很注意我是否把事情做好	2.2	4.2	19.7	34.3	39.5	99.9
我觉得老师对同学的行为是赏罚分明的	3.1	3.8	16.5	30.9	45.8	100.1
与其他同学相比，我很满意在学习上的表现	5.6	10.7	27.9	30.1	25.9	100.2
我有信心能够考上大学	2.3	3.0	15.5	28.6	50.6	100.0

三、青少年犯罪预防的学校教育措施

1. 端正办学指导理念

为促进未成年青少年全面发展，根据我国《未成年人保护法》第17条规定："学校应当全面贯彻国家的教育方针，实施素质教育，提高教育质量，注重培养未成年学生独立思考能力、创新能力和实践能力，促进未成年学生全面发展。"学校的办学指导思想应当将青少年的全面发展放在首位。但在我国目前应试教育体制下，学校往往以片面追求升学率为办学指导思想，德育工作处于次要地位，甚至形同虚设，忽略对青少年独立思考能力、创新能力和实践能力的培养。青少年只知读书，不懂得社会发展的基本规律，独立思考能力差，创新能力和实践能力低下。端正学校的办学指导思想，是学校预防青少年违法犯罪的首要任务。

2. 完善教育方法

青少年在学校接受教育，教师对青少年的影响非常大，有些影响甚至是终身的。只有造就一支高素质的教师队伍,才能培养出高素质的青少年。造就高素质的教师,首先要注重教师政治素质、品质及师德的培养,对那些政治素质差、品质低劣、缺乏师德的人要及时淘汰。其次要注重教师良好法律素质的培养,杜绝教师侵犯青少年权益行为的发生,如体罚、乱收费、劝退学习差的学生等。最后要注重对教师知识多元化的培养,教师不仅要精通本专业的知识,还要懂得心理学、教育学、伦理学、社会学等,将对青少年的教育寓于教学之中,真正肩负起教书育人的重任。

3. 完善教育内容,加强青少年的法制教育

中小学应将法制课从思想政治课中分列出来,单独规划,编写专门教材,配备专门的法制课教师并保证课时,做到计划、教材、教师、课时"四保障"。要根据青少年身心发展的规律来安排教学的顺序。小学法制教育应多侧重感性认识,讲求形象、生动;初高中阶段逐步上升为理性认识。在充分发挥课堂主渠道法制教育作用的同时,应利用课余时间,开展丰富多彩的法制宣传活动,如知识竞赛、模拟法庭、图片展览、参观等。通过这些法制教育,使广大青少年懂得自己的权利和义务,知道什么是合法的、什么是违法的、什么是提倡的、什么是禁止的,做到知法、懂法、守法。《预防未成年人犯罪法》第8条第2款规定:"……教育行政部门应当将预防未成年人犯罪教育的工作效果作为考核学校工作的一项重要内容。"这说明,教育行政部门应依法将学校的法制教育以及预防青少年犯罪的教育工作效果列入对学校的考核体系,促使学校法制教育走上健康发展的轨道,从而有效地减少和预防青少年违法犯罪行为的发生。

4. 优化学校教育环境

学校既要想方设法为青少年的学习、生活基础设施、设备、条件,校园周边等硬环境的提高及其净化、美化、绿化努力,更要在学校校风、教风、学风和良好的师生、同学关系和积极向上的校园文化等软环境的建设上下大的力气。恶劣的周边环境,对立的师生关系,甚至敌视的同学关系无疑是学校教育环境中应该剔除的因素,也是预防青少年违法犯罪指标体系中一个不可或缺的方面。

第七章　青少年犯罪的社会因素及预防措施

匡敦校[*]　谢文敬[**]　赵元园[***]

一、媒体对青少年的不良影响及预防措施

（一）媒体内容对青少年的不良影响

现代社会是大众传播的时代，媒介技术的发展改变了人们接收信息的方式和习惯。广播、电视、互联网等传播媒介使得人们获取信息变得方便而快捷。与此同时，人们可接触到的媒体内容也越来越丰富和多元，承载在各类媒体之上的新闻、电影、电视剧、游戏、小说、广告等内容已经或正在对这个社会的各个群体产生着不同程度的影响。

青少年群体作为一个弱势群体，对其已经或可能接触到的传媒内容，我们应当给予关注。媒体内容可能会对青少年的思想道德与价值观、青少年的犯罪心理和犯罪行为等产生负面的影响，进而造成青少年犯罪结果的产生。因此，从预防青少年犯罪的视角出发，对媒体内容进行适当且有效的监管显得尤为重要。

如上所述，媒体内容对培养青少年的语言习惯、影响青少年的思维方式、引导青少年的行为等会产生效用，因此，我们不能忽视媒体内容可能对青少年造成的不当影响。具体而言，会对青少年思想及行为产生不当影响的媒体内容主要包括以下几个方面。

1. 淫秽色情内容对青少年的影响

我国《刑法》第6章第9节第367条对淫秽物品进行了界定："本法所称淫秽物品，是指具体描绘性行为或者露骨宣扬色情的诲淫性的书刊、影片、录

---

[*] 匡敦校，中国传媒大学教授，法学博士。
[**] 谢文敬，中国传媒大学硕士研究生。
[***] 赵元园，中国传媒大学硕士研究生。

像带、录音带、图片及其他淫秽物品。有关人体生理、医学知识的科学著作不是淫秽物品。包含有色情内容的有艺术价值的文学、艺术作品不视为淫秽物品。"原新闻出版总署于1988年颁行的《关于认定淫秽及色情出版物的暂行规定》对"淫秽色情"的定义进行了更为详尽的阐释。

当前淫秽色情内容最主要的传播方式是通过互联网进行传播。这些淫秽色情内容的传播将对青少年,尤其是未成年人的成长造成不利的影响。其最直接的效果就是性唤起,然后影响人们的性态度和性价值观。

中国青少年研究中心于2015年12月针对青少年犯所进行的"青少年犯罪预防指标体系研究"调查的数据统计报告显示,在实施犯罪行为之前,浏览过网络色情信息的人数占比为53.4%;而同一份针对普通青少年的问卷结果却表明,普通青少年浏览过网络色情信息的人数占比仅为10.4%(见表7-1)。

表7-1 两类人群浏览过网络色情信息对比(%)

网络色情信息浏览情况	青少年犯	普通青少年
从未有过	46.6	85.6
有过1~2次	29.9	10.5
有过5~6次	9.0	1.5
每周1~2次	3.1	1.0
经常发生	11.4	1.4
总计	100.0	100.0

两相对比,我们不难发现,网络色情信息会诱发青少年进行性模仿、性体验等犯罪心理(尤其是针对女性的性犯罪),接触过网络色情信息的青少年比未接触过的普通青少年,具有更大的犯罪可能性。

2. 暴力内容对青少年的影响

暴力内容具体又可以分为语言暴力、游戏中的暴力、电视暴力等类型。语言暴力的主要表现形式为媒体粗俗语言,如一些媒体广告可能会通过宣扬拜金主义、利己主义、歧视某群体等思想来影响青少年的价值观和行为方式。

游戏中的暴力包括暴力血腥的打斗场面、机械冷酷的人物设定等,在网络虚拟空间下进行的非人性的、残暴的信息可以为青少年提供刺激、调节情绪、满足青少年英雄角色扮演的渴望,因此会产生强大的吸引力。在中国青少年研究中心于2015年12月针对青少年犯所进行的"青少年犯罪预防指标体系研究"调查的数据统计报告中我们看到,在犯罪之前,经常玩网络暴力游戏的青少年犯比例为23.2%,而普通青少年的此项比例仅为3.6%。由此可知,与游戏中的暴力内容的长期接触会增强受众产生攻击性思想的可能性(见表7-2)。

表7-2 两类人群玩网络暴力游戏对比(%)

玩网络暴力游戏情况	青少年犯	普通青少年
从未有过	50.6	83.4
有过1~2次	16.6	9.0
有过5~6次	6.3	3.0
每周1~2次	3.3	1.0
经常发生	23.2	3.6
总计	100.0	100.0

电视暴力主要指在电视剧、电影等作品中出现的暴力内容,如打群架、抢砸财物、驾车碰撞、霸凌欺辱弱小等画面和情节。这些暴力内容的短期效果可能使得青少年模仿其中的暴力行为,长期效果则可能使得青少年对整个社会产生误认,形成一种社会充满了危险和冷漠的不安全感,进而产生厌世的心态和行为。

3. 媒体亚文化对青少年的影响

除了淫秽色情内容和暴力内容这两类诱发青少年犯罪的主要内容外,其他一些媒体亚文化也会对青少年犯罪产生不同程度的影响。例如,网络中的毒品信息、赌博信息、诈骗信息、敲诈勒索信息、恶性竞争信息、奢侈消费信息等媒体内容,都会直接或间接地作用于青少年的思维方式、生活方式、价值取向、消费行为等多个方面。与此同时,在所有的电视节目中,适合青少年观看的节目比例偏低,在婴幼儿节目和成人节目之间,缺乏一个专门给青少年观看的媒体内容空间。这一点应该引起媒体内容制作人的注意和反思。

(二)青少年犯罪的预防措施

根据中国互联网络信息中心(CNNIC)第37次调查报告显示,截至2015年12月,我国网民规模达6.88亿,互联网普及率为50.3%。其中,手机网民规模达6.20亿,占全体网民比例上升至90.1%。值得注意的是,截至2015年12月,我国网民以10~39岁群体为主,占整体的75.1%,其中20~29岁年龄段的网民占比最高,达29.9%,10~19岁、30~39岁群体占比分别为21.4%、

23.8%。同时，2015 年新增加的网民群体中，低龄（19 岁以下）、青少年群体的占比分别为 46.1%、46.4%。①

由此可见，互联网在青少年中的普及率很高，且通过手机上网的比例更高。因此，结合互联网上内容质量的参差不齐，加紧健全互联网等媒体的监管机制、净化媒体内容是迫在眉睫的。下面我们将分别阐释这两方面的指标。

1. 媒体监管机制的健全程度

媒体监管机制是一套涵盖了传媒法律体系、监管主体及其职能、监管手段等多个方面的对传媒进行监督和管理的具体运行方式。相较于稍后将提到的对于媒体内容的净化，媒体监管机制是一个更为宏观的概念。在不同的媒体制度之下，存在宽严各异的媒体监管机制。一国的媒体监管机制往往是与其国情相符合的。

当前，我国的媒体监管机制的短板主要存在于媒介融合背景下的互联网、新媒体领域。具体而言，涉及监管法律体系不完善、监管职权混杂、监管手段不先进等问题。长久以来，我国媒体监管的主要对象是以报纸、广播、电视为主的传统媒体，对这些媒体的监管已然形成了一套较为完善的机制。然而，互联网的崛起和盛行使得原有的监管机制变得鞭长莫及。针对依托于互联网而存在的新媒体，当前我国还尚未建立起一套全面有效的监管机制。

与此同时，媒体监管机制的健全和完善程度对于青少年的保护有着全局性的意义，只有当媒体监管机制的运行是科学、合理的，青少年受到媒体不良影响、进而诱发犯罪的概率才会被控制在较低的范围之内。因此，媒体监管机制的健全程度应该作为预防青少年犯罪的指标之一。

2. 媒体内容的净化措施及净化程度

为了给广大青少年营造一个良好的、健康的信息接收和传播环境，我们需要对互联网等媒体中的不良内容进行合理且有力的管制，以期达到净化网络空间、优化传媒内容生态环境的效果。进一步说，我们需要将互联网等媒体内容的净化措施与净化程度列为预防青少年犯罪的指标之一。在中国青少年研究中心于 2015 年 12 月针对专家学者所进行的"青少年犯罪预防指标体系研究"调查的数据统计报告也佐证了这一点。数据显示，80%的受访专家学者认为有必要在社会预防指标中加入"网络环境净化状况"。

值得注意的是，网络不同于传统媒体，其特性决定了其规制方式也会有所差异。在现有法律规制模式之外，通过一定的技术手段来实现规制目的必不可

---

① 参见中国互联网络信息中心：《中国互联网络发展状况统计报告（2016 年 1 月）》，载 http://www.cnnic.net.cn/hlwfzyj/hlwxzbg/hlwtjbg/201601/P020160122444930951954.pdf。

少。而这一点，与现实中的需求亦是相匹配的。以打击淫秽色情信息为例，当前我国针对网络监管的法律法规不在少数，且在执法领域，公安部门每年都会开展大规模的专项整治执法行动，集中治理网络色情淫秽信息，然而网络色情淫秽信息传播仍然猖獗。可见，单靠法律法规和行政执法行为来规制网络不良信息是不够的，还需要辅之以技术手段、网络自律规范等元素。

接下来，我们来谈谈网络媒体内容的具体净化措施。当前我国针对互联网领域的内容规制手段比较简单，效果也不尽如人意。虽然在2009年"全国整治互联网低俗之风专项行动"中，工业和信息化部发文要求全国新出厂电脑预装"绿坝"过滤系统[①]，但因种种原因无限期推迟实施，进而导致了国内的家庭安装绿色过滤软件的普及率极低。根据国际经验，互联网内容分级制度有助于避免未成年人接触互联网不适宜信息，我们可以借鉴之。

互联网内容分级（Internet content rating），是指对互联网内容依据保护未成年人的需要进行分类、标签，并由安装在客户端的配套过滤软件根据标签过滤的一套规则系统。目前，互联网内容分级系统已经在美国、英国、德国、韩国和我国台湾地区等得到不同程度的采用。互联网内容分级制度在不同国家和地区有着不同的表现形式。我国互联网内容分级制度应该包括调整互联网信息服务提供者的互联网内容分类、标签行为，相关行业协会、社会团体等的互联网内容分级标准制定、分级实施协调及监督行为，学校和公共图书馆等的互联网内容过滤行为，以及政府对前述行为实施监管过程中发生的社会关系的法律规范等。与政府直接查禁未成年人不适宜信息的体制，如"全国整治互联网低俗之风专项行动"相比，互联网内容分级制度具有主体多元性、标准自治性、监管间接性、利益协调性的特征。[②]

二、失学和失业对青少年犯罪的影响及预防措施

（一）失学和失业对青少年犯罪的不良影响

影响青少年犯罪的另一个重要的社会因素就是失学和失业。调查数据显示，犯罪的青少年文化程度普遍不高，在调查的3338名青少年犯中小学及初中文化水平的占79.6%，而且普遍学习成绩不高，是否曾经因违反学校纪律而不去学校上学的比例也比较高，占38.4%。而在此次犯罪时，青少年的生活状

---

① 参见《工业和信息化部关于计算机预装绿色上网过滤软件的通知》（工信部软〔2009〕226号）第1条。

② 杨攀：《我国互联网内容分级制度研究》，载《法律科学》2014年第2期。

态为既没有上学也没有工作的高达 53.1%。这些青少年犯罪地点 90% 多发生在街头、网吧、酒吧、KTV 等地，真正发生在学校和就业单位的情况比较少，而这些地方一般也是社会闲散人员的聚集地，所以这些青少年犯容易受到坏人的唆使或者为了所谓的"朋友义气"实施犯罪。对于其中 886 名再次犯罪的青少年，上一次犯罪回到社会后的状态为辍学与无业的占到了 49.1%。由此可见，失学和失业是诱发青少年犯罪非常重要的社会因素之一。具体来说，主要包括以下三个方面内容：

1. 中学教育不完善，初中升高中成为教育发展的瓶颈

从 2000 年我国普及九年义务教育以来，基本能保证青少年小学与初中的教育，但是初中升高中成为教育发展的瓶颈。即使成功升入高中（含职高），失学情况也不能避免。根据我国的相关规定，义务教育阶段，不允许开除青少年，而到了高中，则实行"严格限制"开除、劝退。初中毕业的青少年一般才 15 岁左右，心智还不够健全，价值观和人生观还没有完全树立起来，过早进入社会很容易被社会不良风气左右，走上犯罪的道路，这是青少年犯罪和初中以下学历的人犯罪都占犯罪群体的 80% 以上的重要原因。

2. 流动人员的子女上学难以保障

随着我国经济的发展，越来越多的人选择外出务工，因此就出现了许多留守家乡或者随父母一同离开家乡到达务工地的青少年，对于这些青少年，他们的教育问题很难保障。另外，《"青少年犯罪预防指标体系研究"调查数据统计报告——青少年犯》中统计的青少年犯罪前父母的情况，父亲或母亲在外地工作很少回来的占 9.5%，父母的职业 70% 多是产业工人，存在很大流动性。这些孩子如果辍学，相关国家机构也无法得知或介入，失学情况也比较严重。

3. 隐形失业人员比较多

虽然国家在大力推动就业机制，但是我国人口基数大，每年的大学毕业生就高达 700 万人以上，这对于初中毕业生和进城务工人员也是非常大的压力，他们是隐形失业人员的主体。这些人员主要靠打零工维持生活，基本没有一技之长，抵御风险的能力较差，很容易成为失业人员。社会闲散人员是我国犯罪的高危人群。另外，对于再次犯罪的青少年犯来说，他们被处罚后回到社会遇到的最大的困难，找不到工作、没有一技之长占据了 40.9% 的比例，所以隐形失业对于青少年再次犯罪也是非常大的影响因素，由于流动人口中的青少年群体无正常经济来源、生活拮据，较其他青少年或流动人口更容易走上犯罪道路，如果这些青少年在一段时间内找不到工作或报酬不理想，容易产生对社会的不满情绪，犯罪可能性就随之增大。

(二) 青少年犯罪的预防措施

1. 适龄青少年失学方面的预防措施

失学是青少年犯罪的重要影响因素，因此加强学校教育是预防青少年犯罪的重要措施。调查资料显示，专家学者在学校预防措施中建议关注学校法制教育状况、专门（工读）学校数量等指标（见表7-3）：

表7-3　学校预防指标（%）

学校预防指标	同意	不同意	总计
青少年辍学率	91.1	8.9	100.0
学校法制教育状况	82.2	17.8	100.0
专门（工读）学校数量	64.4	35.6	100.0
在校青少年违法犯罪率	95.6	4.4	100.0
学校社工的人数和比例	67.4	32.6	100.0

因为青少年教育问题一直受到重视，对于青少年辍学率等指标普遍被纳入指标范围。在这里建议新增学校法制教育内容考核指标、校园暴力系列指标、学校法制教育、预防课程。近年来，校园暴力事件频发，并呈现低龄化、群体性和网络化等特点，当前我国法律并未对校园暴力作出明确、具有可操作性的惩戒规定，只有一些概念性、原则性的规定，往往校园暴力施暴者接受不到实质性惩罚，而这一部分人群很可能是青少年未来犯罪的主体。因此，在学校预防指标里有必要新增校园暴力系列指标，加强对校园暴力行为的重视。另外，有些学校虽然已经增加了法制教育，但是教育的内容存在不具有针对性、与时代脱节、教育方式枯燥等问题，甚至出现个别青少年拿起"法律武器"公然"犯罪"的情况，如2016年4月9日，菏泽14岁少年开车出事故喊话交警"你又拘不了我"事件，引发热议。因此，不但应该将法制教育状况纳入指标，对于学校法制教育内容考核，学校法制教育、预防课程这些指标也有必要增加，法制教育不能流于形式。

2. 完善社会就业方面的预防措施

失业是影响青少年犯罪的重要因素。调查数据显示，青少年犯对未来生活最担心的是能否找到工作，比例为27.3%。而在他们期待社会帮教方面，青少年维权、志愿者协会等社会组织为他们提供的最主要的也是就业培训，占27.7%。而对于再次犯罪的青少年，他们认为上次处罚回到社会中最需要得到的帮助是学习一项技能以及帮助找工作，分别占比27.6%和23.8%。因此，在社会就业预防指标方面，专家学者建议要重点关注青少年失业率这个指标。

另外，建议增加青少年活动中心是否向青少年开放等系列指标。众所周知，失业是侵财类犯罪高发的一个重要原因。增加就业不仅是促进经济发展的重要举措，对社会治安治理也具有极其重要的作用。我国已经建立起了一批青少年服务机构，要发挥好这些机构的积极作用，而且这些机构的社工数量、开展的增加就业工作内容、进展等都应该纳入指标体系。另外，我国近几年增设了社区矫正等对犯罪人员的处罚教育机制，尤其是针对青少年。因为监狱、看守所不能区分关押，很可能产生交叉影响，不利于青少年罪犯的改造，甚至一些原本只是犯轻罪的青少年会受其他狱友影响，沾染不良习惯，出狱后再次犯重罪。社区矫正等机制的设立初衷是好的，目前来看，却没有明确的机关、机构来执行，使得该机制流于形式。一些青少年活动中心虽然建立但是却存在不对外开放等问题。因此，对于实务工作的考察也很重要。

三、网吧及KTV等公共娱乐场所对青少年犯罪的影响及预防措施

近年来，随着我国文化市场建设的多元化，各种各样的娱乐场所如歌厅、酒吧、夜总会、网吧迅猛发展，这些场所成为青少年娱乐的主要场所之一。但是根据青少年研究中心调研数据显示，在这些场所中非常容易产生诱导青少年出现犯罪行为的因素。因此分析当前众多网吧、KTV等娱乐场所存在的问题，制定其从业规范，科学管理娱乐场所，减少青少年犯罪，已成为当务之急。

（一）网吧、KTV等场所对青少年的不良影响

1. 不良信息影响青少年的思想健康

青少年正处于世界观、人生观形成阶段，其身心发展还未健全，容易冲动，缺乏理智，自我约束能力不强，法制观念淡薄，缺乏辨别是非的能力。但是在网络社会中，青少年又很容易接触到色情、暴力等内容。

在中国青少年研究中心课题组对服刑中的未成年犯的调研统计中，对于犯罪前"你一般在哪里上网？"（可多选）这个问题，在被调查的1055人中，有438人回答在"网吧"，占全部调查对象的41.52%（见表7-4）。

表 7-4 青少年罪犯在犯罪前的上网地点（%）

犯罪前的上网地点		响应		个案百分比
		N	百分比	
你一般在哪里上网	家中	195	18.48%	34.40%
	网吧	438	41.52%	77.20%
	学校	14	1.33%	2.50%
	手机上网	360	34.12%	63.50%
	同学或亲戚家	30	2.84%	5.30%
	其他	18	1.71%	3.20%
总计		1055	100.00%	186.10%

青少年研究中心课题组通过对3629位青少年犯进行调查统计显示：初次犯罪地点在网吧、KTV的高达518人，占14.27%（见表7-5）。他们一旦受到来自外界不良思想、文化和社会丑恶现象的影响，容易混淆是非观念，产生好逸恶劳、爱慕虚荣、过分追求物质享受的心态，沉迷于暴力、色情等感官刺激的弱点充分暴露出来，往往只图一时满足，盲目冲动，不计后果，以致走上犯罪道路。一些歌厅、酒吧、夜总会、网吧混乱复杂，管理不够严格，个别场所单纯追求经济效益，对违法犯罪活动视而不见，有的还提供方便，一些不法商贩公开出售黄色书刊、画报甚至淫秽制品，腐蚀毒害青少年。

表 7-5 犯罪地点（%）

犯罪地点	响应		个案百分比
	N	百分比	
街头	1108	30.53%	34.70%
网吧、酒吧、KTV等公共场所	518	14.27%	16.20%

2. 容易诱发偷、抢现象

以青岛市中院2012年审理的少年案件为例，37.6%的人有过吃住在网吧的经历，12.7%的人在网吧与社会人员交往。由于青少年之间容易攀比，进入这些娱乐场所的青少年出于虚荣心会毫无节制地消费。为了筹集上网、交友等费用，很容易走上盗窃、抢劫等犯罪的道路。①

根据青少年研究中心调研数据显示，在所调查的青少年罪犯中经常玩网络暴力游戏的高达24%，KTV 中因为人多且杂也时有发生寻衅滋事，一时控制不住自己情绪等而发生的暴力行为。由于这些网络游戏的内容带有色情、恐怖和暴力情节，使一些痴迷于游戏的青少年大受影响，甚至纷纷仿效，从偏激走向暴力。为了筹集上网资金，开始伙同他人盗窃、抢劫。

对于那些辍学的少年，因他们年龄小又无技能，很难找到合适的工作，有的流动少年只要求"管吃住"就可以了。以青岛市中院2012年审理的少年案件为例，45.6%的人经常到网吧上网聊天、打游戏。其中，为了筹集上网费用而抢劫、盗窃的有44人，通过网上纠集犯罪同伙犯罪的有11人，在网吧及周边区域盗窃、寻衅滋事、故意伤害的有37人。②

3. 滋生卖淫嫖娼、贩卖毒品等违法犯罪行为

在这些娱乐场所中，青少年容易受暗娼嫖客引诱。一些青少年道德品质差，文化水平低，在不健康的思想观念和生活方式的影响下，寻求精神刺激，骄横放纵胡作非为。调研中心通过采访某女子监狱主任了解到，对于 KTV 摇头丸，青少年接触后一开始只是觉得好玩，根本不知道它的危害。卖淫往往与吸毒联系在一起，未成年人没有收入为了获得毒资只能出卖自己的身体。

4. 容易诱发团伙寻衅滋事

一些好逸恶劳四处游荡的闲散人员，为了寻求刺激，经常出入歌厅、酒吧、网吧等娱乐场所，目无法纪，不服从场所人员管理，还故意起哄，捉弄客人，对青少年产生了诱导性的消极影响。青少年在游戏及酒精刺激下，失去理智而闹事斗殴，扰乱了公共场所秩序，一言不合就会引起纠纷。同时，因嘲笑起哄，恼羞成怒导致打架斗殴，甚至发生致伤致残致死惨案。

（二）网吧、KTV 等娱乐场所容易引发青少年犯罪的原因

1. 青少年自身问题

青少年生活比较单纯，无论是在校还是初入社会的青少年，一般都缺乏生活经验，世界观尚未完全形成，个性又比较冲动，对事物的认识比较片面，容易交友不慎或是受到网络或他人影响，有时犯罪只是因为寂寞无聊而寻找刺激。另外，青少年往往争强好胜，从某种程度上具有个人英雄主义，特别是缺

---

① 任海涛、齐延鹏、李康熙：《山东省未成年人犯罪的基本现状与特点分析》，载《预防青少年犯罪研究》2016年第4期。

② 任海涛、齐延鹏、李康熙：《山东省未成年人犯罪的基本现状与特点分析》，载《预防青少年犯罪研究》2016年第4期。

少换位思考的习惯,情绪容易激动,判断对错的能力比较差,又缺乏法律意识,一旦发生纠纷,轻则拳脚相加,重则拔刀相向,极易造成严重后果。青少年又有强烈的虚荣心和反叛心,因此容易走上犯罪道路。

2. 网吧、KTV 的经营不规范,使违法犯罪的发生有了适宜的土壤

根据《互联网上网服务营业场所管理条例(2019 修订版)》(国务院令710 号)第 9 条规定,中小学校园周围 200 米范围内和居民住宅楼(院)内不得设立互联网上网服务营业场所,互联网上网服务营业场所经营单位不得接纳未成年人进入营业场所。但实际中,仍有一些网吧经营者为了利益,放任未成年人进入网吧。采取各种隐蔽方式逃避执法检查,有的未成年人通宵达旦"泡"在网上,经营者还为其提供餐饮和休息场所。一些网吧的经营者更是唯利是图,以提供色情、暴力等游戏来吸引、坑害未成年人。更有甚者,为防止网吧出现打架、闹事的事件,专门聘请有劣迹的青少年担任网吧管理员,这些网管与社会上一些有劣迹的未成年人关系密切,青少年在这种环境下耳濡目染,更易走上犯罪道路。而在网吧的行政管理上,存在"多头管理、难司其职"的现象:文化、公安、市场监管等部门"各管一段",结果是谁都在管,实际上谁都管不好,使得网吧的不规范管理缺乏有力的监督。[①]

《娱乐场所管理条例(2016 年修订)》(国务院令第 666 号)第 14 条规定娱乐场所及其从业人员不得提供或者从事以营利为目的的陪侍。第 15 条第 1 款规定,歌舞娱乐场所应当按照国务院公安部门的规定在营业场所的出入口、主要通道安装闭路电视监控设备,并应当保证闭路电视监控设备在营业期间正常运行,不得中断。但是现实情况中很多 KTV 未安装视频监控,门窗设置不符合规定。未成年人进入这些场所后,无人管理。因自身没有控制能力加上酒精的刺激很容易与社会上的人产生纠纷,甚至走上犯罪道路。

3. 学校和家庭对青少年网络意识教育存在漏洞

在如何利用网络的问题上,学校和家庭往往采取两种较为极端的方式:一种是学校疏于管理,对孩子沉迷网络的不良行为视而不见,采取放任态度;另一种是学校和家长将网络视为洪水猛兽,简单粗暴地禁止孩子接触网络,忽视与之对问题实质的沟通与交流。两种做法都可能造成青少年主观上对网络没有理性的认识,客观上又得不到有效的监督。再加之父母工作忙,缺乏和孩子的交流,农村地区留守儿童较多,更是缺乏父母的教养,这些因素都可能导致一旦痴迷网络,青少年便难以自拔,很容易走上犯罪的道路。

---

① 余彦龙:《浅议促进未成年人健康成长之网吧监管》,载中国法院网 http://www.chinacourt.org/article/detail/2010/09/id/425854.shtml,最后访问时间:2010 年 9 月 1 日。

（三）青少年犯罪的预防指标

1. 网吧、KTV 遵守市场准入法律规范的状况

网吧、KTV 的经营实行行政许可制度。未经许可，任何组织和个人不得从事此类经营活动。要取得经营许可证才能经营。经过市场监管等各部门的大力监管，近几年我国网吧、KTV 等娱乐场所得到整治，但是无证经营现象仍是屡禁不止，经不完全统计全国无证经营的网吧所占比例高达 24%，无证经营 KTV 所占比例 16%，无证经营的情况在乡镇偏远地区尤为突出；有照经营的网吧、KTV 等的经营行为合规程度——如接纳未成年人进入、色情表演、容留吸毒贩毒等也有待提高。

2. 网吧、KTV 设立时自身条件是否具备

（1）网吧设立时自身应具备的条件与现实状况。根据《互联网上网服务营业场所管理条例》（国务院令 710 号）规定，设立网吧等应具备下列条件：①有符合国家规定的消防安全条件的营业场所；②有与其经营活动相适应并取得从业资格的安全管理人员和专业技术人员，网吧、KTV 经营单位管理人员、专业技术人员必须经有关部门依照国家有关规定培训后，方可上岗；③网吧要有健全、完善的信息网络安全管理制度、安全技术措施和计算机经营管理系统；④普通中学、小学和其他实施中等初等教育的学校周围 200 米范围内不得设立网吧。但是现实中许多网吧往往不严格按照规定执行，大多数网吧存在电路违章、消防器材数量质量不合格等现象；网吧的管理人员大多没有专业的计算机知识，大部分是社会闲散人员，对于网吧记录的清理时间完全达不到国家规定的网吧上网登记浏览信息记录保存 20 天以上的要求；监控也不能按国家规定开放和保存。

（2）KTV 设立时自身应具备的条件与现实状况。KTV 是人员比较复杂的地方，KTV 等经营娱乐场所不得违反《娱乐场所管理条例（2016 修订）》（国务院令第 666 号）的相关内容：①不得聘用未经文化行政管理部门审核发证的乐队和表演人员；②售票数和入场人数不得超过核准登记的定额；③不得接待 18 岁以下未成年人；④不得用色情或变相色情的方式服务，或用此方式招徕、陪随顾客；⑤不得举办核准登记项目之外的营业性活动；⑥不准播放或演奏（唱）内容反动、淫秽的曲目。但仍有少部分 KTV 仍然从事组织、强迫、引诱、容留、介绍卖淫嫖娼活动或提供色情服务，以及聚众赌博等违法犯罪活动；营利性陪侍现象时有发生，个别还存在公开贩卖毒品现象，涉及枪暴、聚众斗殴等案件。

3. 经营过程中，是否遵守未成年人禁入的规定

《未成年人保护法》第 36 条第 2 款规定："营业性歌舞娱乐场所、互联网上网服务营业场所等不适宜未成年人活动的场所，不得允许未成年人进入，经营者应当在显著位置设置未成年人禁入标志；对难以判明是否已成年的，应当要求其出示身份证件。"要建立消费者入场登记制度。经营单位应对消费者的居民身份证进行核对登记，对持其他有效身份证件的，应如实记载上网消费者的姓名、单位及住址；对未成年人的鉴别以身份证上载明的生日是否满 18 周岁为准，不满 18 周岁不得进入该场所。

（1）网吧执行未成年人禁入规定的实际状况。目前，网吧执行未成年人进入规定仍得不到落实，大部分的黑网吧正是靠未成年人营利的，在利益的驱使下，网吧经营人员对未成年人出入网吧置若罔闻，更有甚者为未成年人上网提供办法和帮助。未成年人在网吧接触暴力游戏、黄色淫秽信息，与社会闲散人员接触，严重影响他们的身心健康，进而走上犯罪道路。

（2）KTV 执行限制未成年人进入规定的实际状况。很大一部分 KTV 在对外营业时不检查身份证，对于未成年人根本不去主动加以识别。部分营业者不会理会进入者是不是未成年人，只要消费就可以。未成年人混杂在灯红酒绿的环境里很容易迷失，攀比心理容易滋生，没有钱消费很容易走上盗窃抢劫的道路。在 KTV 这种娱乐场所，未成年人自我控制能力差，特别容易与社会上的闲散人员发生冲突。

四、其他不良社会因素对青少年犯罪的影响及预防措施

除了上述三个方面的社会因素即"媒体内容的不当影响"、"失学青少年就业率低下"、"网吧、KTV 等娱乐休闲场所对青少年的负面影响"之外，对青少年影响较大的还有其他方面的因素。社会不良因素众多，在有限的篇幅中不可能全部囊括，故本节仅着重选取了三个侧面即"不良社会风气"、"刑满释放人员"、"社会闲散人员"进行阐述。

（一）其他不良社会因素对青少年犯罪的影响

1. 不良社会风气对青少年犯罪的影响

近年来，社会上弥漫着一些不良的社会风气，尤其是自私与自我中心主义、拜金主义、享乐主义、扭曲的"英雄"崇拜，哥儿们义气，自我炫耀（在学习上得不到肯定和认可，便通过其他途径，如炫富、炫耀蛮力、胆量、穿戴、女友等，寻求自我安慰、自我认同）在社会上盛行，由于其中的某些方面对涉世未深的青少年具有诱惑力甚至与一些青少年的希求相契合，加之青

少年好幻想、行事冲动，鉴于其碎片化的知识结构，社会经验的严重缺乏，对事物鉴别力、判断力薄弱，导致一些青少年很快成为这些不良风气的追捧者、实践者。

从心理上看，他们的自我意识逐渐增强，初步具有成人感和独立意向，心理上要求取得与大人相同的地位，遇事不想依赖成年人，不愿意按照父母和老师的指导行事，一味想按照自己的想法和兴趣去活动。在心理活动上表现为求知欲、新鲜感和好奇心强，但由于知识面有很大的片面性，往往过分自信，固执己见，而以社会规范自觉进行督导控制的道德情感尚未完全建立起来，难以及时用理智控制自己，对与自己心意不符的事则迅速产生否定情绪，易感情用事、走极端，做事不计后果，极易受到社会上有劣迹的人腐蚀、拉拢和引诱而误入歧途。①

有些未成年人好逸恶劳，讲究享受，经常出入娱乐场所，法制观念极其淡薄，哥儿们义气严重，以恶、狠为荣，甚至以曾受到司法机关处理为"出来混"的骄傲资本。他们崇拜那些横行当地、嚣张乖戾的帮派团伙"老大"，心甘情愿为其效劳、卖命。美国犯罪学家科恩认为，少年帮伙亚文化是指少年帮伙中流行的价值观和行为规范，成员依此来思考、判断和行为处事。② 有学者认为，我国黑社会性质的亚文化最直接的表现是"江湖哥儿们义气"和"贪图享乐"的价值观念，这些观念对涉世未深的未成年人最具有诱惑力和吸引力。未成年人渴望群体归属感和同龄群体之间的感情交往，尤其是那些失去家长或老师尊重的"问题少年"和"边缘少年"，往往对"来之不易"的朋友"有福同享、有难共当"，"为朋友两肋插刀在所不辞"，讲求"哥儿们义气"，崇尚"老大观"。③

由于青少年社会判断力相对较弱，一方面极度自信，另一方面又往往缺乏自信，所以青少年犯罪的形式通常表现为团伙犯罪或共同犯罪。根据中国青少年研究中心于 2015 年对 3338 名青少年犯的调查问卷统计，对于"你此次犯罪有几个犯罪同伙？"（单选），二人共同作案（有 1 个同伙）的占 16.5%；三人及三人以上（有 2 个或 2 个以上团伙）共同作案的占 52.2%。两项相加，共同作案的比率为 68.7%（见表 7-6）。

---

① 童新臣：《未成年人罪错的心理特征与社会环境》，载《公安理论与实践》1999 年第 4 期。
② 李明琪主编：《西方犯罪学概论》，中国人民公安大学出版社 2010 年版。
③ 靳高风、赵伟：《当前我国未成年人涉黑涉恶犯罪特征与模式研究》，载《青少年犯罪问题》2011 年第 5 期。

表 7-6 犯罪有几个犯罪同伙（%）

犯罪同伙个数		百分比	有效百分比	累积百分比
有效	没有	29.5	31.3	31.3
	1 个	15.6	16.5	47.8
	2 个及以上	49.2	52.2	100
	合计	94.3	100	
缺失	系统	5.7		
合计		100		

根据学者的调查统计，在未成年人共同犯罪中，夹杂成年人的情形占 45.8%。未成年犯罪组织的主犯多为义气型、智囊型人物以及充当"打手"的骨干分子，在对主犯产生原因的调查中，因"哥儿们义气"而成为主犯的占 27.1%，因"打人厉害"而成为主犯的占 16.6%，因"主意多"而成为主犯的占 11.55%，三者依次排在前三位。此外，因"年龄大"而成为主犯的占 5.7%，因"被司法机关处理过"而成为主犯的占 20%。①

2. 刑满释放人员对青少年犯罪的不良影响

据统计，从 1990 年到 2008 年，在每万名 13～17 岁的未成年人中，犯罪人数从 4.65 飙升至 12.14。在严峻的未成年人犯罪形势中，团伙犯罪又最为突出。据调查，2008 年未成年人犯罪中以团伙形式（三人及以上）实施犯罪的比例高达 75%。调查显示，在未成年人参与的团伙犯罪中，有 51.9%的犯罪团伙中存在成年人且在其中起主导作用。② 而这些成年人有很大一部分具有违法犯罪前科，往往扮演、发挥着组织、领导、策划、教唆并"培训"新手的角色。现行《刑法》第 26 条已经将组织犯列为主犯的一种。③ 所谓组织犯，是指在共同犯罪中建立犯罪团体、决定犯罪计划、指挥犯罪实行的人。在有刑满释放人员参与的共同犯罪当中，其他青少年在共同犯罪中一般是帮助犯、从犯，甚至是胁从犯，在共同犯罪中一般起次要作用。

---

① 路琦等：《2013 年我国未成年犯抽样调查分析报告》（上），载《青少年犯罪问题》2014 年第 3 期。

② 姚兵：《"组织未成年人犯罪"的多维探讨》，载《广西大学学报（哲学社会科学版）》2011 年第 6 期。

③ 《刑法》第 26 条第 1 款规定："组织、领导犯罪集团进行犯罪活动的或者在共同犯罪中起主要作用的，是主犯。"

以下是涉毒犯罪、强奸罪的刑满释放人员回归社会后重操旧业、引诱、裹挟青少年参与共同犯罪的例子：

案例一：2013年9月26日晚，郭某强（1997年生）、刘某洪（1999年生）、郭某锋（1998年生）到被告人郭某杰（1982年生）的家中闲坐，被告人郭某杰以吸食冰毒不会上瘾等理由，提供毒品冰毒和吸毒工具教唆郭某强、刘某洪吸食毒品冰毒。此后，3人又多次在被告人郭某杰家中，由郭某杰提供毒品冰毒和吸毒工具一起吸食毒品冰毒。法院认为，被告人郭某杰教唆未成年人吸毒，其行为已构成教唆他人吸毒罪。郭某杰之前因犯贩卖毒品罪被判处有期徒刑以上刑罚，刑罚执行完毕后在5年以内又故意再犯应当判处有期徒刑以上刑罚之罪，属累犯，且属毒品再犯，被告人郭某杰又系教唆未成年人吸毒，依法应当从重处罚。故判决被告人郭某杰犯教唆他人吸毒罪，判处有期徒刑3年，并处罚金3000元。①

本案中，被告人郭某杰在实施教唆未成年人吸毒犯罪之前已经有两次犯罪前科——因犯抢劫罪于2001年8月22日被判处有期徒刑7年，2006年10月11日刑满释放。因犯贩卖毒品罪于2010年5月28日被判处有期徒刑3年，2012年9月1日刑满释放。仅仅过了1年，即2013年9月26日，又再次实施犯罪——教唆他人吸毒罪。

案例二：2014年11月6日上午10时，晋江安海巡逻队在安海某商场巡逻时，发现两名男子形迹可疑便上前盘查，其中一名男子"做贼心虚"，发现情况不妙，准备偷偷将放在上衣右口袋的一包海洛因丢掉，但被巡逻队员当场识破。随后，巡逻队员在两人身上查获海洛因10.74克，并将两人扭送至安海派出所。经查，两名男子余某智（26岁，云南人）、余某林（33岁，云南人）对贩毒的行为供认不讳，其中余某智曾于2009年3月因贩毒罪被浙江法院判刑，2011年3月刑满释放后回到云南老家务农，2014年10月才到晋江安海务工。据余某智交代，10月刚到安海后，老乡余某林找上他，称其有"货"，需要时可以找他。11月6日，余某智以4200元的价格向其购买了10克海洛因，并打算以4500元的价格卖掉，从中赚取差价。结果，两人没等来买家，却进了派出所。当天，民警还从两人交代的线索中，抓获两名吸毒人员姚某、张某。②

本案中，犯罪嫌疑人余某智曾于2009年3月因贩毒罪被浙江法院判刑，

---

① 汕头市潮阳区人民法院刑事判决书（2014）汕阳法刑二初字第46号。
② 冷竹、陈晖万、翁乌暗：《前科犯再贩毒 等"下家"时遇巡逻队员被识破》，载中国网，http://news.china.com.cn/2014-11/08/content_34002648.htm。

在监狱接受教育改造，2011年3月才刑满释放后回到云南老家。仅仅过了3年，余某又干起了贩毒的勾当，这不能不引起我们的深思。涉毒类犯罪的重新犯罪率居高不下，除了社会环境的因素，应当还有行为人自身的原因。一些成年毒贩，价值观、人生观基本已经定型，表面上应付改造，实际上思想顽固。他们在监狱里给人以顺从的假象，一旦回归社会又往往再度投入到入狱前的社会关系之中，这就是学者所说的"路径依赖"。

案例三：2015年8月7日凌晨1时许，象州县公安局110指挥中心接到该县某商城老板冯先生的报警电话称，其侄女朱某是他店里的收银员，下班后失联，请求公安机关帮忙寻找。象州县公安局城关派出所民警赶到现场。凌晨2时许，众人在该小区2栋2单元一楼入口处发现了朱某。朱某告诉民警，当晚她下班回到小区，走到电梯口看到一名戴口罩的男子站在地下车库门口。"突然，他在我背后抓着我的手臂，把我往后拉。"男子将她往地下室拉，边拉边说"你不要吵，我跟你下去讲点事"。朱某拼命反抗，却遭对方暴打。男子将朱某拉到地下车库水泵房，然后进行性侵。案发后，象州县警方展开调查，并迅速通过"天网"锁定嫌疑男子的作案轨迹。据此，公安机关依法将其抓获归案，发现此人曾因强奸罪被判刑入狱。①

案例四：2007年乔某因犯强奸罪被判有期徒刑3年，出狱后不思悔改。2010年7月，21岁的乔某在一旱冰场结识了被害人王某（20岁），取得王某信任后将其带至一小旅馆采取暴力、威胁等手段强奸。后乔某教唆并带领16岁少年温某、张某找到王某，胁迫被害人去洗头房卖淫挣钱。王某不同意，后3被告人采取看管、接送等手段，先后控制王某在两个洗头房从事卖淫活动近1个月。其间王某3次借机逃跑，都被乔某找回，并遭3人殴打。9月27日晚，民警对洗头房进行专项检查时将3被告人抓获，王某获救。法院经审理认为，被告人乔某等3人采取暴力、威胁等手段，多次强迫他人从事卖淫活动，其行为均已构成强迫卖淫罪。一审法院以强迫卖淫罪、强奸罪数罪并罚判处主犯乔某有期徒刑12年6个月，罚金13000元。鉴于被告人温某、张某系未成年人、从犯，故对其二人分别判处有期徒刑5年，罚金7000元。②

国内外研究表明，就重新犯罪率而言，性侵犯罪接近于涉毒类犯罪。案例三和案例四都是被判强奸罪的刑满释放人员，在回归社会后的一定期间内再度

---

① 《女子在家门口被性侵，施暴者有强奸前科》，载广西新闻网，http://news.ifeng.com/a/20150818/44456435_0.shtml。
② 《刑满释放不思悔改，控制少女卖淫被判重刑》，载法制网，http://www.legaldaily.com.cn/dfjzz/content/2011-05/13/content_2657246.htm?node=23102。

单独或教唆未成年人共同实施性侵犯罪的例子。在案例四当中,乔某曾因强奸罪受到刑事处罚,出狱不久,乔某又将被害人王某强奸。事后,乔某教唆并带领16岁少年温某、张某找到王某,胁迫被害人卖淫。就危害后果而言,强迫他人卖淫与强奸并无二致。更何况在实务中,犯罪嫌疑人往往先后实施强奸与强迫卖淫等数个违法犯罪行为。强奸犯罪的刑满释放人员在社区的存在,无疑是一颗随时可能引爆的定时炸弹。他们既可能把无业青年拉下水,也可能把无辜少年拉下水,毒害无穷。

远离父母监护的青少年更容易受到不法分子的蛊惑。例如,16岁的晓明(化名),家住甘肃天水。5岁那年,母亲离家出走,从此杳无音讯。父亲以牧羊为生,家中还有上小学的妹妹,经济十分拮据。为了减轻家里的经济负担,2015年年初,刚上初二的晓明背着父亲偷偷跟随老乡来京务工。因找工作四处碰壁,在游荡过程中,认识了以盗窃为生的京某等人,被教唆实施盗窃行为。2015年11月,晓明因犯盗窃罪被石景山法院判处有期徒刑8个月。[1]再如,2012年10月至11月,奉节县永安镇的茶楼、餐厅相继发生入室盗窃案。2012年11月19日,民警将犯罪嫌疑人抓获。出乎意料的是,这5人均系未满14岁的未成年人,最小的年仅12岁。他们的父母要么外出打工,要么离异。5人辍学后在奉节城区四处游荡。2012年他们认识了刚从监狱中释放出来的李某安。他们拜李某安为"大哥"。在李某安的威逼利诱和控制下,5名少年在奉节县永安镇一带针对酒楼、茶楼多次实施盗窃,涉案总价值1万余元。[2]

刑满释放人员之所以千方百计寻找青少年尤其是未成年人并将其拉下水,主要基于如下考虑:既要从违法犯罪中获得好处,又要尽可能逃避法律的制裁。他们以为只要自己不出面,就可以万事大吉,因为未成年人即使被抓住在经过一番教育后很快就会被放出来。岂料法律对于教唆者亦要处以刑罚,以至于令其美梦破灭。[3]

3. 社会闲散人员对青少年犯罪的不良影响

一些社会无业人员无所事事,四处游荡,招惹是非,很多青少年正是受到社会闲散人员的蛊惑、利诱,才一步一步地沦落。根据中国青少年研究中心

---

[1] 载北京法院网,http://bjgy.chinacourt.org/article/detail/2015/12/id/1775010.shtml,最后访问时间:2015年12月23日。

[2] 《教唆未成年人盗窃 刑释犯"二次进宫"》,载中国奉节网,最后访问时间:2013年1月30日。

[3] 我国《刑法》第29条第1款规定:"教唆他人犯罪的,应当按照他在共同犯罪中所起的作用处罚。教唆不满十八周岁的人犯罪的,应当从重处罚。"

2015 年针对青少年犯罪所作的实地问卷调查统计，对于"在此次犯罪时，你的生活状态属于下列哪种情形？"这个问题，在总数 569 人当中，竟有 324 人回答"既没有上学也没有工作"，占比高达 56.9%（见表 7-7）。

表 7-7 青少年犯罪时的生活状态（%）

	生活状态	百分比	有效百分比	累积百分比
有效	在上学	17.6	17.8	17.8
	在工作	23.6	23.8	41.6
	既没有上学也没有工作	56.9	57.5	99.1
	其他	0.9	0.9	100
	合计	99.0	100	
缺失	系统	1.0		
合计		100		

中国青少年研究中心的上述统计数据，也得到其他专家调研数据的印证。据学者统计，未成年人犯罪时的身份主要是无业、农民、青少年、工人。无业者占 57.1%。① 某些省份的调查数据也不相上下。根据有关单位对山东省的调查结果显示，未成年犯被捕前为在校生的占 19.14%，而辍学青少年占 78.14%，既没上学也没干什么正当事情、处于闲散状态的占 52%，比 1995 年提高了 29.43 个百分点。② 例如，2015 年 1 月 13 日晚，南海狮山一高档小区一户民居失窃，包括名贵手表、钻石戒指、黄金项链和现金等在内的 10 万元财物被盗。经过数月排查，专案组逐步掌握到，团伙成员的平均年龄不满 18 岁，年龄最大的 35 岁，最小的只有 14 岁。在 7 名嫌疑人中，有盗抢犯罪前科的有 2 人。作案前，范某灯、张某艺两名"师傅"先到目标小区踩点，然后或在外围守候望风，或在旅店等候，再以电话"遥控"，由其他未成年人尾随业主进入小区自行选择目标作案。得手后，"小徒弟"把财物上交给范某灯和张某艺，由两人进行销赃和分赃。案发时，这个团伙的涉案金额逾 200 万

---

① 路琦等：《2013 年我国未成年犯抽样调查分析报告》（上），载《青少年犯罪问题》2014 年第 3 期。
② 任海涛、齐延鹏、李康熙：《山东省未成年人犯罪的基本现状与特点分析》，载《预防青少年犯罪研究》2016 年第 4 期。

元。① 该团伙以有犯罪前科的社会闲散人员范某灯、张某艺 2 人为首，以给钱、请吃饭、上网等小恩小惠为手段，拉拢纠集了当地 5 名失学青少年，相互"称兄道弟"，使得这些失学青少年心甘情愿充当其帮凶。

根据中国青少年研究中心课题组 2015 年对相关省份青少年犯的实地调研数据统计，在 3246 名调研对象中，认为"我家附近社会治安不好"的，为 1332 人，占全部调查对象的 41.04%（见表 7-8）。

表 7-8 我家附近治安情况（%）

治安情况	完全不符合	基本不符合	符合	基本符合	完全符合
我家的邻居之间就像一个大家庭	11.4	18.5	31.4	23.8	14.9
我家附近经常发生盗窃案件	28.0	31.1	24.7	9.9	6.3
我家附近社会治安不好	23.4	26.9	27.4	14.2	8.1
我家周围经常有小混混出现	22.9	25.6	25.8	15.6	10.1

团伙犯罪或称帮伙犯罪是青少年犯罪的一大特点。很多未成年人是"被动"加入犯罪帮伙的。黑恶组织以组织发展、犯罪或逃避刑罚需要，利用未成年人社会认识浅、心理需要归属感，以提供保护为名，或威逼利诱，通过同龄群体的联系拉拢边缘少年、问题少年以及其他未成年人加入犯罪帮伙、实施违法犯罪或壮大声势。这种情形多发生在社会治安形势复杂的城乡结合部、新兴城镇或农村地区。② 根据上海市相关部门对未成年人案件的统计，未成年人受到利诱、威胁、恐吓等被迫加入犯罪组织的占 43.2%。③ 据对"黑龙会"黑社会性质组织案件的分析，该组织拉青少年入伙的主要目的是"壮大声势"。在拉拢过程中，一方面利用骨干成员，他们都是辍学青少年且和原中小学青少年均有着密切联系的便利去接触青少年，另一方面利用"青少年单纯好骗"的特点，通过威逼利诱的方式拉入帮派。另外，组织领导者还认为未成年人使

---

① 《两个 70 后拉拢青少年组成犯罪团伙作案 70 余宗》，载央广网、中国青年网，最后访问时间：2015 年 12 月 7 日。
② 靳高风、赵伟：《当前我国未成年人涉黑涉恶犯罪特征与模式研究》，载《青少年犯罪问题》2011 年第 5 期。
③ 赵勇：《上海市未成年人犯罪的现状和对策研究》，华东政法学院 2005 年硕士学位论文。

用成本较低、好指挥、好管理。① 2010 年中国青少年研究会对 1793 名未成年犯的抽样调查显示，有 147 名未成年犯"已经加入黑社会性质组织"，占受调查未成年犯数量的 8.20%。② 上海市一项关于青少年涉黑的调查显示，在受调查的 103 名黑社会性质组织罪犯中，参加犯罪组织时年龄在 18 周岁以下的只有 3 人，占总数的 2.91%。③

(二) 青少年犯罪的预防措施

1. 弘扬主流价值观，扭转社会风气

在社会许多领域内存在重功利而轻道义的现象，即凡事只问利害得失，不问道德善恶。道德的"工具化"与"利益化"日益严重，整个社会缺乏对道德的道义原则和内在价值的重视，即我们只重视外在的道德规范，而丢失了道德的本真。道德既具有外在的规范形式，又具有内在的德行精神，两者的相互统一构成了道德价值的基本结构。道德主要是个体基于良心的行为，是义务的自觉。④

"风俗之变，迁染民志，关之盛衰，不可不慎也。"（王安石语）作为社会变化、发展的"晴雨表"，社会风气的变化无不是对社会有机体反映的结果。社会风气从大至国家安危、社会稳定，小到民风邻里伦理关系无所不在。⑤

道德精神乃是制度的内核。社会的公序良俗需要通过个体良好的道德品格来体现。因此，塑造社会公众的善和公共正义观念是一项需要长期奋斗的任务，不可能一蹴而就。

我们有必要通过加强社会风气治理，提倡风险社会下的理性精神、利于社会的奉献精神、发展社会的创造精神、转型社会的法治精神，必然有助于在全社会弘扬正气，形成人人有梦想，人人努力实现梦想的局面；通过加强社会风

---

① 王俊秀：《警惕一些未成年人犯罪的四个前兆》，载《中国青年报》2010 年 3 月 2 日。
② 蒋安杰：《我国未成年人犯罪数量呈波浪式变化》，载《法制日报》2010 年 9 月 1 日。
③ 涂龙科、林勇康：《上海地区青少年"涉黑犯罪实证研究"》，载《犯罪研究》2009 年第 6 期。
④ 张宇辰：《"道德治理与社会风气"学术研讨会综述》，载《道德与文明》2013 年第 1 期。
⑤ 张斌：《社会风气治理：创新社会管理的重要视域》，载《毛泽东邓小平理论研究》2013 年第 8 期。

气治理，倡导社会主义核心价值观，加强道德建设，丰富精神文化生活。①

2. 有针对性地完善相关立法，建立对特定类型犯罪的刑满释放人员的常规监管机制

未成年人具有很强的可塑性，极易受到由成人主导的社会文化与行为方式的影响。积极向上的环境和家长、教师的恰当引领，可以助他们走上正确的人生之路；但另一方面，他们有很强的好奇心、求知欲，却又缺乏辨别力，理性不足而感性有余，往往在好奇心的驱使之下，落入坏人布下的陷阱，投入坏人的怀抱，主动或被动地与后者同流合污，直至欲罢不能，从而葬送了自己本应美好、烂漫的少年时光。

未成年人既是成人犯罪的受害者，但另一方面他们也可能成为他人不幸的加害者。未成年人犯罪多跟随成年人作案，但近年来单纯由未成年人结伙作案的情况越来越多，有的甚至出现了有预谋、有计划、有分工的发展趋向。据调查，700名未成年犯中3人合伙作案的占17.45%，4人合伙作案的占12.50%，5人合伙作案的占7.96%，6人合伙作案的占4.01%，7人及其以上合伙作案的占11.50%，合计占53.42%，比2001年上升了4.5个百分点。② 例如，临沂市早已辍学的林某（17岁）等3名少年于2013年夏的一天夜晚11时许，在小吃摊上喝酒后便到大街上逛荡，跃跃欲试，伺机作案，恰遇卖小吃刚收摊的中年妇女孙某骑着三轮车回家路过。3人随即持刀威逼将孙某劫持到林某看护的建筑工地上，先是抢走孙某700余元钱，后是对其实施轮奸，最后残忍地将其杀害。③

在男性青少年犯罪当中，抢劫、故意伤害、强奸等暴力型犯罪占很大比重。近几年来，女性青少年犯罪以诈骗、贩毒等非暴力型犯罪较为普遍，且呈上升态势。其中，强奸、涉毒类犯罪对被害人的精神造成的伤害往往难以弥补，甚至很可能因此毁掉一个家庭，而且即便罪犯刑满释放，他们对于整个社区乃至全社会仍然是一个潜在的危害。

因此，通过立法，建立对性侵、涉毒等类型犯罪的刑满释放人员的常规监管机制，已经迫在眉睫。在此，美国"梅根法"所确立的保护未成年人免受

---

① 张斌：《社会风气治理：创新社会管理的重要视域》，载《毛泽东邓小平理论研究》2013年第8期。

② 任海涛、齐延鹏、李康熙：《山东省未成年人犯罪的基本现状与特点分析》，载《预防青少年犯罪研究》2016年第4期。

③ 任海涛、齐延鹏、李康熙：《山东省未成年人犯罪的基本现状与特点分析》，载《预防青少年犯罪研究》2016年第4期。

社会危险人群（性侵者）侵害的一系列制度值得我们借鉴。"梅根法"始于新泽西州。1994年7月的一天，新泽西州小镇汉密尔顿，7岁的梅根·坎卡被邻居杰瑟·蒂曼得科斯哄骗到他的家中，蒂曼得科斯强奸了小梅根，随后用一根皮带将其勒死。该案之前，蒂曼得科斯曾有两次性侵儿童的前科。在蒂曼得科斯搬到汉密尔顿镇前，当地执法机关完全不知道他的犯罪情况。小梅根的遭遇轰动全美。在小梅根父母的奔走呼吁、强力推动之下，新泽西州议会通过了一系列法案，强制要求性侵者登记个人信息、州政府建立跟踪数据库、当有性侵前科者搬入社区时要及时通知社区等。该系列法案被命名为"梅根法"。1996年5月，克林顿政府批准联邦层级的"梅根法"。①

应当看到，涉毒类刑满释放人员的社会危害性并不亚于性侵类罪犯。因此，我国未来的立法应当将这两类犯罪的刑满释放人员作为重点监控的对象，即应当使周边社区的居民具有知晓权，以便提前有所防范。

3. 通过政府购买服务的方式，充分发挥社工组织的作用

社工组织在青少年服务中发挥着越来越重要的作用。一些地方通过多年的实践摸索，已经积累了宝贵的经验，同时也发现了一些问题。以广州市海珠区为例，2012年8月29日，广州市民政局联合海珠区政府，就青少年社会工作服务向社会公开招标，启创②凭借优质服务和良好口碑夺标。市民政局和区政府投入1650万元购买了启创为期3年的青少年专业社工服务。与此同时，政府购买启创的"青年地带"也由"三街五站"拓展为"六片区十八站"，基本上实现了海珠区青少年社会服务的全面覆盖。通过采取"政府主导推动+共青团组织管理+社工机构独立运作+社会多方支持+青少年广泛参与"的运作模式，培育、打造出一支专业性强的本土社工队伍，为青少年（包括"问题"青少年）提供有针对性的专业化服务，为政府某些职能的转变探索新的可行路径。③另外，也应当看到，目前在政府资助、团委指导下的服务于青少年的

---

① 韩国自2011年7月24日起，对那些将未成年人作为性侵害对象的罪犯，依据《性暴力犯罪者的性冲动药物治疗相关法律》（"化学阉割"法），授权执法部门对侵害未成年人的性侵者实施化学阉割。2012年5月，韩国法务部首次对有四次强奸女童前科的朴某下令进行强制性冲动药物治疗。2013年3月19日，韩国"化学阉割"法修正案生效，修订后将范围扩大到所有性侵者（该法此前仅适用于侵犯不满16岁未成年人的罪犯）。

② 广州被团中央确定为全国13个青少年事务社会工作者试点城市之一，开始了探索政府部门向社工机构购买社会工作服务的新路子。2008年2月15日，启创正式成立，系广州市第一个以青少年为服务对象的专业社工组织，也是最早承接政府购买服务项目的组织。

③ 周晓耿：《政府购买青少年社会工作服务的实践——以广州市海珠区为例》，载《广东外语外贸大学学报》2013年第6期。

社工组织的工作机制，存在市场培育、经费的可持续性、半官方性质的社工机构影响社工服务市场的充分发育、"强势"社工机构垄断服务、由第三方（团委）代表政府对社工机构进行监管是否存在信息不对称和人、财、物等方面的限制等问题。

因此，在政府购买社会组织服务方面，应当引入市场竞争机制，以项目合约的方式承包给经过资质认可的专业社工机构，实现由直接提供向间接管理转变。更为重要的是，需尽早建立一套规范化的"政府制定服务标准→社工组织投标→专家评标→政府与中标的社工组织签订项目服务合约→政府委托的第三方对服务效果进行事中监督→第三方组织专家对服务进行评估"这种全流程的质量管控制度。

第八章 青少年重新犯罪的影响因素、预防指标和措施

张冬霞[*]

随着经济的发展和社会转型的加剧，社会环境也日趋复杂化、多样化，青少年犯罪呈现出低龄化、团伙化、智能化等特点，重新犯罪现象也日趋严重，并且重新犯罪时间间隔短、作案技能提高、暴力性案件增多，从单一性的犯罪转向成人化和多样性犯罪，已成为影响国家长治久安和社会稳定发展的重要问题。与初犯相比，青少年重新犯罪除了具备青少年犯罪的一般性特征，更具有特殊的社会背景和形成原因。世界各地的研究一致表明："初次犯罪的年龄越小，再次犯罪的可能性越大；再次犯罪的次数越多，终止犯罪的可能性越小。"[①] 因此，研究青少年重新犯罪的规律和特点，分析其原因和影响因素，构建防控青少年重新犯罪的预防指标体系，对于减少社会整体的犯罪率具有重要意义。

一、青少年重新犯罪的影响因素

已经受到过刑罚处罚的青少年，回归社会后出于何种原因又会走上犯罪的道路？探寻青少年重新犯罪的影响因素，包括个体因素、社会因素和改造因素（前罪的刑罚执行效果）等，是制定、完善相应的预防指标的前提和基础。

1. 个体因素

个体因素是青少年重新犯罪的主体性因素，主要涉及青少年犯的价值观念、是非辨认能力和自我行为控制能力，也影响其回归后的社会适应能力。

（1）价值观念存在偏差。价值观念的偏差和错位是诱发青少年犯罪的心理基础。青少年犯本身属于易感染人群，社会不良风气的潜移默化很容易污染青少年犯脆弱的心理。偏差的价值观影响青少年的社会认知和情感体验，导致

---

[*] 张冬霞，中国人民公安大学副教授，法学博士。

[①] 黄兴瑞、曾贾、孔一：《少年初犯预测研究——对浙江省少年初犯可能性的实证研究》，载《中国刑事法杂志》2004年第5期。

其信仰缺失，自暴自弃、得过且过，自我控制能力低，不能理性地应对挫折和不良诱惑，容易形成反社会心理乃至违法犯罪心理。青少年犯心理成熟度较低，当受到社会不良风气的侵袭或犯罪群体的诱导唆使时，在改造期间树立的正确人生观和价值观就会动摇。近年来，财产型青少年重新犯罪率显著升高。与初犯相比，重新犯罪青少年更看重金钱和物质的价值，更赞同享乐，更容易出现偏激和消极的想法。据统计，47.5%的重新犯罪青少年赞同"有钱能使鬼推磨"，47.1%赞同"有钱就是本事"，45.1%赞同"人为财死，鸟为食亡"。初犯盗窃、抢劫等经济财产罪的青少年犯刑满释放后，在现实生活中极易受到金钱和物质诱惑，重新走上犯罪的道路。重新犯罪青少年具有享乐倾向：37.4%的重新犯罪青少年赞同"活在世上就要及时行乐"的说法。重新犯罪青少年的自我评价标准偏激和消极：30.3%的重新犯罪青少年认为"别人都不理解我"，29.5%认为"现在这个社会只有狠点儿才行"，16.5%认为"我觉得自己已经没有希望了"。[①] 青少年的人生观、价值观的偏差是促使青少年重新犯罪的根本原因之一。

另外，在扭曲的人生观、价值观的影响下，很多重新犯罪的青少年在犯罪前出现过早期不良行为，这往往也成为日后重新犯罪的或然性因素。正如我国学者所描述的，"犯罪这一社会现象，同其他社会现象一样，都存在过去的遗迹、现在的基础和将来的萌芽"[②]。与初犯相比，重新犯罪的青少年在16岁之前出现不良行为种类较多、比例更高。不良行为主要包括抽烟（55.6%）、玩网络游戏（46.0%）、逃学（42.6%）、离家出走（31.7%）、喝酒（27.4%）、说谎（21.2%）、打伤他人（19.8%）、赌博（18.6%）和故意毁坏他人或者公共财物（12.9%）。[③]

从表8-1和表8-2的统计结果可以看出，一部分青少年犯的重新犯罪行为与其以往的严重不良行为之间具有一定的内在关联性，如犯抢劫罪的青少年犯，曾有"强行要同伴的钱、物"、"强行拿陌生人的钱"的严重不良行为；在犯盗窃罪的青少年犯中，曾具有偷别人钱的严重不良行为；在实施暴力犯罪的青少年犯中，曾有过故意伤害他人、打群架、玩网络暴力游戏的严重不良行

---

① 郭开元主编：《预防青少年重新犯罪研究报告》，中国人民公安大学出版社2013年版，第9页。

② 王志强：《从不良行为到违法犯罪——对未成年犯罪人的分析》，载《青少年犯罪研究》2005年第3期。

③ 郭开元主编：《预防青少年重新犯罪研究报告》，中国人民公安大学出版社2013年版，第10页。

为；等等。如果成长过程中再出现犯罪诱发机会和外部条件，如家庭教育的缺失、学校教育的不足、结交不良朋友等，极易导致其实施犯罪行为。因此，如果要减少未成年人犯罪前的不良行为，家庭和学校要注重对孩子早期不良行为的矫正，注重孩子早期社会化的完整。

表 8-1 青少年罪犯主要不良行为分析（%）

行为	从未有过	有过 1~2 次	有过 5~6 次	每周 1~2 次	经常发生	总计
破坏街边的公共设施	68.5	24.4	3.1	0.6	3.4	100.0
偷别人的钱	77.5	16.0	3.0	0.6	2.9	100.0
离家出走	43.3	35.9	6.9	1.0	12.9	100.0
携带刀具进入校园	68.6	16.8	4.2	1.0	9.4	100.0
故意伤害他人	62.7	23.0	6.3	1.2	6.8	100.0
打群架	44.2	31.2	9.4	1.8	13.4	100.0
吸食摇头丸、K 粉等	70.0	14.2	3.5	1.8	10.5	100.0
与父母冲突时，动手打父母或其他长辈	88.0	9.7	1.0	4.0	7.0	100.0
强行要同伴的钱、物	84.8	9.7	2.3	0.9	2.3	100.0
强行拿陌生人的钱	82.6	10.4	3.5	0.8	2.7	100.0
浏览网络色情信息	46.6	29.9	9.0	3.1	11.4	100.0
玩网络暴力游戏	50.6	16.6	6.3	3.3	23.2	100.0

表 8-2 有关重新犯罪情况的统计（%）

上一次犯罪的罪名	个案百分比	百分比
故意杀人	4.0	5.1
故意伤害	10.9	13.9
强奸	4.9	6.3
抢劫	17.9	22.8
贩毒	13.2	16.9

续表

上一次犯罪的罪名	个案百分比	百分比
寻衅滋事	7.0	8.9
抢夺	2.7	3.4
猥亵妇女	1.7	2.2
盗窃	13.6	17.3
诈骗	3.8	4.9
赌博	1.9	2.4
敲诈勒索	1.8	2.3
聚众斗殴	4.9	6.3
其他	11.7	15.0
总计	100.0	127.7

（2）文化水平低，综合素质差，缺乏社会竞争力。由于青少年再犯大部分有辍学经历，文化程度不高，综合素质差，法制观念淡薄。改造期间又受监狱经费、办学条件、师资、刑期结构等因素的制约，很难接受较完整而系统的教育，监狱在解决生产与改造的矛盾时冲击了正常的罪犯改造工作和青少年罪犯的职业技术培训。调查发现，部分重新犯罪的青少年在第一次服刑期间没有获得专业技术证书，影响了其出狱后回归社会。[①] 青少年罪犯在刑满释放后，因其年龄、文化程度和社会经历等诸多条件限制，加之与同龄人间存在较大的文化水平差距和技术水平差距，导致他们在社会竞争中处于劣势，也客观地影响了青少年犯步入社会后的经济来源，使他们易对未来的生活产生消极趋向，变得悲观失望、敏感多疑，缺乏面对现实的勇气，甚至产生"破罐子破摔"的不健康心理，诱发刑满释放后重新犯罪的心理动机。由于行为自控能力较低，青少年犯一旦回归社会，其固有的劣根性又会随着新的环境迅速蔓延。在我国现有社会保障制度不健全的情况下，青少年罪犯在回归社会遭受挫折特别是失业时，容易产生被抛弃感，他们一旦向困难低头，向诱惑靠拢，就必然陷入重新犯罪的泥潭。

---

① 郭开元主编：《预防青少年重新犯罪研究报告》，中国人民公安大学出版社2013年版，第9页。

从表 8-3、表 8-4 的统计可以看出，重新犯罪的青少年在初犯服刑结束后处于"无业"（43.1%）、"辍学"（6.0%）状态的占了较大比例，闲散是他们的主要生活状态，没有一技之长是他们回归社会之后的主要困难。同时，监禁生活产生的"监禁标签效应"，使他们难以融入社会现实。正如标定理论所认为的那样："一旦个人被贴上标签，观众就会用所贴上的标签来看待这个人。被贴上犯罪人标签的人，首先会被看成是一名犯罪人；没有包括在标签之中的其他品质可能会被忽视。"由于表现好坏缺乏客观评价标准，因此，在回归者重新犯罪之后来评定其现实表现很大程度上只是一个"自证预言"。[①] 从犯罪心理上看，由于犯罪次数增加，青少年再犯对犯罪事实的反应较为麻木、冷漠，对自身犯罪行为的罪恶感降低，甚至将自己的快乐建立在别人的痛苦之上。

表 8-3　上一次犯罪回到社会后的状态（%）

回到社会后的状态	百分比	有效百分比	累积百分比
继续上学	2	7.7	7.7
辍学	1.6	6.0	13.7
外出打工	8.8	34.1	47.8
无业	11.2	43.1	90.9
其他	2.4	9.1	100
合计	26.0	100.0	

表 8-4　上次处罚后回归社会的最大困难（%）

回归社会的最大困难	有效百分比	累积百分比
罪犯的身份受到社会或别人的歧视	12.0	18.0
没有一技之长	24.6	37.0
找不到工作	16.3	24.5
难以脱离以前的朋友	24.3	36.4
缺少家庭的关爱	11.4	17.2
被学校开除，无法继续上学	4.0	5.9
其他	7.4	11.1
总计	100.0	150.1

---

① 吴宗宪：《西方犯罪学史》，警官教育出版社 1997 年版，第 730 页。

(3) 不良交往，朋辈群体的影响。不良交往是促使青少年重新犯罪的重要原因。在犯罪前，青少年犯多为问题少年，贪图物质享受、好逸恶劳，自身存在诸多不良恶习，如吸毒、诈骗、赌博等。在刑满释放后，他们如果又积习难改，加之不能脱离以前的交际网络，易于受到感染，导致其重新犯罪。

从表8-5可以看出，犯罪时"为朋友两肋插刀，值得"（71.5%）和"几个人一起干，责任可以分担"（80.6%）的比例仅次于犯罪时存在的侥幸心理，"犯罪后即使被抓住，找关系也可以放出来"（81.5%）。对在押青少年犯罪人调查时发现，他们普遍存在着不正确交友观，犯罪可能是出于哥们儿义气，为了"朋友"而实施，可以"为朋友两肋插刀"，"有福同享，有难同当"。此外，广州监狱课题组对250名重新违法犯罪人员的调查同样显示，有14%的罪犯出狱后是受了其他刑释人员的影响而再次犯罪的；还有21.6%的罪犯是受原来不良朋友影响而重新犯罪的。①

表8-5 青少年罪犯犯罪时的想法（%）

你犯罪时是否有以下想法？	否	是	总计
一时冲动，什么都没想	74.3	25.7	100.0
知道是坏事，但控制不住自己	58.5	41.5	100.0
不知道是犯罪，也不知道会受到处罚	51.9	48.1	100.0
不知道自己的行为触犯了法律	54.0	46.0	100.0
为朋友两肋插刀，值得	28.5	71.5	100.0
犯罪后即使被抓住，找关系也可以放出来	18.5	81.5	100.0
凭经验认为不会被抓住	29.1	70.9	100.0
几个人一起干，责任可以分担	19.4	80.6	100.0
其实自己也不想干，但因为外部的原因不得不做	60.4	39.6	100.0

美国犯罪学家萨瑟兰的"差异交往理论"认为，犯罪行为是经过社会互动学习得来的！犯罪行为的学习主要是通过与亲密人群的交往过程完成的！一

---

① 广东省监狱课题组：《对250名重新违法犯罪人员的调查报告》，载《犯罪与改造研究》2009年第8期。

个人之所以成为罪犯，是因为他所接触的赞同违法的定义超过了反对违法的定义！①

部分青少年重新犯罪与初犯时狱内的交叉感染存在密切的关系。罪犯在服刑期间会逐渐形成独特的人际交往模式，通过罪行比较，新犯逐渐对自己所犯罪行不以为然，罪恶感降低、道德观念下滑；老犯会向新犯传授犯罪经验、传播监狱亚文化，罪犯之间在狱内结成的所谓"友谊"易使他们在出狱后结伙作案。青少年难免受到其中不良因素污染，如可能获得如何顺利实施犯罪，如何消除犯罪痕迹、掩盖其犯罪，如何应付审讯和审判等方面经验，重新犯罪时犯罪手段趋于成人化，更具有隐蔽性，反侦查能力提高。这些经验可以加强青少年重新实施犯罪的自信心。由于狱中的交叉感染，青少年犯从"一面手"变成"多面手"，反社会意识更加强烈，犯罪手段更加成熟，危害更加严重。

2. 环境因素——回归社会的障碍分析

当前我国正处于结构转型时期和体制转型时期，青少年罪犯出狱后面临的是社会控制力减弱的失范状态，其重新犯罪的机会和诱惑比以前大大增多，这种状态是构成其重新犯罪的重要环境和条件。

（1）家庭情感纽带的断裂。家庭方面存在的某些不足和缺陷是催生青少年犯罪的主要原因，也是预防青少年重新犯罪的重要参考指标。这主要体现在家庭的结构、家庭的功能以及家庭的教养方式和监控等方面。青少年犯对家庭的依赖性较强，家庭环境的好坏以及家长对刑满释放的青少年的态度对于青少年犯的再社会化起着至关重要的作用。他们不仅在经济上，而且在精神上更需要家庭的正确引导和适当保护。然而，相当一部分青少年犯面临的则是不正常的家庭关系，如家庭环境先天不足、家庭教育有失偏颇、家长自身存在劣迹、家庭人际关系紧张等，导致青少年犯的犯罪心理不易矫正，丧失了回归社会的勇气，在现实中重新迷失自我，进而可能为社会不良群体利用而重新犯罪。

本次调查表显示，与同龄人相比，犯罪青少年的家庭结构完整性较差，明显低于前者。其中，"与父母同住"的犯罪青少年百分比仅占到一半左右，远远低于其他同龄人，导致家庭对青少年的日常约束力和教育影响力都比较弱。在其他类型的家庭结构中，根据所占比例的大小，依次为"离婚"、"父亲或母亲在外地工作很少回来"、"父亲过世"、"父母因感情不和而分居"、"母亲过世"、"父母都过世"。家庭结构自然解组（父母一方或双方死亡）和人为解组（父母离异）导致的家庭结构残缺会对青少年的成长产生负面影响，也是

---

① 张小虎：《转型期中国社会犯罪原因探析》，北京师范大学出版社2002年版，第124页。

青少年犯罪的重要诱因。

家庭关系差使家庭的情感慰藉功能和监控功能不能很好地实现,家庭成员之间的冲突会削弱青少年罪犯对他人和社会的信任感和归属感,青少年犯回归后的家庭情感缺失,长期缺乏有效真诚的情感关爱,这在很大程度上弱化了之前教育改造的效果,容易使其形成孤僻冷漠的性格和阴暗的心理状态,进而产生报复社会的动机。在社会不法分子的引诱下,这种动机很可能转化为实际行为,从而使得他们重新犯罪。

(2)学校教育的不足与缺位。学校教育是青少年社会化过程中除家庭教育以外的第二个重要教育方式,也是青少年正规、系统、长期接受思想品德、文化知识、行为规范的重要阶段。良好的学校教育可以帮助青少年形成正确的世界观、人生观和价值观,获取丰富的知识、技能,并在一定程度上修正和弥补家庭教育的错误和不足。根据统计,相当比例的犯罪青少年是文盲、法盲,在思考能力、辨别能力以及自控能力等方面相对较弱。目前,学校教育存在种种不足:部分学校偏重知识的灌输而忽略了理想、信念、道德的培养,也不重视法制教育;有的学校一味追求分数,单纯按照成绩将青少年分类定级,造成了"差生"青少年的失落感;校风不良,校园周边环境不佳是导致青少年犯罪的重要诱因。很多犯罪青少年的发展轨迹为:厌学—逃学—辍学—流失社会—劣迹行为—犯罪。[①]

即便如此,对于部分青少年罪犯而言,甚至被直接剥夺了继续受教育的机会。目前,多数学校都规定,对于受到刑事处罚的青少年予以开除处理或不予接收。因此,青少年罪犯刑满释放后,回到学校接受继续教育的机会几乎等于零。根据本次统计,青少年罪犯回归社会后,继续上学的只占7.7%,外出打工的为34.1%,无业的占了43.1%。而正处于受教育年龄的青少年犯被逐出学校沦落街头,使他们感到世态的冷漠而重新走上犯罪道路。

(3)不良文化的侵袭。青少年好奇心强、自控能力差,部分传媒所宣扬的享乐主义和渲染的暴力、凶杀、色情等不良文化易直接对青少年犯造成不良影响。由于政府有关部门对文化行业管理不规范,大众传媒工具为追逐经济效益,对能引起轰动的新闻、娱乐产品缺乏控制,弱化了主流文化在思想、道德及行为规则中的指导作用。

不良信息对青少年违法犯罪的影响不仅集中在网络游戏、交友网站和色情网站上,广播电视、报纸杂志等传统媒体中的不良信息对青少年犯罪产生的不良影响同样不容忽视。例如,新闻报道中对犯罪个案,尤其是暴力犯罪的过度

[①] 孟芳兵:《青少年犯罪预警管理研究》,武汉大学2013年博士学位论文。

报道不仅引起公众对犯罪的高度恐慌,而且会导致公众(包括青少年)对犯罪产生错误认识,认为用暴力手段解决麻烦和摆脱困境更简单。影视作品中的不良信息对青少年的影响也十分严重,部分影视作品将犯罪实施的细节、过程以及如何逃避侦查描述得非常详细,甚至为恶性犯罪展示了直接的范本。这种符号环境传递出的不良信息极易形成一种犯罪亚文化,而亚文化往往具有蔓延和模仿的功能。据调查,有14.5%的未成年犯承认,影视作品中的某些内容使他们产生了违法犯罪的想法。[①]

3. 改造因素——前罪的刑罚执行效果

(1)监禁改造中存在的缺陷。经调研发现,未成年犯管教所和监狱在青少年罪犯的刑罚执行过程中存在一些不足:

监禁刑执行的封闭模式,致使在服刑期间青少年罪犯的犯罪心理没有完全消除,监禁生活使他们产生了明显的角色心理,即"监禁标签效应",很难融入社会现实。

我国刑法在对待青少年犯罪问题上采取了"教育、感化、挽救"的原则。从表8-6、表8-7中可以看出,青少年罪犯认为他们上一次犯罪是得到了从宽处罚的:所判刑期较短,其中判处有期徒刑3年以上的占了22.5%,有期徒刑3年以下(实刑)的是21.5%,拘役的为6.9%,其余是免予处罚和非监禁刑。对于所受处罚的严厉程度,认为一般和不严厉的分别占42.2%和16.0%。

表8-6 上一次犯罪所受处罚情况(%)

上一次犯罪所受处罚	百分比	个案百分比
免予刑事处罚	13.2	14.2
缓刑	11.8	12.7
管制	3.5	3.8
拘役	6.9	7.4
禁止令	1.0	1.1
有期徒刑3年以下(实刑)	21.5	23.2
有期徒刑3年及以上	22.5	24.3

---

① 黄会林、牛凯、于秀娟:《影视媒介对未成年人犯罪行为的影响》,载《预防青少年犯罪研究》2012年第10期。

续表

上一次犯罪所受处罚	百分比	个案百分比
社区矫正	5.5	5.9
其他	14.1	15.2
合计	100	

表8-7 上一次犯罪所受处罚的严厉程度（%）

你认为上一次犯罪所受到处罚的严厉程度	百分比	有效百分比	累积百分比
不严厉	4.2	16.0	16.0
一般	11.1	42.2	58.2
非常严厉	11.0	41.8	100.0
合计	26.3	100	

但是相当部分的短刑犯，在监狱内服刑时其犯罪思想是否得到彻底改造，犯罪心理是否得到矫正，是否深刻认识到自己对他人造成的危害，值得进一步深入思考。有的青少年罪犯罪责感差，服刑意识淡薄，表现在具体的改造中，总是认为自己的犯罪是家庭原因或者社会因素造成，不能从思想深处剖析犯罪根源，导致出狱后重新犯罪的恶性循环。

青少年罪犯在监狱服刑过程中存在文娱活动单一化、学习时间少等问题，影响青少年罪犯良好人格的培养。由于经费紧张，监狱在解决生产与改造的矛盾时冲击了正常的罪犯改造工作和青少年罪犯的职业技术培训，调查发现，部分重新犯罪的青少年在第一次服刑期间没有获得专业技术证书，影响了其出狱后回归社会。① 青少年罪犯在服刑管教期间被切断与外界社会的联系，导致有些罪犯刑满释放后，跟不上社会的发展，难以适应社会需要而重新走上犯罪道路；有些罪犯因为长期与社会隔离，与外界信息沟通和交流出现障碍进而出现心理障碍。

（2）社区矫正存在的不足。一方面，目前我国没有专门适用于青少年的社区矫正系统管理制度和模式。多数的矫正项目缺乏对于具体的特殊的矫正对

---

① 郭开元主编：《预防青少年重新犯罪研究报告》，中国人民公安大学出版社2013年版，第9页。

象的针对性，不能切合青少年的特点且缺乏准确评估机制。从长远来看，应当将青少年罪犯的社区矫正和其他人员的社区矫正区分开来，而不应混同操作。①

另一方面，缺乏从事青少年罪犯社区矫正的专业人员。在青少年罪犯的社区矫正中，只有从事青少年观察保护的人员具有专门性、职业性和技术性，才能更好地实现矫正目的。而我国现有的青少年社区矫正工作人员一般是由公安机关的人员或司法行政机关的人员兼任，由于其身份的特殊性，往往使得青少年罪犯产生抵触心理，不配合矫正工作，给矫正带来极大困难。

为了解决这一问题，许多地区将在校学生、心理医生等纳入帮教人员中，试图通过这些人员的加入改进青少年犯社区矫正工作。但是，由于这些人并非专业人员，对于社区矫正制度的了解并不深入，加之帮教者的责任心不同，很多帮教者并没有真正尽到帮教义务，使得帮教活动只是"看上去很美"，并不能完全实现社区矫正的目的。②

二、青少年重新犯罪的预防指标和措施

预防青少年重新犯罪不仅是个人问题，也是全社会的问题。在深入分析引发青少年重新犯罪各方面因素的基础上，我们认为，青少年重新犯罪的预防指标和措施应当包括如下几个方面：

1. 理念的重塑程度——正确人生观、价值观的指引作用

如前所述，青少年犯罪同是非善恶评价标准混乱、法制观念淡薄、道德失范，以及拜金主义、享乐主义等思想作祟密切相关。青少年是否重新犯罪归根结底取决于其自身，自我预防才是内在、主动的预防。因此，预防青少年再次犯罪最根本之处在于引导他们树立正确的道德观、价值观，增强法律意识，时刻用道德和法律约束自己；力戒好逸恶劳、贪图享受等恶习，养成良好的行为习惯；磨炼意志，增强抵御不良诱惑的能力。同时敦促他们不断学习、提高自身综合素质，树立终生学习的理念，主动为自己设定学习目标，自觉净化自己的交际圈，切断不良人际交往、加强自制力，尽量避免受到交叉感染。

需要强调的是，自我预防离不开家长、学校和司法机关的积极引导。学校和家长一方面要注重引导青少年培养健全的人格，建立健康的人际交往关系；另一方面在日常生活中要注意为青少年搭建平等交流的人际平台，培养他们形

---

① 熊佳：《关于和谐社会青少年犯罪社会矫正工作的思考》，载《高校讲坛》2008年第13期。

② 贾宇：《未成年犯罪社区矫正研究》，载《人民检察》2011年第5期。

成健康的人际交往心理，摒弃"江湖义气、哥儿们义气"等不良交友观念，自觉抵制不良朋友的诱惑和不良信息的诱导和刺激，增强自律性和警惕性，避免其由于交友不慎而误入歧途。

司法机关在对青少年罪犯教育改造期间也必须注重良好人格的培养，要从根本上使青少年罪犯充分认识到自己的错误根源、悔过自新，引导他们的人格、生活、心理向健康方向发展，使他们深入认识到要在社会上立足，就必须积极学习，积极参加学历提升考试、职业技术等级考试等，以加强自己的竞争实力；提醒青少年罪犯做好思想准备，锻炼自己的心理承受力，树立坚定的信心，用实际行动证明自己的复归，以消除社会的偏见和歧视，用实际努力重新获得社会的承认和尊重，成功地再社会化。

此外，加强校外青少年法制宣传教育，加强出狱后的思想教育工作，做好接茬帮教工作，也是预防减少青少年重新犯罪的主要措施之一。通过利用新闻媒体、教育网络、报刊，加大活动宣传力度，为校外的青少年法制教育活动营造良好的社会舆论氛围。同时，社区、家庭与公安机关有力配合，引导刑释解教青少年自觉遵守社会秩序，正确处理各种矛盾，依法维护自身权益，达到预防减少重新违法犯罪的目的。总之，青少年充分认识到自身存在问题，加强社会生存的本领、不断提高自身素质，并在家庭、学校、社区、社会相互配合共同努力下，尽快适应社会，这样青少年重新犯罪现象就会大大减少，社会治安形势也会得到改善。

2. 文化市场的整治力度

社会环境对青少年的影响是潜移默化的。在当前犯罪案件中，与网络相关案件占很大比重，因网游而走向犯罪的青少年不在少数。根据"表8-1"的统计，青少年罪犯中经常浏览网络色情信息的占11.4%、经常玩网络暴力游戏的占23.2%。净化社会环境，首先就得从网络环境的净化开始。文化执法部门应当进一步加大对网络不良环境的整治，特别是对校园周边不良文化娱乐场所、黑网吧的整治力度，消除各种影响青少年健康成长的不良诱因。对涉黄、涉毒信息严格管理，对存在不良因素的网吧等场所进行规范化整改，对不合法、不规范的网吧进行取缔或改造，坚决打击和惩罚损害青少年身心健康的网络行为，净化网络空间环境。其次，国家对电视、电影中暴力、色情内容应当有所限制和规范，不适合青少年观看的内容应尽量调整播出时间，错开青少年接触时间。最后，在社区文化宣传中，引导社会主义主流价值观，引导社会全体成员养成健康文明、乐观向上的生活方式，可以通过读书日以及社会文化活动等，给青少年营造良好的社会成长环境。各级政府要加强娱乐场所和传播媒介管理，取缔和打击那些毒害青少年的不良文化场所，严格执法，铲除社会污染源，净化文化环境，营造有益于青少年健康成长的文化环境。

媒介也应当增强社会责任感、使命感，本着为社会负责、为青少年负责的态度，为青少年的健康成长打造良好的媒介环境。青少年受认知水平、判断能力的局限，对大众传媒内容的理解容易形成偏差，可以说更容易受到大众传媒的负面影响。媒介应尽量避免由夸张炒作带来的异化和扭曲，误导和诱导青少年形成错误的社会认知，使不谙世事的青少年陷于媒介所虚拟的环境中难以自拔，成为媒介不良信息的最大受害者。社会各界应当努力寻求各种办法，帮助青少年免受不良媒介信息的伤害。

3. 社会支持系统的运转程度

（1）帮助营造良好的家庭环境，完善家庭教育。由于家庭成员之间自然的感情联系，使得家庭教育比社会教育更易被青少年罪犯接受。家庭成员的态度和教育方法会直接影响到青少年罪犯回归社会后的行为表现。许多研究表明，青少年罪犯回归社会后，如果缺乏家庭的约束和监督，缺少家庭成员的关心、尊重与理解，他们非常容易重新走上犯罪道路。青少年罪犯自尊、自信、自强、自爱等良好的心理特征的培养离不开家庭成员的支持、引导与帮助。家长要对那些青少年回归者的基本价值取向给予更多关注，将思想品德教育、行为习惯的锻炼放在首位，确保其健康成长。政府相关部门和社会组织应侧重做好以下几个方面的工作：帮助提高家长素质，要求父母必须具备关心青少年回归者以后发展方向的素质；帮助家长改善家庭关系，营造良好的家庭氛围；增加家庭的基础功能，加强青少年的家庭保护；帮助家长提高教育水平，增强教育素养；充分引导家长对青少年罪犯进行有效监护和管理，协助学校、社区及司法机关开展教育工作。

（2）督促学校接纳刑满释放的青少年，同时加强法制教育阵地建设。众所周知，青少年在入学前的登记表上大多有"入学前受奖惩情况"一栏，大多学校不愿接收或拒绝接收有劣迹的青少年特别是受过刑事处罚的青少年，间接剥夺了他们受教育的权利，从而使青少年罪犯感到社会对他们的不公，逐渐形成反社会性的歪曲心理，进而重新走向犯罪。因此，各级政府部门应积极督促各类学校接纳有劣迹和受过刑罚处罚的青少年，使他们享受与正常群体平等的待遇，不至于导致在文化或技术水平上的差距过大，在社会竞争上的劣势更加突出。同时，把学校作为法制教育建设的阵地，加强对青少年开展思想道德和法制宣传活动，提高青少年的法制观念，预防他们重新犯罪。

从表 8-8 的统计数据可以看出，在青少年不会实施违法犯罪行为的可能条件中，"知道犯罪的代价"占了 33.0%，这也凸显出学校法制教育的重要性。学校应定期开展各种类型的法制宣传教育活动，加强精神文化产品的推介，共同营造良好的教育环境。

表8-8 不会实施违法犯罪行为的可能条件（%）

如果存在哪些事项不会进行犯罪	百分比	个案百分比
父母对你好一些	14.1	25.5
老师对你好一些	3.6	6.5
结交一些你的朋友	9.7	17.6
不怕吃苦	15.7	28.3
好好学习	13.8	24.9
知道犯罪的代价	33.0	59.5
没有玩网络游戏成瘾	5.6	10.2
其他	4.5	8.2
总计	100.0	180.7

（3）青少年罪犯回归社会后的帮教与帮扶。做好刑满释放人员回归社会后的处遇工作，是预防青少年犯重新犯罪的重要环节。

第一，建立场所、家庭和社会"三位一体"的帮教模式。将家庭帮教、社会帮教、心理干预三方面有机结合，促使青少年罪犯成长生活圈的改观，从根本上解决青少年犯罪发生的机理性问题。

第二，设置特别安置机构，建立帮助归正青少年的专门性、公益性社会团体。为巩固监狱内的矫正教育成果，对回归青少年进行就业引导，预防其重新违法犯罪，有些大中城市先行试点，通过政府投入、社会支持等多种方式，建立起集食宿、教育、培训、救助于一体的过渡性安置设施（中途之家），为三无人员等重点帮教对象提供临时性（1~3个月）的食宿安置和教育、技能培训服务等。另外，以心理、法律相关志愿者为主要力量，定期开展面对面交流、跟踪帮扶、个案互助等活动，帮助青少年纠正错误观念，矫治以往的家庭环境、家庭教育、家庭影响、成长经历、接受教育的经历所带来的负面影响，并对重点青少年群体开展帮教服务，切实做好预警工作。

第三，加强社会各个部门对帮教青少年工作的横向联系，尽量给青少年提供就业机会。安置刑满释放人员就业虽然极为困难，但应从战略角度着眼，做好刑满释放人员的安置帮教工作。这不仅有利于青少年罪犯今后的生存和发展，更有利于整个社会的和谐发展。各级政府和全社会要高度重视，增大对刑满释放青少年的帮教、就业和就学的组织、扶持力度，建立青少年刑满释放回归社会辅导中心，进行学习指导、心理辅导和就业培训，避免该群体在回归社会后再一次处于无所事事、放任自流的生活状态；应该逐步使其就业、就学规范化、法治化，安置帮教组织化、系统化，为其顺利回归社会，避免重新犯罪奠定社会基础。[①] 应将青少年罪犯的职业技术教育纳入当地再就业培训的总体规划，实行免费技能培训，提高青少年罪犯的职业技术教育水平；国家在就业政策方面，应加大对归正青少年就业观念和技能方面的引导与培训，从税收政策方面鼓励更多的企业和经济组织参与归正青少年的就业援助，促进归正青少年的就业。

（4）强化对留守青少年的动态监管，建立留守青少年基本情况登记制度。因缺乏有效监管和教育疏导，留守青少年犯罪案件日趋增多，并呈现暴力性、团伙性、连续性、易受教唆性等特点，带来较为严重的法律问题和社会问题。对此，政府基层组织首先应调查摸底辖区留守青少年底数，并对其监护人情况、父母工作地点等进行登记，密切关注其家庭情况、心理状况、行为习惯等，建立留守青少年档案，加强对留守青少年的动态管理。针对留守青少年犯罪的特点实施防控，如加强夜间巡逻以预防盗窃等犯罪，并在重点地段实施技防，如在学校、乡镇街道、重要路段等处装置电子监控设备等，充分利用现代科技增强农村社会治安防控力量，预防留守青少年重新犯罪。

实施对家长及事实监护人家庭教育干预指导制度。由于留守儿童事实监护人通常文化水平低，缺乏科学家庭教育知识，过分依赖学校教育，忽视家庭教育对于孩子健康成长的重要性，往往不能很好地处理留守青少年在发展过程中遇到的心理、情感以及不良行为等问题。对此，基层政府、社区、学校可以通过家长学校、家长培训班、流动人口教育基地等形式对家长进行专门培训，为其更好地履行家庭教育职能提供科学指导。[②]

尝试建立观护制度。可以将留守青少年纳入社会监督体系，用社会力量解决监管困境。目前，观护制度已在北京、上海等发达省市被广泛应用，并已取得较好效果。建立追踪回访考察制度和帮教体系，对判处刑罚的留守青少年确定专人帮教，定期考察，会同工、青、妇等单位与所在学校或村委会、家庭密

---

① 丛梅：《社会管理创新视域下青少年犯罪防控研究——以预防青少年重新犯罪为例》，载《预防青少年犯罪研究》2013 年第 2 期。

② 孟芳兵：《青少年犯罪预警管理研究》，武汉大学 2013 年博士学位论文。

切配合，共同帮教。①

（5）人性化管理青少年流动人口，构建与流入地的和谐关系。调查中发现，相当一部分青少年是由于孤立无援、遭遇挫折才走上重新犯罪的道路，应采取有效措施减少青少年流动人口因为挫折心理而诱发新的犯罪。加快完善流动人口的各项社会保障政策，有针对性地做好预防工作，加强对有违法犯罪经历的流动青少年的管理工作，定期跟踪、把握其行为动向，帮助流动青少年增强法律意识。

4. 监禁矫正措施的教育改造效果

预防青少年重新犯罪，首先要求司法机关应认真贯彻"教育、感化、挽救"的方针，并贯穿于侦查、起诉、审判、改造等各个环节。在监狱服刑阶段，预防青少年重新犯罪主要侧重于以下几个方面工作：

（1）有针对性地加强对青少年罪犯的思想指引。通过社会主义核心价值观的宣传教育，加强对青少年罪犯的思想引导。全面掌握青少年罪犯的思想行为动态和改造表现，积极利用书刊、报纸等有效载体对民族精神、时代精神和社会主义荣辱观等社会主义核心价值观内容进行宣传教育，加强对青少年罪犯的思想引导，通过反省和内化，纠正享乐主义、偏激、消极等价值取向的偏差，提高其思想道德水平。

（2）注重监狱文化建设，塑造青少年罪犯的健康人格。青少年处在一个封闭的文化教育环境，缺少信息沟通和完整的系统教育，必然造成与外界文化教育程度的差距。在监区设置电子阅览室、"阳光驿站"等，服刑青少年可以浏览新闻、教育音视频等内容，丰富文化生活。在监所范围内营造有利于青少年罪犯改造的文化氛围，通过艺术、时尚元素劝导服刑人员弃恶从善，潜移默化地影响服刑人员使其悔过自新；开展读书习作、文艺表演、书法美术等多样化的文化娱乐活动，有助于安抚青少年服刑人员的情绪，帮助其建立自尊、自爱心理，培养良好的情感、正确的信念等健康人格。目前，部分监所以传统国学文化助推监区文化建设，监区把传统国学经典《弟子规》等纳入入监教育必修课程，用中华传统伦理道德覆盖、替换青少年罪犯的陋习，提升了他们的思想境界，使青少年罪犯深受优秀传统文化的道德洗礼和智慧熏陶。

（3）加强心理矫正，消除人格缺陷。心理矫正被看作除狱政管理、教育改造、劳动改造之外的第四大犯罪改造手段，对于青少年罪犯的成长和可持续发展起到非常重要的作用，也是预防青少年犯罪的重要指标之一。一方面，青

---

① 万云松、陈贵玲：《留守未成年人重新犯罪问题实证研究——以重庆某区 77 名留守未成年人犯罪案件为样本》，载《青少年犯罪问题》2015 年第 6 期。

少年罪犯在心理方面承受的压力更大，也更多地表现出忧郁、焦虑、绝望、敌对等极端情形；另一方面，青少年罪犯也具有较大的可塑性，世界观、人生观尚未定型，有利于进行转化。所以如何化解青少年罪犯的心理障碍，消除其人格缺陷，不仅关系到他们在服刑期内能否以正常的心态进行改造，更关系到被释放后的服刑青少年能否正常地重新融入社会，为社会所接纳，应当以青少年罪犯回归社会和可持续发展作为改造青少年罪犯的最终目标。

刑罚执行机关应充分重视心理矫治手段的意义，针对青少年罪犯的不同的性格特点，分别予以个别化的处罚方法。针对重新犯罪的青少年具有的反社会心理、报复心理、侥幸心理和焦虑心理等特点，对其做好心理矫治和心理咨询工作，帮助其解决好监狱适应问题、回归家庭问题、人际交往问题等诸多现实生活中将会遇到和面临的问题，预防其由于心理问题诱发重新犯罪。

近年来，监狱系统心理测量、心理咨询、心理治疗深入开展，它们在稳定监管秩序、提高罪犯身心健康水平中的作用越来越明显，并且对罪犯的改造也大有益处。这对于预防青少年重新犯罪、落实宽严相济的刑事政策起到很好的补充作用。在落实心理矫正措施上，监狱机关应关注青少年罪犯的内心需求，挖掘青少年罪犯的心理潜力，以心理辅导和思想教育为主导，将心理咨询、法制教育、思想教育融为一体，帮助青少年罪犯改变错误认识、疏泄消极情绪、矫正不良习惯，发展自控能力以及改善人际关系，从而使其按照社会化的要求形成积极心态，并适时进行危机干预，促进改造的针对性和有效性，同时也应将青少年罪犯的心理矫治结果列入判刑、假释等的考核指标，促使青少年罪犯早日回归社会。

（4）兼顾科学文化教育与职业技能训练。青少年罪犯刑满释放后，如果感受到自身与现实社会存在较大差异，容易产生自卑等心理而重新犯罪。如果政府加强投入，使监狱教育系统化，使他们受教育程度与现实社会同步，提高他们的文化水平和技术水平，增加自身综合素质，对预防和减少青少年重新犯罪率有重要作用。

对此，一方面，要扎实开展九年义务教育、积极开展学历提升教育。自从《义务教育法》颁布以来，全国众多未管所联合当地学校针对未完成九年制义务教育的未成年犯开展了大量富有成效的文化补课工作，收到罪犯家属和社会各界的好评。特别是2004年以来，江西、湖南、上海、重庆、江苏、福建、海南七省（市）已将在押未成年犯义务教育纳入国民教育序列，并得到了当地省级财政及教育部门的大力支持。另外，浙江、北京等省（市）未管所多年来靠自筹资金，积极开展对未成年犯的义务教育工作，取得了显著的成绩。

另一方面，注重劳动技能的锻炼与培训。"职业群体为其成员提供的不只是分享了一种职业生活，也不只是为其成员提供一种新的、为适应市场经济而确立起来的行为方式；更重要的是它为现代市场社会的有效运作，建构了一种能够适应普遍交往的'一般化了的主体'（Universalized subject）。"由此看来，控制归正青少年重新犯罪的基本路径是：促进归正青少年加入职业团体，通过职业团体对其进行社会整合。这意味着大众足够宽容，社会能够为他们提供充分的就业机会，青少年自身的文化程度和职业技能也是能否实现整合的要件之一。①

监所要正确处理生产与罪犯改造的矛盾，把劳动改造作为矫治手段，在矫治青少年好逸恶劳恶习的基础上，将罪犯的劳动逐渐由生产经营型向学习技能型转变，以适应青少年罪犯回归社会后就业的需要；通过监管机构自行办学、监狱与企业联合开展职业技术培训，使青少年罪犯获取相关职业等级证书，帮助其顺利回归社会。

5. 青少年罪犯社区矫正的适用率及成效

对青少年罪犯判处非监禁刑可以克服短期自由刑的弊端，避免交叉感染，有利于其改造和回归社会。因此，提高青少年罪犯社区矫正的适用率，促进行刑社会化，具有非常重要的意义。需要强调的是，对待青少年罪犯，其矫治工作必须以教育和引导为主，应注重对青少年的保护性、（社会）回归性、恢复性矫正，因此从事公益劳动不是对青少年罪犯有效的矫治方法。对青少年罪犯的矫治工作不仅应当矫治其犯罪心理，更重要的是使其能够复归社会，这就需要对青少年罪犯进行培训和教育，为其提供一定的学习条件或就业上的帮助，使其在社会上能够自食其力。

因此，应当针对青少年罪犯的心理和生理特点，建立独立的社区矫正制度。配备专门的社区矫正人员，建立一套高专业水平、具有良好的个人道德修养、能够协同合作的社区矫正队伍。尽一切可能减小因公开矫正而给他们今后的学习、生活、工作带来的负面影响，同时避免与成年人共同参加社区矫正产生的交叉感染。只有根据青少年的特点进行社区矫正工作，才能有效地实现社区矫正制度的目标。

在社区矫正期间，对青少年罪犯宣布有针对性的禁止令，通过将青少年罪犯同可能诱使其犯罪的环境相隔离，如禁止青少年进入网吧，禁止青少年进入夜总会、酒吧、迪厅，禁止青少年接触同案犯等，对预防青少年重新犯罪起到了良好的作用，更有利于罪犯改造。目前，禁止令的执行和监督机制需要加

---

① 孔一：《少年再犯研究——对浙江省归正青少年重新犯罪的实证分析》，载《中国刑事法杂志》2006年第4期。

强；可以利用发送手机定位、电子定位等科技手段，监控当事人的行踪；通过社会防控体系如电子眼等，对当事人出现在被禁止区域进行严格监控；采取措施促进亲属履行监管职责，签订监督保证书、亲情协议等，强化家庭在禁止令的监督执行中的重要作用。① 禁止令对涉罪未成年人来说既是一项约束，也是一项帮助教育，充满了人性关怀，应更好地发挥其在预防青少年重新犯罪中的重要作用。

---

① 郭开元主编：《预防青少年重新犯罪研究报告》，中国人民公安大学出版社2013年版，第9页。

第九章　未成年人犯罪预防与非刑罚处罚措施

赵天红[*]

引言

近年来，我国接连发生多起不满 14 周岁[①]的未成年人实施令人发指的犯罪行为，造成严重后果的恶性案件。例如，2018 年发生在湖南的"弑母案"[②]，2015 年发生在湖南的未成年学生杀害乡村教师的恶性案件[③]，2016 年发生在四川的一名乡村教师被年仅 13 岁的犯罪嫌疑人在脸上泼上汽油的案件[④]等。这些由未达刑事责任年龄的少年制造的恶性刑事案件，一经媒体报道，马上引发了全社会的讨论与关注，有学者主张降低刑法中需要负刑事责任的年龄下限。2016 年民进中央在全国政协会议上做的提案中，明确提出为防止校园暴力案件的发生，要"适当提前刑事责任年龄"[⑤]；最近在"两会"召开期间，又有 30 名全国人大代表联名提案，要求把刑事责任年龄的起点下调至 12 岁[⑥]。

---

[*] 赵天红，中国政法大学刑事司法学院副院长，教授，法学博士。

[①] 本文所称"岁"均指周岁。

[②] 《12 岁小学生弑母案更多细节披露：锁房门换衣服扔凶器称母亲是自杀》，载 https://baijiahao.baidu.com/s? id=1619182504535377576&wfr，最后访问时间：2019 年 3 月 7 日。

[③] 《湖南少年弑师事件：我们没 14 岁打死人了不用坐牢》，载凤凰财经网，http://finance.ifeng.com/a/20151030/14049020_0.shtml，最后访问时间：2019 年 3 月 7 日。

[④] 《美女教师被 13 岁少年泼汽油烧成重伤，少年免予刑罚不担责》，载 https://tieba.baidu.com/p/4726442757? red_1644676046&traceid，最后访问时间：2019 年 3 月 7 日。

[⑤] 《关于遏制校园暴力伤害事件的提案》，载中共中央统一战线工作部官网，http://www.zytzb.gov.cn/tzb2010/jcjyxd/201603/baaa915ca08e4bbd9a4e92868ca6ef93.shtml，最后访问时间：2019 年 3 月 8 日。

[⑥] 《30 名代表联名提议案：建议未成年人刑责年龄降到 12 周岁》，载 https://baijiahao.baidu.com/s? id=1627813800976221671&wfr=spider&for=pc，最后访问时间：2019 年 3 月 13 日。

这些信号表明，刑事责任年龄起点问题越来越引起社会的关注。但是笔者认为，刑事责任年龄起点下调与否，是一个涉及生理学、心理学、教育学、社会学等诸多学科的交叉问题，在没有充足实践数据支撑的情况下就贸然下调，势必会导致正当性基础的缺失。只通过简单地扩大犯罪圈的手段来控制未成年人的违法犯罪①行为，是一种变相地对社会责任的逃避，不应将对未成年人社会监管过程中的缺位、教育的缺失等诸多不利于未成年人成长的不良因素简单地通过降低刑事责任年龄来解决。"杀人游戏"中杀人可以拿到奖励，那么社会生活中杀掉妈妈也可以拿到零花钱，湖南"弑母案"的悲剧很难说社会没有责任。如果不在教育、社会监管上下功夫，仅仅想通过刑罚来减少未成年人犯罪的现状，既达不到预防犯罪的目的，也不利于未成年人的健康成长。除此之外，有学者主张现在的未成年人身体发育成熟的年龄越来越早，再适用40年前所确定的14周岁的刑事责任年龄下限不符合社会发展要求，应降低刑事责任年龄起点，但是这样的说法显然是把身体发育和心理成熟混为一谈，身体发育良好并不等于有健全的辨认和控制能力。结合我国实行了数十年的计划生育政策看，很多家庭只有一个孩子，这些孩子在成长过程中很多被过分溺爱，导致其无法顺利形成对社会清晰的认识，心理成熟年龄也会相应延迟。② 退一步说，降低刑事责任年龄起点，不符合刑罚的目的和刑法的谦抑性原则，根据标签理论，未成年人被刑罚处罚之后，其漫长的人生道路上会被一直贴上"犯罪标签"。这对于未成年犯罪人来说将十分不利于他们重新走向社会，很可能导致出现累犯、惯犯的恶果。虽然我国《刑事诉讼法》规定有未成年人犯罪记录封存制度，但是刑罚对未成年人心理的影响却不是外在的记录封存就能消除的。而且根据近些年的统计资料显示："未成年人犯罪率持续降低。全国未成年人犯罪率逐年下降。"③ 可见，未成年人犯罪率在刑罚没有过度干预的情形下反而出现了下降的趋势，我们不能因为一些经媒体加工渲染报道出来的极

---

① 本文所称的未成年人"犯罪"行为均指客观阶层上构成符合犯罪构成要件的行为，并不是完全的犯罪行为。

② 参见林清红：《未成年人刑事责任年龄起点不宜降低》，载《青少年犯罪问题》2016年第1期。

③ 国家统计局2017年发布的《中国儿童发展纲要（2011~2020年）》显示：2015年，全国未成年人犯罪人数为43839人，比2010年减少24359人，减幅达35.7%。未成年人犯罪人数占同期犯罪人数的比例为3.56%，比2010年下降3.22个百分点。青少年作案人员占全部作案人员的比重为22.6%，比2010年下降13.3个百分点，比上年降低2.2个百分点。载百度百科，https：//baike.baidu.com/item/中国儿童发展纲要，最后访问时间：2019年3月9日。

端恶性案件就违背刑法的谦抑性原则,贸然扩大犯罪圈。最后,降低刑事责任年龄起点严重违背我国"教育、感化、挽救"的未成年人保护方针,还极有可能造成心智不成熟的未成年人在被监禁过程中"交叉感染",不利于预防犯罪。基于此,笔者希望借着我国将修订《预防未成年人犯罪法》的东风,结合我国的司法实际,重点研究非刑罚处置措施对于未成年人犯罪的矫正作用。笔者将从以下几个方面具体展开论述。

一、收容教养制度的完善

收容教养制度是我国《刑法》中唯一明确规定的对未成年人犯罪行为的非刑罚处置措施,其设立初衷就是贯彻"教育、挽救、感化"的方针,践行"教育为主,惩罚为辅"的策略。但是在实践中对于收容教养制度的适用存在很多问题。例如,收容教养的性质不明确,决定机关不明确,对象不明确,条件不明确等①。《最高人民法院关于"少年收容教养"是否属于行政诉讼受案范围的答复》中将公安机关对公民作出的"少年收容教养"界定为是具体行政行为,但在收容教养制度中仍然存在适用含糊等问题,接下来本文将对收容教养制度进行教义学分析,讨论收容教养制度的完善。

(一)收容教养制度的强制性问题

根据《刑法》第17条的规定,对于因未达刑事责任年龄而不追究刑事责任的未成年人,只有在"必要时"才会对其进行收容教养,而如何把握"必要时"在相关立法和司法解释文件中均未涉及,因而造成了在实践中由于对"必要时"这个条件把握不清,使很多甚至实施了严重危害行为的未成年人并未受到相应的处理,收容教养制度的强制性明显不足,于是就出现了本文提到的"弑母案"发生后的恶劣影响。"弑母案"之所以在社会上引起轩然大波,除了行为人与被害人之间的特殊关系外,还有一个重要原因就是行为人因不满14岁免予承担刑事责任后,居然重返校园。这样的结果除了会在一定程度上引起他所在学校的学生、老师的恐慌外,也不利于对该少年的教育改造,同时也会给未成年人形成一种错误印象,即只要是未达刑事责任年龄就可以为所欲为而不需要承担任何责任。那么是否要把收容教养制度适用于所有因未达刑事责任年龄而不承担刑事责任的未成年人,把《刑法》第17条第4款中家庭改造的规定删除,一律适用收容教养呢?笔者认为这样"一刀切"的做法也是

---

① 参见薛畅宇、刘国祥:《论改革和完善收容教养制度》,载《中国人民公安大学学报》2004年第4期。

不合适的，因为相较于社会，家庭对于未成年人的影响显然是更深远、更根本的，如果家庭有能力做好未成年人的教育改造工作，其效果应当是远远胜于收容教养的。因此，我们对收容教养制度的强制性改造最核心的部分就是区分好什么情况下由家庭改造，什么情况下由政府收容教养，此时既要考虑政府收容教养的强制性，对于实施严重危害行为的未成年人一定要适用收容教养，也要考虑家长或监护人管教的优势和未成年人所实施的行为性质，不能过分强调家庭教育的适用而在一定程度上忽视了收容教养的强制性，从而使收容教养制度仅仅停留在法律规定的层面。

（二）收容教养对象的明晰

明确收容教养的对象，是具体执行收容教养制度时应该重点关注的问题。在这个制度的执行过程中，需要明确两个问题：第一，如何确定由政府收容教养的未成年人的范围？第二，未达刑事责任年龄的未成年人进行收容教养的年龄下限？

一方面，关于政府收容教养的未成年人范围，现无明确的法律规定，《刑法》第17条第4款仅规定"……必要的时候，也可以由政府收容教养"。但何为"必要的时候"在1997年刑法公布后没有明确的法律规定。笔者认为，对于"必要的时候"的确定，可以参照行为的社会危害程度和实施行为的性质而定，具体来说，可以参照《刑法》第17条第2款所规定的八种行为，即"犯故意伤害致人重伤或者死亡、强奸、抢劫、贩卖毒品、放火、爆炸、投毒罪"来确定范围。

另一方面，关于收容教养人员的年龄下限问题。现行刑法只规定了收容教养人员的年龄上限，而未规定年龄下限，有学者提出这个下限年龄是12周岁[1]；有学者提出了7周岁的下限年龄，理由是"古今中外，一般都规定7岁以下不负刑事责任……对其强制教养具有可执行性"[2]；还有观点认为，应当和《民法总则》规定的无民事行为能力人和限制民事行为能力人的年龄界限保持一致，即设定在8周岁。对此问题，笔者支持下限为12周岁的观点，这样的设想一方面考虑到12周岁是一般孩子小学毕业的年龄，这个年龄的未成年人或许基本具备了初步的辨认和控制能力；另一方面该年龄和工读学校制度

---

[1] 参见吴燕、顾琤琮、黄冬生：《我国收容教养制度的重构》，载《预防青少年犯罪研究》2016年第4期；薛畅宇、刘国祥：《论改革和完善收容教养制度》，载《中国人民公安大学学报》2004年第4期。

[2] 张文秀：《刑事责任年龄下限问题研究——兼论将"强制教养"纳入刑事诉讼法特别程序》，载《社会科学论坛》2006年第5期。

的年龄起点一致，符合制度统一性的要求。对于要和《民法总则》保持一致的观点，显然是没有区分《民法总则》的规定是一种保护性措施，其目的是保障未成年人的交易利益，而我们在这里讨论的年龄下限问题是对未成年人利益的一种限制性措施，因此二者在制度目的上是背道而驰的，不可相提并论。而 7 岁的观点也是不可行的，这个年龄的孩子可能才刚上小学，通常情况下不具备犯罪能力和再犯可能性，对其适用收容教养制度显然没有意义。综上所述，收容教养制度的适用对象的年龄应限定在 12 至 16 岁的未成年人。

（三）收容教养期限的确定

关于收容教养制度的期限问题，在《公安部关于对少年收容教养人员提前解除或减少收容教养期限的批准权限问题的批复》中规定："……实际执行期限不得超过四年。"具体在司法实践中一般为 1~3 年。这样的规定在适用上具有很大的不确定性，没有一个具体的标准可以参考。当然，最理想的方式当然是因人而异，在被收容教养的未成年人能达到重回社会的心理状态和精神状态后结束收容教养，但对于这种状态是否实现，仍然属于无法量化的内容。基于此，笔者认为收容教养制度的期限可以参考缓刑制度的期限计算方法来实现其确定化。缓刑制度是刑罚裁量中，在考虑被告人的犯罪情节、现实表现、再犯危险、责任能力等方面后，对被告人附条件地不适用监禁刑的一种宽大处理方式。而收容教养制度实质上相当于对未成年人在刑罚之外进行的一种宽大处理，二者在这个层面上具有相当性。在此，笔者需要强调的是，这里只是参考缓刑制度的期限计算方法，而不是效仿缓刑制度来构建收容教养制度。根据《刑法》第 73 条规定，拘役的缓刑考验期为原判刑期以上 1 年以下，不少于 2 个月；有期徒刑的缓刑考验期为原判刑期以上 5 年以下，不少于 1 年。笔者认为因为缓刑只适用于被判处拘役或 3 年以下有期徒刑的犯罪分子，所以在适用时还需要进行一定的改造。

二、工读学校制度的重构

"工读教育是指由工读学校开展的对有违法和轻微犯罪行为、不适合在一般学校就读的青少年实施的一种特殊教育"[①]，从 1955 年开始创建新中国第一所工读学校——北京市海淀工读学校起，至今已经有 60 多年的历史。我国《预防未成年人犯罪法》第 35 条规定："对未成年人实施本法规定的严重不良

---

① 林炎志：《加强工读教育研究 促进工读教育发展》，载《预防青少年犯罪研究》2018 年第 3 期。

行为的，应当及时予以制止。对有本法规定严重不良行为①的未成年人，其父母或者其他监护人和学校应当相互配合，采取措施严加管教，也可以送工读学校进行矫治和接受教育。对未成年人送工读学校进行矫治和接受教育，应当由其父母或者其他监护人，或者原所在学校提出申请，经教育行政部门批准。"由此可见，工读学校也属于对未成年人违法犯罪行为的一种处置措施，其目的同样是"教育、感化、挽救"未成年人，使他们早日重返社会。相比于收容教养制度，工读学校制度在《刑法》中并没有明确规定，所以当然属于非刑罚的处置措施，而且从惩罚性上来讲应当是弱于收容教养制度的，是一种更温和、更贴近社会的制度。那么这样一个看起来有利于改造未成年违法犯罪人的制度，在实践中是否起到了应有的作用？很遗憾，工读学校在现实生活中"过得并不好"。我国现阶段工读学校的招生率极低②，被社会边缘化严重，尤其是在招生制度由强制招生变为自愿入学之后③，更是使家长们对该学校制度产生强烈的对抗情绪，毕竟谁也不愿意自己的孩子被贴上特殊的标签。面对这样的困境，如何重构工读学校制度，使之真正地发挥改造"问题"未成年人的功用，是《预防未成年人犯罪法》要迎来修订的历史时期下的一个重大命题。笔者从以下几个方面入手分析，希望能提供一些良好并行之有效的建议：

（一）明确工读学校的招生对象

第一，工读学校制度根据《预防未成年人犯罪法》的规定，是针对具有严重不良行为，但尚未够刑事处罚的未成年人设立的。这就要求工读学校制度必须和收容教养制度区分开，如前文所述收容教养制度处置的是客观方面业已构成犯罪，只是因为主观刑事责任能力的原因不予刑事处罚的未成年人，所以这样的对象区分是确保工读学校独立定位的前提基础。第二，根据《国务院办公厅转发国家教育委员会、公安部、共青团中央关于办好工读学校几点意见的通知》的规定，工读学校的招生对象是12至17岁的未成年人。这样的一个

---

① 严重不良行为在《预防未成年人犯罪法》第34条被定义为："本法所称'严重不良行为'，是指下列严重危害社会，尚不够刑事处罚的违法行为：（一）纠集他人结伙滋事，扰乱治安；（二）携带管制刀具，屡教不改；（三）多次拦截殴打他人或者强行索要他人财物；（四）传播淫秽的读物或者音像制品等；（五）进行淫乱或者色情、卖淫活动；（六）多次偷窃；（七）参与赌博，屡教不改；（八）吸食、注射毒品；（九）其他严重危害社会的行为。"

② 参见刘世恩：《对我国工读学校立法的思考》，载《法学杂志》2005年第6期。

③ 参见刘燕：《从工读学校教育历史发展探究其时代价值》，载《预防青少年犯罪研究》2018年第3期。

年龄限制笔者认为应当适当放宽。因为工读学校相较于收容教养制度,在惩罚性上明显是弱化的,因此可以扩大适用范围,以更早地预防未成年人犯罪。对于此,笔者认为可以把工读学校制度的年龄下限设定在 10 岁。因为一方面,《国务院办公厅转发国家教育委员会、公安部、共青团中央关于办好工读学校几点意见的通知》是 1987 年出台的规范性文件,距今已有 30 余年的时间,这 30 多年间,中国青少年的身体发育速度有了质的飞跃,这种身体发育程度的进步,在一定程度上也意味着青少年客观犯罪能力的强化,所以应当适当降低年龄下限。另一方面,10 岁的设置高于《民法总则》规定的无民事行为能力人的年龄,体现了保护性措施和惩罚性措施的区别,使民事规范和刑事规范更好地区分。因此,应当将工读学校制度的适用年龄限定为 10 至 17 岁的未成年人。

(二) 师资力量和政府投入需要加强

工读学校,究其本质,是一种学校形式,所以这种学校的发展离不开师资力量的加强。而师资力量的加强势必要政府加大扶持力度。"向工读学校提供建设资金……促进学校积极引入优秀师资,提高教学质量。"[①] 这是工读学校摆脱如今被边缘化的尴尬地位的治本之策。同时,师资力量的加强也有利于感化"不良少年",如果这些曾经实施过严重不良行为的未成年人能够在工读学校得到教育改造,并且重返社会,相信也会打消社会对他们的标签化以及家长们对工读学校的抗拒心理,毕竟感化的效果是说服家长们最重要的理由。如果工读学校真能通过招聘优秀的教师来细致耐心地解决这些孩子们的心理问题,相信会有自身不具有良好的教育能力,却因为对工读学校的不信任,而坚决反对把孩子送进工读学校的家长改变自己的观念,愿意将教育感化自己孩子的重任交给更专业的人士去做。所以,归根结底,工读学校必须拿出过硬的"成绩"才能避免自己在司法矫正体系里的尴尬定位。

(三) 建立多元化教育模式

有学者建议,现有的工读学校模式过于单一,应当将工读学校拆分为"专门学校"和"行为矫正学校",前者属于强制入学,后者属于自愿入学。[②]

---

① 梅雨婷、虞浔:《"问题少年"监管,工读学校需发力》,载《民主与法制时报》2019 年 2 月 14 日。

② 参见赵国玲主编:《未成年人司法制度改革研究》,北京大学出版社 2011 年版,第 291 页。

还有学者认为，应当区分封闭和半封闭的教学模式，① 因人而异，因材施教。笔者认为，拆分工读学校的做法在实际操作中比较有难度，因为现有的工读学校体系已经面临举步维艰的境况，倘若再把其现有职能进行拆分，必然将加剧这种被边缘化的现状。因此，笔者建议未来的工读学校改造仍然保持这种现有的形式，但是在教学内容上要有所区别。对于只是有一般不良行为的青少年，依然采取自愿入学的模式，并且相应地实行弹性的学习期限，只要这类未成年人能够通过学校的评估测试，就可以准许其离开工读学校。同时教学内容上在保证一般的科学文化教育的同时，加强法制教育，强调其自身行为可能的演变趋势，引起未成年人足够的重视。对于有严重不良行为的未成年人，依然要坚持自愿入学的原则，因为强制他们入学很有可能加强青少年的逆反心理，并且配合笔者前文提到的师资力量的加强和教育水平的提高，会有家长主动把孩子送进工读学校进行教育改造，这样的效果是远远优于强制入学的。当然，对于这类未成年人，教育的内容要侧重强调其行为的社会危害性，并在一定程度上讲解如果严重不良行为演变成犯罪行为，将要受到刑罚的制裁，亦即在一定程度上发挥刑罚的威慑作用，使这类未成年人悬崖勒马，不再继续滑向犯罪的深渊。

综上所述，工读学校制度虽然存在多年，但在现实状况下，工读学校没有发挥其应有的作用。因此，我们应当把工读学校制度和收容教养等其他未成年人犯罪的非刑罚处置措施结合起来，在新形势下探索制度创新和完善，相互配合，共同教育改造误入歧途的未成年人。

三、保护处分体系的构建

保护处分又被称为教育处分，是包括所有针对罪错未成年人的保护性处置措施。这种措施以保护未成年人的利益为目标，采用不同于成年人刑事诉讼的程序，依据特别的少年刑事法律来教育矫正未成年人的不法行为，是刑罚的替代性措施。② 保护处分发轫于国家亲权思想，意即国家把民众视为自己的亲人，整个国家是一个大的家庭，政府承担了"大家长"的角色，要保护好自己的每个"家人"，对即使犯了罪错的国民，也要用关怀和保护性措施来教育改造。这样一个思想的定位，决定了保护处分突出的特征就是保护性。由此我

---

① 参见周颖：《我国青少年工读教育制度的困境与重构》，载《青少年犯罪问题》2017年第5期。

② 参见盛长富、郝正天：《论保护处分及对我国的借鉴》，载《法律适用》2015年第4期。

们可以看出保护处分的性质与刑罚有着根本上的不同，保护处分是超越刑罚的措施。"在未成年人犯罪之后的主要法律后果是保护处分，刑罚只是在不得已的情况下作为一种非常手段适用于少年，保护处分相当于普通刑法中的刑罚的地位。"① 除了要和刑罚区分外，保护处分还要区别于保安处分。有学者认为保护处分就是保安处分，② 也有学者认为保护处分具有保安处分的特征，③ 但是笔者认为这二者之间有着本质上的不同。保安处分的目的是"防止对社会有危险的人侵害社会"，④ 保护处分则是完全基于未成年人的利益和福祉考虑。目的的差异决定了二者不可相提并论。在对保护处分的性质有了准确把握之后，我们理应考虑如何结合我国的实际，构建出能真正保障未成年犯罪人利益的保护处分体系。笔者认为应当从以下两个方面着手：

（一）构建开放的社区性保护处分体系

有学者将保护处分分成了三类，即社区性保护处分、中间性保护处分和拘禁性保护处分⑤。其中收容教养制度和工读学校制度都属于拘禁性保护处分，上文已有详细论述，中间性保护处分更多属于社会学的研究范畴，在此也不做赘述。所以我们研究的重点集中于社区性保护处分。社区性保护处分，顾名思义就是对罪错未成年人不采取封闭式或半封闭式的集中教育改造，而是在社区实践中矫正其行为的处置措施。现阶段，我国法律中也规定有诸如警告、训诫、赔礼道歉、赔偿损失、责令严加管教、罚款、拘留、强制戒毒、工读教育、收容教养等处置措施，但是这些措施分散于《治安管理处罚法》、《刑法》等法律法规中，大多属于行政处罚，而且数量比较有限。笔者认为，现阶段我国的社区性保护处分措施是不足以满足司法实践需求的，应当把社区性保护处分构建成一个开放的体系，根据时代的变化引进诸如"社会服务法令、向受害家庭道歉令、赔偿法令（可由监护人赔偿，也可由当事人强制劳动赔偿）、法庭初次警告法令、宵禁令、逃学惩治令"⑥ 等多元化的具体措施。因为未成年人的世界是丰富独特的，各种奇思妙想都会出现，由此带来的问题也是千奇

---

① 姚建龙：《论少年刑法》，载《政治与法律》2006年第3期。

② 参见高冰：《未达刑事责任年龄未成年人保护处分制度构建》，载《人民检察》2016年第14期。

③ 参见马克昌：《比较刑法原理》，武汉大学出版社2002年版，第967页。

④ 张明楷：《刑法学》（第5版），法律出版社2016年版，第639页。

⑤ 参见姚建龙：《犯罪后的第三种法律后果：保护处分》，载《法学论坛》2006年第1期。

⑥ 李玫瑾：《构建未成年人法律体系与犯罪预防》，载《法学杂志》2005年第3期。

百怪的，解决路径也必然要"因材施教"，只要是有益于罪错未成年人矫正，又不违背未成年人保护原则的措施，我们都可以大胆地将它们纳入社区性保护处分体系中来。比如笔者认为，国际社会中的保护观察制度就可以很好地在监禁刑和完全自由之间找到平衡点。该制度在给罪错未成年人以生活学习之自由的同时，要求他们接受保护观察员定期的监督和指导①，既不会使未成年人遭受刑罚之苦，又不会放纵未成年人继续实施危害社会的行为，非常契合中国目前的司法现状。除此之外，在适用这些措施时应当允许叠加适用，如责令罪错未成年人向受害人或其家属道歉的同时，适用社会服务法令，将社会服务之所得用于赔偿被害人家庭。这样综合处置的效果会更有利于未成年人心理问题的矫正，也能在更大程度上实现对被害人家庭的补偿。

（二）建立适用保护处分的司法程序

就我国现在的司法实践来说，保护处分一般都是由公安机关直接适用，不会再进入刑事诉讼程序。这样的程序设定显然是不合理的，因为我国的公安机关中并没有专门的少年公安局，专业的从事未成年人工作的警员也少得可怜。所以由公安机关直接决定适用保护处分，有可能导致该造福罪错未成年人的制度最终因被架空而流于形式。而有学者提出应由检察院承担起这项职能，理由是检察院在审查起诉，尤其是对未成年人附条件不起诉方面的职能履行使其具有一批工作经验丰富的检察人员，可以胜任该任务②。然而笔者认为检察院相比于公安机关在专业化上可能更胜一筹，但是和法院相比还不是最佳的选择。一方面，我国现在虽未建立专门的少年法院，但是各个法院基本上都有专门的未成年人法庭，由此来看，法院的专业化程度是更高的。另一方面，法院的审判、决定或者裁定在我国的司法体系中是具有终局性性质的，只有法院做出的判决才具有最大限度的稳定性，而这种稳定性是适用保护处分制度的前提条件。除此之外，在比较视野下看待此问题，国际通行的做法都是由法院来做出最终的保护处分决定，如日本设有专门的家庭法院，美国也设有专门的少年法院。所以，笔者认为当务之急是构建起一整套区别于成年人的刑事诉讼程序，专门服务于罪错未成年人案件，而在这个体系中，应当由法院，最好可以建立专门的未成年人法院来最终做出是否适用保护处分的决定。实体正义的实现离不开程序法律的助推，落实保护处分制度的题中之意即为少年刑事司法程序的

---

① 参见盛长富、郝正天：《论保护处分及对我国的借鉴》，载《法律适用》2015年第4期。

② 参见高冰：《未达刑事责任年龄未成年人保护处分制度构建》，载《人民检察》2016年第14期。

建立。

结语

　　未成年人犯罪问题的解决，归根结底还在于社会、家庭、学校的前期预防。只有当前期预防失效，未成年人业已触犯《刑法》之时，我们才不得不考虑采用何种方式最大限度地保护社会，保护未成年人。综合全文的论述，笔者认为非刑罚的处置措施是更有利于未成年犯罪人的改造和重返社会的，除了本文重点论述的收容教养制度、工读学校制度和保护处分制度外，其实还可以采用诸如立法上出台专门的"少年刑事法"等以全方位的措施来处置未成年人违法犯罪现象。笔者希望自己的论述更能贴近当前中国的实际，能够服务于司法实践，满足对未成年人不法行为处置的需要，在法律修订的背景下探求更好地保护未成年人的路径。

第十章 未成年人刑事司法的社会参与

宋志军[*]

从世界范围看，未成年人刑事司法的发展方向是综合保护，而广泛的社会参与是未成年人刑事司法走向综合保护的重要前提。因为未成年人刑事司法是一项复杂的社会工程，它离不开社会的广泛参与，所以社会参与是未成年人刑事司法发展的主要推动力之一，是各项未成年人刑事诉讼制度真正贯彻实施的重要保障。2012年修订的《刑事诉讼法》新增的合适成年人在场、社会调查、附条件不起诉以及社区矫正等都需要社会参与，既包括作为合适成年人在场参与讯（询）问、从事社会调查、参与观护帮教以及附条件不起诉的监督考察，还包括全社会共同营造有利于犯罪未成年人正常回归社会的氛围，这就需要通过建立社会参与的长效机制来保障。近年来，多个地方的司法机关与社会组织合作，进行社会参与未成年人刑事司法的探索，显现出两个方面的问题：其一，由于各地社会组织发展及其参与程度不同，导致对未成年犯罪嫌疑人、被告人所采取的措施存在较大差异，造成了未成年人刑事司法的地域性差异。其二，这种地域性差异，既受制于经济发展水平和社会组织的发展程度，又受制于当地政府和司法机关对未成年人刑事司法及其社会参与的认识水平，甚至在一定程度上还受制于未成年人刑事案件检察官、少年法庭法官在推动多部门协作、整合社会资源以促进社会参与方面的意识、勇气和能力。尤其是中西部地区的未成年人刑事司法更是受制于经济和社会发展水平，与北京、上海、广州等经济发达、社会组织相对健全的地区出现了巨大差距。这种差距所带来的最大问题是，在未成年人的户籍、出生地之外又增加了一种导致司法处遇不平等的因素——社会参与程度。因此，普遍提高尤其是重点提高中西部地区未成年人刑事司法的社会参与程度并建立相应的保障机制，是解决未成年人刑事司法中不平等问题的重要途径。正是在这一背景下，2015年5月27日最高人民检察院发布的《检察机关加强未成年人司法保护八项措施》（以下简称《八项措施》）明确规定，检察机关以政府购买服务等方式，将社会调查、合适成年

---

[*] 宋志军，法学博士，西北政法大学教授，法学博士。

人参与未成年人刑事诉讼、心理疏导、观护帮教、附条件不起诉监督考察等工作,交由专业社会力量承担,提高未成年人权益保护和犯罪预防的专业水平,并且推动完善政法机关衔接配合以及与政府部门、未成年人保护组织等跨部门合作机制,推动建立社会参与未成年人刑事司法的长效机制。由此,社会力量参与未成年人刑事司法有了明确的法律依据。笔者认为,司法实践已经对未成年人刑事司法的社会参与表达了紧迫需求,然而学术界尚未开展这一领域基本理论的深入研究。本文从社会参与未成年人刑事司法的必要性入手,分析社会力量参与的主体及参与的内容,进一步探讨社会参与的保障机制问题。

一、未成年人刑事司法社会参与的必要性

(一)贯彻未成年人刑事司法方针与原则的需要

刑事诉讼法规定的"教育、感化、挽救"方针和"教育为主、惩罚为辅"原则的贯彻落实离不开社会参与,因为相当数量的未成年犯罪嫌疑人、被告人的成长环境——家庭环境和社会环境——不利于其健康成长,尤其是相当数量的监护人无法尽到监护和教育责任,这既是未成年人犯罪的重要成因,又是制约未成年人刑事司法功能及其效果提升的关键因素。这就给国家和社会提出了一个难题,即全社会如何弥补未成年人家庭教育的缺失?如何参与到对犯罪未成年人的教育、感化和挽救中来?未成年人走上违法犯罪道路的原因是多方面的,其中未成年人犯罪倾向的形成,在很大程度上与其社会化过程中的环境因素有着密切的联系。因此,只有未成年人成长的社会环境得到有效改善,未成年人违法犯罪的可能性才能降低。从这个意义上来说,未成年人刑事司法的原则和方针充分体现了教育刑罚观。"教育刑罚观将人本主义作为理论基点,把将犯罪人教育改造成为弃恶从善,正常复归社会的新人看作最高人道主义,这被认为是少年司法的基本思想。"[1] 也就是说,只有依靠全社会的力量改变不利于未成年人正常社会化的社会环境,才能减少未成年人违法犯罪行为的发生。

基于未成年人犯罪原因的综合性和社会性,在对未成年犯罪人进行教育、感化、挽救时,只有社会力量的广泛参与才能收到良好的效果。[2] 从社会角度

---

[1] 姚建龙:《少年司法与社会工作的整合——以少年法庭法官的"非审判事务"为论证中心》,载《法学杂志》2007年第6期。

[2] 赵桂芬:《关于完善未成年人社会帮教制度的思考》,载《山东警察学院学报》2009年第6期。

看，未成年人犯罪多是家庭、学校教育方法不当以及社会不良环境影响的结果。由此可见，要在刑事诉讼过程中实现对未成年人的综合保护，减少和预防未成年人犯罪，就必须从导致其犯罪的社会因素入手，建立包括家庭、学校和社会在内的社会支持体系。在这个过程中，公检法机关的工作不能仅局限于办案，而是要充分发挥主观能动性，整合多方社会力量以加大对未成年人进行教育、感化和挽救的力度。

(二) 遵循未成年人刑事司法规律的需要

未成年人刑事司法具有特殊的规律，它重点关注的是"行为人"而不是行为，关注的是行为人的"回归"而不是对行为的惩罚，因此它与社会参与有着必然的联系。有学者认为："离开社会支持体系就不可能有少年司法。少年司法人员工作的目的，应该是怎么使涉罪未成年人回归社会，帮教、监督、考察恰恰是少年司法工作中最重要的工作。从事少年司法职业，最重要的不是办案，而是做未成年人的工作。从这个意义来讲，没有社会支持体系就不会有少年司法，少年司法与社会支持有着天然的联系。"[①] 由于未成年人刑事司法更加关注行为人及其回归社会，因此未成年人刑事司法的规律主要体现在社会性和非刑罚导向性。未成年人刑事司法的目的不是对犯罪未成年人进行定罪处刑，而在于对他们的教育、感化和挽救。因为刑罚的标签效应严重影响未成年人的健康成长及正常社会化。"无论他们多么年幼，都要接受指控、起诉并且被确定为罪犯，被关押在监狱中，如同成年人一样。当他们还没搞清楚罪犯是什么，就已经被贴上了罪犯的标签。政府把这些少年犯们投进看守所和监狱里，让他们与那些只能在城镇中最肮脏最污秽的角落里才能找到的坏人们整日为伴。"[②] 这一观点形象地揭示了对成年人和未成年人不加区分的传统刑事司法的弊端。尽管如此，我国未成年人刑事司法尚未脱离成年人刑事司法的窠臼，除了司法理念的制约之外，更重要的原因就是社会参与的阙如。笔者认为，未成年人刑事司法不仅需要对传统司法理念与制度有所突破，更需要在司法之外的社会参与及其支持系统中寻求出路，而后者更显得日渐急迫，成为未成年人与成年人刑事司法系统的最大区别，这也是未成年人刑事司法规律的体现。这种社会支持系统不仅仅有效实现对未成年人犯罪与严重不良行为的预防，而且通过社会接纳和社会融入的支持系统，推动未成年人切实认知自己的罪错，并勇敢肩负起对所犯罪错的责任从而珍惜改过自新的机会，最终达到顺

---

① 宋英辉：《从六个方面着手推进》，载《检察日报》2015年6月29日，第6版。
② [美] 玛格丽特·K. 罗森海姆、富兰克林·E. 齐姆林、戴维·S. 坦嫩豪斯等编：《少年司法的一个世纪》，高维俭译，商务印书馆2008年版，第160页。

利回归社会的目标。"将少年从社区环境中移开并将他们投进监狱和看守所的刑法,被视为对少年在正常社会中发展的首要威胁。少年法院司法管辖之转处主义理论,其方法适度,令少年违法者在犯罪之后和经历社会控制的过程中都保有完整的人生发展机会。"① 易言之,遵循未成年人司法规律的少年司法系统——以教育、社会支持及适应社会辅导为导向的转处系统——应当尽可能涵盖多元化的司法处分和社会处遇措施,不但要顾及对未成年犯罪人的及时矫正及除标签化,亦要现实地考虑实现其正常社会化、顺利回归社会的终极目标。而后者的实现,在很大程度上有赖于消除未成年人犯罪的社会因素,为家庭及社会支持系统出现问题的未成年人提供社会支持。

从未成年人刑事司法的规律而言,与办理成年人刑事司法业务的部门相比,未成年人犯罪案件侦查、检察和审判都更加需要社会力量的参与和支持。因为司法处遇可以由公检法机关决定和实施,而社会化的处遇则只能借助社会的力量才能付诸实施,如附条件不起诉的教育矫治等帮教措施、非羁押措施适用中的观护基地建设等,都不适合由公检法机关独立进行。与此同时,在司法实践中,未成年人的户籍、家庭及其社会支持方面的差异往往产生司法保护的不平等。笔者发现,与案情往往错综复杂的成人刑事案件相比,大多数未成年人刑事案件在事实与证据方面比较简单,案件定性及定罪上艰深晦涩的法理考量较少,而更多的则是在选择社会化的处遇措施时,由于社会参与机制欠缺所产生的"纠结"。② 如果缺乏社会参与,那么未成年人刑事司法则无法遵循其规律,使得其与成年人刑事司法的区别微乎其微,2012年修订《刑事诉讼法》所增设的未成年人刑事诉讼程序也将无法真正实施。

(三) 实现未成年人刑事司法领域社会治理创新的需要

未成年人犯罪是一种复杂的社会现象,作为应对机制的刑事司法系统不是自我封闭的,而是一个开放的社会系统。实际上司法只是实现社会治理的一种手段,它既需要从社会中汲取养分而不断走向成熟,也需要与其他社会机制保持密切联系、互相协作、共同发展,以推进社会治理机制的体系化和科学化。从这个角度而言,对实施犯罪行为的未成年人进行教育、矫治和综合保护,不

---

① [美] 富兰克林·E. 齐姆林:《美国少年司法》,高维俭译,中国人民公安大学出版社2012年版,第62-63页。

② 例如,有些犯罪情节较轻的外来未成年人在适用非羁押措施时受制于没有社会力量支持的观护基地,难以解决保证条件和异地执行难题而不得不采取羁押措施。另外,有些符合附条件不起诉条件的未成年人,由于其监护人无法履行监护职责甚至不愿意配合检察机关进行监督考察,检察机关不得已对未成年人作出起诉决定。

仅仅是一种刑事司法程序内的活动，而是一项涵盖整个社会的系统工程，必须通过社会综合治理来实现，而社会参与是社会治理创新的重要内容。随着改革的深化，社会治理体制与机制创新成为非常关键的一个环节。社会治理创新是指在社会活动中弱化政府的职能，政府由管得"宽"过渡到管得"窄"，充分发挥市场和社会组织的自我调节能力，政府管不了或者不适合管的事务交由"大社会"来解决，发挥企业、公民与社会组织在社会管理、社会服务中的能动性。保障涉罪未成年人正常回归社会既是国家的责任，也是社会的责任，尤其是在国家没有能力承揽全部或主要责任时，社会力量的参与就非常必要。在我国，社会参与及其支持体系有它更重要的意义：一方面"青少年是祖国的未来和希望"的观念早已深入人心；另一方面社会力量参与是弥补国家和社会在未成年人正常社会化过程中作用不足的有效途径。国家和家庭在未成年人健康成长——正常社会化中的不足是中国改革开放以后的发展模式所带来的较为严重的社会问题，大量流动未成年人和留守儿童直接与未成年人犯罪以及对社会支持的"渴望"有关。根据研究人员对中国沿海开放城市的调查数据，流动人口中15~25周岁者占流动人口总数的60%左右；而流动人口违法犯罪一般占流入地所在城市刑事案件的相当比重，说明流动人口违法犯罪的主体是青少年。[①] 2014年，检察机关审查起诉的未成年人犯罪案件中非户籍地作案人员共57932人，占总数的74.84%。[②] 除了未成年人自身的原因，因父母离异或单亲、父母外出打工、父母遗弃、父母不知或无力尽到监护教育职责等原因所形成的监护缺失而犯罪的未成年人占到未成年人总数的25.6%。上述数据在一定程度上证明，在未成年人犯罪因素中，父母不能尽职尽责地履行监护职责以及国家在未成年人保护方面的缺位占非常大的比重。

从宏观上来讲，国家负有保护儿童健康成长的责任，通过立法和建立相关制度保护儿童健康成长，并为其正常社会化奠定基础。当未成年人面临问题时，找"国家"实际上是找政府，而最终要落实在承担该项职责的政府部门

---

① 张远煌主编：《未成年人犯罪专题整理》，中国人民公安大学出版社2010年版，第83页。

② 参见最高人民检察院新闻发言人肖玮关于《检察机关加强未成年人司法保护八项措施》背景的介绍。网址：http://news.youth.cn/sz/201505/t20150528_6687252.htm，最后访问时间：2015年6月18日。

上。① 然而现实中的问题是，尽管有许多政府部门和具有官方背景的组织负有保护未成年人的职责，也有议事机构和协调机构②，但是当未成年人面临家庭和社会问题时却往往没有哪一个机构或者人员能及时有效进行救助。这种状况说明社会治理出现了问题，必须通过社会综合治理创新来改变。未成年人犯罪预防和刑事诉讼权利保障中的社会责任及社会参与是社会治理体制和机制不可或缺的重要内容，如果不加强这一领域的社会参与及其支持机制的建设，那么整个社会治理就会出现"木桶效应"中的短板，影响整个社会治理的水平和效果。无论是合适成年人参与刑事诉讼，还是附条件不起诉考察帮教中的社会参与，都是在弥补家庭监护的缺失，也是在弥补国家和社会在未成年人保护机制方面的不足。总之，未成年人刑事司法是社会治理的重要方面，需要国家与社会的互动与合作，更多吸纳社会力量参与，以实现社会综合治理的良好效果。

二、未成年人刑事司法社会参与的主体

（一）社会参与的主体实质上是社会力量

社会参与实质上是社会力量的参与。所谓社会力量，是指能够参与、作用于社会发展的基本单元，包括群团组织等人民团体、非政府组织、企事业单位、民办非企业单位、公益组织等。③ 我国法律法规虽然未对社会力量进行专门的定义，但是近年来政府部门发布的部分规章、文件采用列举的方式界定了社会力量的大致范围。例如，2013 年 9 月 26 日，国务院办公厅《关于政府向社会力量购买服务的指导意见》对社会力量界定的范围是，依法在民政部门登记成立或经国务院批准免予登记的社会组织，以及依法在工商管理或行业主管部门登记成立的企业、机构等社会力量。还有的部门规章将社会力量界定为

---

① 《未成年人保护法》第 7 条规定："中央和地方各级国家机关应当在各自的职责范围内做好未成年人保护工作。国务院和地方各级人民政府领导有关部门做好未成年人保护工作；将未成年人保护工作纳入国民经济和社会发展规划以及年度计划，相关经费纳入本级政府预算……"

② 如在妇联的妇女儿童工作委员会，在共青团的未成年人保护委员会、团委的青少年权益保障部，政法委综合治理办公室下设的预防青少年违法犯罪办公室。

③ 良好的家庭环境、正确的教育方法、正常的亲子关系等都是孩子健康成长的关键因素，相应地这些家庭因素出现问题又是引发未成年人犯罪的重要原因。家庭是未成年人日常生活所处时间最长的环境，因此，未成年人刑事司法不能忽视家庭的重要性，更不能将家庭排除在外。当家庭无法承担必要的教育和监管职责时，就需要社会力量的参与。

国有企业、民营企业、金融机构、科研院所、社会公益组织、慈善组织、国际组织等。① 由此可以看出，法律法规和规章对社会力量并没有规定统一的范围。由于所属领域不同，可参与相关业务的社会力量也会有所不同。在未成年人刑事司法领域，2013年12月27日发布《人民检察院办理未成年人刑事案件的规定》第6条明确规定了能够参与的社会力量，"人民检察院应当加强同政府有关部门、共青团、妇联、工会等人民团体，学校、基层组织以及未成年人保护组织的联系和配合，加强对违法犯罪的未成年人的教育和挽救，共同做好未成年人犯罪预防工作。"该规定对参与未成年人刑事检察工作的社会力量列举较为具体，而且指明了社会参与的整体架构：党委领导、政府支持、社会协同、公众参与。

综上，笔者认为，参与未成年人刑事司法的社会力量有广义和狭义之分。狭义的社会力量是指政府机构或部门之外的、没有官方背景的社会组织和个人，主要包括：在民间组织管理机构依法登记注册、在未成年人保护领域有一定经验的社会服务机构、公益慈善组织等社会组织；在未成年人保护领域具有丰富经验的法律服务机构、心理咨询机构；具有一定未成年人保护专门知识、热心未成年人保护事业的志愿者；有社会责任感，有爱心，愿意为未成年人保护贡献力量的企事业单位。在此基础上，广义的社会力量还包括除公检法机关之外的政府部门、人民团体和事业单位，即民政局、教育局、团委、妇联、关工委等负有保护未成年人职责的组织。在司法实践中，参与未成年人刑事司法的社会力量是广义上的，本文所论述的社会力量也定位在广义之上。

(二) 参与未成年人刑事司法的社会力量的主要成分

1. 具有保护未成年人职责的部门和社会团体

根据法律规定，未成年人保护组织包括民政局、教育局等政府职能部门和团委、妇联、关工委等群团组织②，这些组织最主要的优势是拥有专门的组织系统、经费、场所、人员和保护未成年人的经验，同时负有协调相关部门和单

---

① 2013年7月2日，住房和城乡建设部《关于动员和组织社会力量支持大别山片区村镇建设的意见》规定，社会力量包括国有企业、民营企业、金融机构、科研院所、社会公益组织、慈善组织、国际组织等。

② 《未成年人保护法》第6条第1款规定："保护未成年人，是国家机关、武装力量、政党、社会团体、企业事业组织、城乡基层群众性自治组织、未成年人的监护人和其他成年公民的共同责任。"第8条规定："共产主义青年团、妇女联合会、工会、青年联合会、学生联合会、少年先锋队以及其他有关社会团体，协助各级人民政府做好未成年人保护工作，维护未成年人的合法权益。"

位进行未成年人保护和犯罪预防的职责,结合辖区内街道、乡镇的实际情况,具体组织实施对犯罪未成年人的教育矫治等相关工作。例如,妇联有"妇女儿童工作委员会"(简称妇儿工委)、团委有"未成年人保护委员会"(简称未保委)、"青少年权益部",它们既可以在不同领域、不同层面,以不同的方式支持和协调社会参与,成为多部门协同工作机制的重要组成部分,又可以直接参与未成年人刑事司法的具体工作。① 从参与方式和角度来说,未成年人保护组织可以推荐符合条件的人员。例如,中国关心下一代工作委员会推荐离退休的"五老人员",教育局推荐的中小学教师,团委推荐的各级共青团的工作人员,妇联推荐的妇女干部以志愿者的身份担任合适成年人,同时可以协助检察机关对附条件不起诉的未成年人进行监督考察和帮教。另外,各级团委的青少年权益部和志愿者工作部可直接为社会参与提供支持,如青少年权益部可借助"青少年事务社会工作者培育计划"的政策和资金,联合民政部门和财政部门推动政府购买青少年事务社会工作机构的服务;团委志愿者工作部可以对参与未成年人刑事司法的青年志愿者进行注册、颁证、考察和管理,对其志愿服务的时间和效果出具证明,在一定程度上使得参与未成年人刑事司法的青年志愿者队伍具有规范性、稳定性,对于提高社会参与的有序性和有效性具有重要的作用。

2. 学校、技能培训机构、企业事业单位、社区和社会福利机构

学校是未成年人获取知识、学习技能以及行为规范的重要场所。学校与家庭在教育、感化、挽救犯罪未成年人的过程中具有密不可分的联系,"应当建立家庭与学校、家长与教师的良好合作关系,弥补学校教育和家庭教育的不足,实现二者的互补"②,帮助未成年人回归社会。在普通学校之外,技能培训机构、职业教育机构和工读学校也是参与未成年人刑事司法的重要力量。工

---

① 笔者主持的西北政法大学与未央区检察院"未央未成年人特别保护'6+1'机制研究"课题,探索如何借助社会力量支持未成年人刑事检察工作。由西北政法大学提出项目实施方案,推动检察院与区关工委、区妇联、区团委、区教育局、区公安分局、区法院等单位会签文件,成立合适成年人队伍以及"未央区未成年人关护工作办公室",办公室设在区关工委,由关工委在辖区内的企业、社区建立关护帮教基地,区政府每年拨款10万元作为合适成年人在场和观护帮教工作的运行经费。

② 关颖:《城市未成年人犯罪对学校教育的警示》,载《青少年研究》2005年第6期。

读学校①是未成年人教育矫正的重要场所,"能够发挥教育集体的功能,矫治未成年人严重不良行为"②。工读学校除了按照义务教育法的要求,在课程设置上与普通学校相同外,还应当加强法制教育的内容,针对未成年人严重不良行为产生的原因以及有严重不良行为的未成年人的心理特点,开展矫治工作。③ 但是由于立法对工读学校没有明确的定位,一方面导致司法部门和教育部门不重视工读教育;另一方面使得社会公众对工读教育缺乏足够的了解,不愿意将应当接受工读教育的孩子送去就读。目前,全国仅有67所工读学校且绝大多数"门庭冷落"。笔者认为,工读学校有独立的教学机构、专业的教师、独立封闭的环境,这些都是适合未成年人教育矫治的资源,其作为社会力量的重要组成部分应发挥更重要的作用。

爱心企业、社区在实践中已成为未成年人审前非羁押支持机制的重要力量,可以以其为依托建立涉罪未成年人观护帮教基地。④ 例如,江苏省江阴市采取依托企业等社会力量成立"观护矫正工作站"、"管护教育基地",由案件承办人、执行机关人员、工作站保证人、社区矫正人员等组成帮教小组的方式为涉罪未成年人提供保障,在积极整合社会资源形成支持机制方面进行了有益探索。⑤ 另外,经营娱乐项目的企业主要是在限制未成年人接触不良环境方面发挥作用,共同营造有利于未成年人教育矫治的优良社会环境,尤其是在协助禁止令的执行过程中不可或缺。实践中,网吧、酒吧、游戏厅等娱乐场所既是造成未成年人网瘾、吸毒、形成不良朋友圈等潜在犯罪因素的场所,又是未成年人犯罪的多发地。因此,预防未成年人犯罪亟须这些企业的参与。尤其是在禁止令的执行过程中,如果缺少这些娱乐性企业的参与和协作,限制未成年人进入特定场所的规定将难以执行,戒除网瘾、毒瘾的矫治活动也难以彻底发挥作用。

---

① 工读学校是我国专门为失足少年创办的进行工读教育的学校。工读教育,是指对年龄在12~17周岁、具有违法或轻微犯罪行为、不适合在普通学校学习但又够不上刑事处罚的在校学生及被学校开除或自动弃学、流浪在社会上的未成年人进行"工读结合"的特殊教育方式。

② 鲁礼堂:《谈工读教育的重要性与对策》,载《湖南公安高等专科学校学报》2004年第6期。

③ 陈云肖等:《我国工读教育的现状与改革》,载《法学杂志》1996年第5期。

④ 宋英辉、上官春光、王贞会:《涉罪未成年人审前非羁押支持体系实证研究》,载《政法论坛》2014年第1期。

⑤ 宋英辉、何挺、王贞会等:《未成年人刑事司法改革研究》,北京大学出版社2013年版,第138-140页。

3. 公益性社会组织、民办非企业单位等非政府组织及志愿者

公益性社会组织和民办非企业单位等非政府组织参与未成年人刑事司法是未来的发展趋势，即由专业司法社工组织负责涉案未成年人的社会调查、社会帮教、矫治等工作。在北京、上海、西安、江苏等地成立了对未成年人提供社会服务的社工组织，承担涉罪未成年人的观护帮教、社会调查等工作。基金会等非政府公益组织可以通过专项资助或者项目合作的形式支持社会力量的参与。① 青少年司法社工组织既有自己的固定职员，又可以招募具有心理学、教育学、法学等专业背景的志愿者，根据需要提供更为专业的服务。笔者认为，社工与志愿者相结合的工作模式是较为理想的社会参与形式。由于我国当前青少年事务社工组织的规模有限，专职青少年事务社工的数量远远不能满足司法实践的需要，所以具有一定专业背景的志愿者就成为弥补专业社工数量不足的重要力量。青少年事务社工可以在专业性较强的服务项目上对志愿者进行培训、指导，对志愿者的服务计划、工作方法和服务行为进行督导，实现优势互补。

三、未成年人刑事司法社会参与的内容

（一）社会力量可参与的总体内容

社会参与未成年人刑事司法的内容实质上是为生活环境、成长条件、行为习惯和心理等方面遇到困境的未成年人提供社会支持的一系列服务，属于社会工作的内容，是青少年社会工作和司法社会工作的结合体。根据社会工作理论，社会支持主要有三类：物质性支持、精神性支持和陪伴性支持。物质性支持主要是物质和资金等有形的支持；精神性支持是指给予处于困境中的人以情感抚慰等无形支持；陪伴性支持主要是指满足人的自尊、健康成长等需要的支持，它是有利于提高个体自我价值感的言语或行为。从这个角度来分析，参与未成年人刑事司法的社会力量可以为未成年人提供的支持也可以分为物质性支持、精神性支持、陪伴性支持三类。其一，在物质支持层面，参与主体可以在资金、场所、生活条件、技能培训、就业辅导和工作机会等方面为未成年人提供支持。例如，爱心企业可以作为观护帮教基地，为取保候审的未成年人提供

---

① 例如，国际救助儿童会与西北政法大学合作进行的"未成年人司法与保护干预"项目，在陕西省民政厅注册成立民办非企业单位——陕西指南针司法社工服务中心，为西安市公检法机关办理未成年人刑事案件提供合适成年人在场、社会调查、观护帮教等专业社工服务。

生活、技能学习的条件或者工作岗位。政府可通过减免税收、政府购买服务及其他政策对作为观护帮教基地的企业予以鼓励和扶持，保障观护帮教基地的可持续发展。其二，在精神支持层面，参与主体可以对未成年被害人提供免费的心理创伤治疗、心理救治，对涉案未成年人进行心理疏导、行为矫治、戒毒、戒瘾治疗等教育矫治专业服务。其三，在陪伴性支持层面，参与主体可以利用现有社会资源，针对不同案主的需求，协助未成年人深度认识自我，建立良好的社会支持网络，以个案、小组等专业方法和技巧，恢复或补强其社会适应能力，使其重新融入正常的社会生活中。例如，社工、志愿者作为合适成年人参与办案人员对未成年人的讯（询）问，首先是为未成年人提供陪伴性的支持，安抚未成年人的情绪，减轻或者消除其在警官、检察官及法官面前的紧张、恐惧、无助、孤独等不良心理反应和情绪，同时监督办案人员的讯（询）问行为，防止出现违法讯（询）问行为，既维护了未成年人的合法权益，又提供了沟通、抚慰等陪伴性的支持。

未成年人刑事司法的社会参与属于较为特殊的青少年司法社会工作，既有一般社会工作的内容，又有其特殊性，无法全部由上述三项内容所涵盖。例如，刑事诉讼法规定的特殊程序要求，如社会调查，并非直接为未成年人提供物质性的、精神性的或者陪伴性的支持，但最终都会在程序和实体两个方面有利于未成年人，也属于未成年人刑事司法中社会支持的内容。

(二) 社会参与未成年人刑事司法的具体内容

社会参与及其相应的司法社会工作贯穿于未成年人刑事司法活动的始终，涵盖未成年人刑事案件的侦查、起诉、审判和执行等各个阶段。

1. 合适成年人在场：弥补家庭监护的缺位

合适成年人在场是社会力量参与未成年人刑事诉讼的一种最基础、最普遍的形式，也是社会力量参与最早的领域。在司法实践中，未成年犯罪嫌疑人、被害人、证人的法定代理人不能或不宜到场参加讯（询）问造成了讯（询）问程序合法性问题及未成年人合法权益保护问题。以合适成年人的身份参与讯（询）问活动，对此类未获得家庭支持的未成年人给予社会支持，可以保障所有未成年人获得平等保护，同等享有诉讼权利。根据2018年修订的《刑事诉讼法》第281条的规定，在讯问、询问、审判的时候，无法通知未成年人的法定代理人、法定代理人不能到场或者法定代理人是共犯的，除了通知未成年人的其他成年亲属外，还可以通知未成年人所在学校、单位、居住地基层组织或者未成年人保护组织的代表到场。这就是学术界和司法实践部门达成共识的"合适成年人在场"。据此，学校、企事业单位、居住地基层组织或者未成年人保护组织等社会力量可以作为合适成年人参与讯问、询问或出席庭审。然而，实践中落实合适成年人在场制度遇到很多现实问题。例如，在没有固定合适成年人团队和多部门协调机制的情况下，当办案人需要时，在社会上寻找合适成年人就受到很多因素的制约，往往依靠私人关系找朋友、熟人帮忙，无形之中增加了许多额外工作负担，不利于合适成年人在场制度的真正落实。因此，合适成年人在场制度离不开学校、企事业单位、居住地基层组织或者未成年人保护组织等社会力量的参与。同时，合适成年人的职责并不仅仅是坐在讯（询）问现场而使得讯（询）问程序具有合法性这么简单，还包括履行沟通、抚慰、监督、教育等多项职能，是一项专业性很强的社会工作，因此需要经过专门的遴选和培训。解决这一问题的关键是建立以司法社会工作者、志愿者为主体，其他社会力量广泛参与的合适成年人工作机制。

2. 社会调查：弥补司法所等组织和机构在人员及专业性上的不足

2018 年修订的《刑事诉讼法》第 279 条规定，公安机关、人民检察院、人民法院办理未成年人刑事案件，根据情况可以对未成年犯罪嫌疑人、被告人的成长经历、犯罪原因、监护教育等情况进行调查。社会调查是一项专业性很强的工作，需要掌握社会调查工作方法、具备社会工作伦理的专业人员来进行。刑事诉讼法虽然规定了公检法机关可以进行社会调查，但是司法实践中公检法机关没有时间和精力进行专业性较强的社会调查报告。在理论上，公检法机关作为办案机关作出的社会调查报告是否具有中立性也颇受质疑。有观点认为，应以司法所为社会调查的基本主体，同时吸纳其他社会组织和志愿者作为社会调查的辅助主体参与，从而形成一套以社会力量支持司法运作为核心的较为健全和规范化的社会调查机制。① 笔者认为，社会力量参与社会调查有两个优势：其一，社会力量作为中立第三方进行社会调查所获得的社会调查报告具有较强的中立性，尤其是由专业的青少年社工组织、司法社工组织进行的社会调查报告的专业性、可信性和全面性更高。其二，由专业的社工组织等社会力量承担对未成年人犯罪背景情况，包括对未成年人身心特征、成长环境、犯罪原因等因素的调查，对适用非羁押措施、缓刑和社区矫正、附条件不起诉等决定提供参考，可以弥补司法所人员短缺和专业性不足的问题。然而，由于刑事诉讼法并未明确规定社会组织可以进行社会调查，造成社会组织参与社会调查缺乏明确的法律依据，不利于社会调查工作的开展。为了解决社会调查事项的社会参与问题，最高人民法院《关于适用〈中华人民共和国刑事诉讼法〉的

---

① 茹艳红：《未成年人刑事诉讼社会参与原则的实现》，载《福建江夏学院学报》2012 年第 5 期。

解释》第476条第2款规定，必要时，人民法院可以委托未成年被告人居住地的县级司法行政机关、共青团组织以及其他社会组织对未成年被告人的上述情况进行调查，或者自行调查。《人民检察院刑事诉讼规则》第461条规定，人民检察院开展社会调查，可以委托有关组织和机构进行。最高人民检察院《八项措施》第8条明确规定了检察机关以政府购买服务等方式，将社会调查交由专业社会力量承担。上述司法解释的规定解决了社会力量进行社会调查的合法身份，同时还指明了通过政府购买服务的方式解决社会组织进行社会调查的资金来源问题的路径。

3. 观护帮教：适用非羁押措施和附条件不起诉的社会支持体系

2012年修订的《刑事诉讼法》增加规定了对未成年人严格限制适用逮捕措施的原则及附条件不起诉制度。在附条件不起诉考察期内，人民检察院对被附条件不起诉的未成年犯罪嫌疑人进行监督考察，未成年犯罪嫌疑人的监护人应当对未成年犯罪嫌疑人加强管教，配合人民检察院做好监督考察工作。在司法实践中，有些监护人难以实际承担监督考察工作，因而，对未成年人在考察期间的监督工作，应当引入社会力量。探索建立由社区、学校、社会团体等社会力量来协助和支持检察机关对被附条件不起诉的未成年人进行监督考察和观护帮教，既可以保障对被附条件不起诉的未成年人的监督考察效果，也有助于切实保护未成年人的合法权利。刑事诉讼法规定的对未成年人严格限制适用逮捕措施的原则要求，对未成年人优先适用取保候审和监视居住等非羁押措施。然而，在司法实践中有相当数量的不能提供适格的保证人又交不起保证金的未成年犯罪嫌疑人、被告人因无法适用非羁押措施而被羁押。调查发现，作为取保候审和监视居住的社会支持机制，观护帮教基地可以为未成年人提供保证人和临时住所，从而扩大非羁押措施的适用。除作为取保候审和监视居住的社会支持机制以外，观护帮教基地还可以承担对被附条件不起诉的未成年人进行帮教和对未成年缓刑犯的社区矫正职能。对于被附条件不起诉的未成年人，由观护帮教基地开展有针对性的帮教、心理矫治和技能培训等，让其认识到自身行为的社会危害性，预防再犯。[①] 2013年修订的《人民检察院办理未成年人刑事案件的规定》第42条、第43条规定，人民检察院可以要求被附条件不起诉的未成年犯罪嫌疑人完成戒瘾治疗、心理辅导或者其他适当的处遇措施，向社区或者公益团体提供公益劳动、不得进入特定场所以及接受相关教育。人民检察院可以会同未成年犯罪嫌疑人的监护人、所在学校、单位、居住地的村民委员

---

① 宋英辉、何挺、王贞会等：《未成年人刑事司法改革研究》，北京大学出版社2013年版，第39-40页。

会、未成年人保护组织等有关人员定期对未成年犯罪嫌疑人进行考察、教育，实施跟踪帮教。这一规定初步明确了未成年人保护组织等社会力量可以参与未成年犯罪嫌疑人的教育矫治。在此基础上，《八项措施》第 8 条进一步明确规定，检察机关以政府购买服务等方式，将观护帮教等工作交由专业社会力量承担。由爱心企业和社会组织参与建立观护帮教基地，对于涉嫌犯罪的未成年人，尤其是对外来未成年人适用非羁押措施和附条件不起诉非常重要。因为观护帮教基地为缺乏取保候审条件和家庭监管条件的未成年人提供居住、饮食、监督和考察等条件，为实现未成年人在法律面前一律平等提供保障，防止出现由于出生地、户籍以及生活条件等因素所产生的在适用法律上的不平等。观护帮教基地的建设、观护帮教活动的正常开展都需要企事业单位、社会福利机构、社区及志愿者等社会力量的广泛参与。

4. 协助禁止令的执行：营造有利于犯罪未成年人教育矫治的社会环境

未成年犯罪嫌疑人的观护帮教、监督考察、未成年犯社区矫正及禁止令的执行都是广义上的对于未成年人的教育矫治措施，这些措施要取得良好效果，除了上述直接参与的主体提供专业的行为矫治、戒毒戒瘾治疗、心理辅导等措施之外，还需要营造有利于未成年人教育矫治的社会环境以辅助或者巩固教育矫治的效果。这一社会环境的形成有赖于社会综合治理，需要社会的广泛参与及支持，如网吧、酒吧、舞厅、游戏厅等娱乐场所的经营者和服务人员，甚至每一个公民都可以参与。社会综合治理及社会参与的特殊性在于，参与者既不直接介入未成年人的教育矫治活动，也不知晓谁是特定教育矫治对象，他们只需要遵守《未成年人保护法》、《预防未成年人犯罪法》等法律法规的相关规定，或者从最低限度来说，任何一个成年公民发现未成年人进入网吧、酒吧、游戏厅等娱乐场所之时，有意识地劝阻未成年人、提醒经营者或服务人员劝阻未成年人进入。通过社会力量的共同参与，将未成年人隔离在不利于其健康成长、滋生违法犯罪的场所和环境之外。以未成年犯缓刑的禁止令为例。法官在宣告未成年犯缓刑时，可以同时宣告禁止其从事一定的行为或者禁止进入酒吧、网吧等特定的场所。具体来说，可以通过发布禁止令规定未成年人夜晚应在特定的地方（一般是指学校或者家中），也可以规定在特定的时间内不准进入酒吧、网吧、电子游戏厅等特定场所。禁止令制度要发挥预期的效果，关键在于其真正被执行。禁止令的执行除了依靠未成年人的自觉自律、监护人及其他观护帮教人员的监督之外，更重要的是社会力量参与社会综合治理的意识和程度。易言之，当未成年人不能自我约束，意图进入网吧等娱乐场所时，社会综合治理能实现让其无法进入。然而，在当前的社会形势下，由于社会综合治理水平的限制，禁止令往往流于形式。因此，有学者主张，由于相关配套制度还不健全，法官在宣告禁止令的时候应考虑是否具有可行性。① 笔者认为，如果法官发出的禁止令不具有可行性或者无法真正落实，那么这种禁止令的发布非但不利于对未成年人的教育矫治，而且会造成司法资源的浪费。在司法实践中，禁止令的执行上还存在较多薄弱环节，其中最突出的是缺乏社会的支持和广泛参与。易言之，禁止令的有效执行有赖于社会综合治理，而有利于未成年人健康成长的社会环境的形成、消除滋生未成年人犯罪的土壤，必须发动全社会的力量参与进行综合治理。例如，禁止未成年人进入网吧、酒吧、迪厅等娱乐场所，一方面，需要的是所有网吧、酒吧、舞厅等娱乐场所严格执行关于不得允许未成年人进入的规定，如网吧严格执行查验身份证件和实名上网的制度，严禁未成年人进入网吧。酒吧、舞厅的经营者、服务人员也应当具有保护未成年人健康成长和防止未成年人犯罪的责任感和参与意识，发现疑似未成年人的要查验身份证件，对于未成年人应进行说服教育的工作并拒绝其进入。另一方面，提高社会公众保护未成年人的意识，当发现上述娱乐场所有疑似未成年人时，可向执行机关反映，或者建议娱乐场所对未成年人的身份进行核实，等等。总之，在执行禁止令的过程中，各种社会力量都可参与进来，共同营造有利于未成年人教育矫治、防止其犯罪或再次犯罪的良好社会环境，在综合治理的前提下保证禁止令的有效执行。

5. 开放式教育：参与对服刑少年犯进行社会帮教

未成年人刑事司法的社会参与不能忽视刑罚执行阶段的少年犯，即处于社区矫正阶段及在少年犯管教所服刑的少年犯。对于判处管制、宣告缓刑的未成年犯的社区矫正，可以适当引进社会力量的参与。尤其是在实践中普遍存在司法所工作人员数量少、矫正专业知识欠缺的情况下，由专业的青少年事务社工参与对未成年罪犯进行矫正非常必要。青少年事务社工运用个案工作、小组工作和社区工作方法，协助犯罪未成年人实现再社会化，重新适应社会，积极帮助未成年人向良好方向发展。对于犯罪情节较为严重而不适合进行社区矫正的未成年罪犯，在对其进行监禁矫正的过程中，可以适当引进社会力量的参与，对少年罪犯进行"开放式教育"。"开放式教育"是指监狱充分面向社会，依靠社会对罪犯进行多渠道的教育改造，通常被人们概括为"请进来，走出去"的形式。所谓请进来，就是在对少年犯进行教育改造的过程中，吸收社会力量的参与，如动员社会各界人士对少年犯进行帮教，对少年犯进行励志教育，鼓励其走出自己的心理阴影。所谓走出去，是指在对少年犯进行教育改造的过程

---

① 高铭暄、岳蓓玲：《论刑法禁止令的司法适用》，载《南昌大学学报》2013年第7期。

中，为少年犯走出监狱创造条件，鼓励少年犯了解社会的变化，及时更新自己的知识系统，跟上社会发展的节奏，不至于在少年犯出狱的时候与社会严重脱节。① 未成年犯管教所可以和社会力量联合起来，由社会职业培训机构为未成年人提供职业技能培训，与此同时，为其提供相关的就业信息和就业渠道，为其刑满释放后顺利融入社会创造条件。未成年犯管教所也可以与有关的教育机构联合对未成年犯提供学业教育，使未成年犯在服刑过程中不至于中断学业，这样在其刑满释放之后还有机会继续求学深造。

四、未成年人刑事司法社会参与的保障机制

基于社会力量的多元性、复杂性以及刑事司法的特殊性，必须建立相应的保障机制以保证社会力量参与的有序性和可持续性，即实现有序参与和常态参与的目标。相应的保障机制可分为有序参与的保障机制和常态参与的保障机制两类。

（一）实现有序参与的保障机制

有序参与是指参与者和参与过程的规范性和有序性，即参与主体必须遵守既定的程序与制度。有序参与保障机制由以下三个部分有机构成：

1. 由检察院负责推进社会参与并整合社会力量

由谁来主导社会参与，在司法实践中一直存在颇多争论，这也是各地社会参与实践亟待解决的问题。有学者认为，党委和政府才是未成年人保护体系和保护工作的组织者、领导者、决策者和建设者，检察机关只是一个积极的参与机关和责任机关。② 笔者认为，政府部门、检察机关、社会组织等不同机构主导社会参与皆有其合理性，但是检察机关是司法机关中唯一全程参与刑事诉讼，并承担法律监督职能的机关，其具备协调各政府部门和社会组织的能力和条件。因此，检察机关在推动社会支持体系方面具有不可替代的作用，是推动社会支持体系的重要力量。第一，检察机关在未成年人审查批捕阶段和审查起诉阶段具有主导性，同时检察机关在整个刑事诉讼程序中前承侦查后启审判，体现了检察院主导社会力量参与的全面性。第二，检察机关在审查逮捕、审查起诉、出庭公诉等各环节中广泛地与未成年人的家庭、学校、未成年人保护组

---

① 冯卫国：《行刑社会化研究——开放社会中的刑罚趋向》，北京大学出版社2003年版，第132页。

② 参见赵衡：《构建社会支持体系全方位保护未成年人》，载《检察日报》2015年6月29日第8版。

织及社会组织等进行接触并建立联系，体现了检察机关主导社会力量参与的信息优势和资源优势。第三，人民检察院作为法律监督机关，应进一步强化诉讼监督，将刑事诉讼法中关于未成年人保护的措施落到实处，同时在对《未成年人保护法》、《预防未成年人犯罪法》等法律的实施情况进行监督的过程中，督促有关部门积极履行法定职责，同时将各有关部门的资源进行整合，体现了检察机关主导社会力量参与的制度优势。因此，检察院牵头推动建立社会参与未成年人刑事司法的工作机制具有合理性和可行性。① 检察机关应依照《八项措施》的规定，牵头推动公检法机关衔接配合以及与政府部门、未成年人保护组织等多个部门合作，构建社会力量有序参与未成年人刑事司法的长效机制。

2. 建立未成年人刑事司法信息共享及转介机制

笔者通过调研发现，社会力量参与未成年人刑事司法存在信息交流不畅、各部门和组织各行其是的问题。一方面，由于刑事司法的封闭性，社会力量通常无从知晓哪一机关在何时需要社会参与，也无从掌握有哪些组织和机构拥有合适的人员和可资利用的资源；另一方面，由于各参与主体的资源无法共享，本单位无法实现的任务不能即时转介到其他合适的主体，尤其是需要多主体合作的时候，信息沟通不畅就成为社会力量有序参与的瓶颈。笔者认为，建立司法机关与社会力量沟通的信息平台，可以保障社会力量有意愿参与时，便可向办案机关提出申请，由办案机关选择最合适的参与者，通过委托函或签订协议的方式授权该组织参与这项工作，这就保证了参与者能够在第一时间介入，实现各部门协作的有序性。在信息共享和转介机制的实践方面，有些地方建立了合适成年人值班制度，设立值班电话，公检法机关需要合适成年人时即拨打值班电话，值班人员即指派合适成年人到场。② 有的地方成立司法社工服务中心，通过与公检法机关签订委托协议的方式承担未成年人社会调查、观护帮教

---

① 笔者调研发现，北京、上海、西安、江阴等地社会参与未成年人刑事司法的工作机制均系检察机关牵头组织和推动的。最高人民检察院发布了推动社会力量参与和支持未成年人刑事司法的文件。例如，2015 年 5 月 27 日最高人民检察院发布的《检察机关加强未成年人司法保护八项措施》，明确提出检察机关应推动完善政法机关衔接配合以及与政府部门、未成年人保护组织等跨部门合作机制，推动建立未成年人司法保护借助社会专业力量的长效机制。

② 昆明市盘龙区设立合适成年人值班制度，由专职人员担任合适成年人并轮流值班，值班合适成年人接到通知后即迅速抵达办案现场。

及其他社会服务。① 例如，当检察机关需要对附条件不起诉的未成年人进行监督考察和观护帮教时，检察官可以将这一需求信息通过电话或发送委托函的方式提供给司法社工服务中心，由中心社工接案并进行跟踪服务。如果在帮教过程中需要异地协助时，由社工中心与当地社工组织、民政部门进行沟通或者协作，将该案转介给合适的机构。有些地方的检察机关采取签订未成年人刑事检察异地协作协议的方式实现转介服务的信息共享。② 这种信息共享和转介机制建立后，可以使得社会参与更加有序和有效，解决了公检法机关的办案人员临时寻找合适机构和人员的困难，真正实现"办案专业化，帮教社会化"的目标。需要特别注意的是，在信息共享和转介过程中应严格对未成年人及其家庭信息予以保密，将未成年人的身份信息、家庭情况等可能会透露个人隐私的信息进行技术处理，充分保护未成年人及其家庭的隐私权。

3. 制定社会力量有序参与的程序规则

为了保证社会参与的有序进行，应当制定一系列程序规则，包括社会主体进入和退出程序、遴选和考核程序、奖惩和监督制度，等等。由于篇幅所限，在此仅以合适成年人参与刑事诉讼的程序规则为例，具体说明社会力量有序参与的程序规则：相关部门、机构联合制定程序规范，对合适成年人的准入条件、培训、日常管理、证件与文书、权利义务、考核与退出等方面进行明确规定。（1）准入条件。明确规定合适成年人应具备的条件：身体健康，心智健全，具有良好的道德修养；热心未成年人保护工作，具有奉献精神和责任感；掌握基本的法学、心理学、教育学等相关知识。（2）遴选程序。明确由哪一部门或组织牵头，由哪些单位推荐、选聘热心未成年人保护工作且具备相关知识和能力的志愿者担任合适成年人，编制合适成年人名册，组成固定的合适成

---

① 陕西指南针司法社工服务中心与西安市各区县公检法机关签订委托服务协议，由社工中心为公检法机关办理未成年人刑事案件提供合适成年人在场、社会调查、观护帮教的免费服务。在委托协议中即载明了信息共享和转介服务的方式和内容。实践证明，这种信息共享和转介机制的建立，可以大幅度提高办案效率，减少办案人员的额外负担，办案人员可以将更多精力用于办案。

② 2015年8月25日，上海市人民检察院与江苏省人民检察院共同签订《关于建立沪苏检察机关未成年人刑事检察工作异地协作机制的协议》，在全国率先实现未成年人刑事检察工作的省际协作。双方协定，对于涉罪未成年人的犯罪地和户籍地或实际居住地分属沪苏两地的，犯罪地检察机关可以商请户籍地或居住地检察机关协助开展社会调查、观护帮教、附条件不起诉监督考察或社区矫正工作，户籍地或居住地检察机关应当予以配合协助。载上海市人民检察院网站，http://www.shjcy.gov.cn/，最后访问时间：2015年9月1日。

年人团队。(3) 培训制度。为保证合适成年人掌握与未成年人沟通的技巧和工作方法,确保在场的效果,遴选出的人员必须经过专门培训之后才有资格担任合适成年人。(4) 合适成年人团队的日常管理。为了提高合适成年人在场制度的运行效率,规定由哪一机构或组织对该合适成年人的人才库进行管理、培训和统一调度。(5) 到场、在场及签字的程序规范。办案机关需要合适成年人到场的,应向负责管理合适成年人团队的机构出具《合适成年人到场通知书》,该机构接到通知后即派合适成年人到达办案现场并出具《指派合适成年人到场函》,合适成年人持《指派合适成年人到场函(副本)》到办案机关或看守所参与讯(询)问。办案机关应将《指派合适成年人到场函(副本)》及合适成年人的身份证、工作证的复印件附卷。另外,明确在场合适成年人的权利义务、拒绝签字的情形及签字的具体要求。(6) 考核及退出机制。明确规定对合适成年人进行年度考核的主体,考核标准、考核程序以及考核不合格的后果。明确规定考核不合格或因故申请退出的,将其不再录入合适成年人名册。

(二) 实现常态参与的保障机制

常态参与是指社会力量的参与具有可持续性,通过一系列制度保障社会参与的常态化。常态参与保障机制包括建立多部门协作机制、人力支持和财力支持三项内容。

1. 机制支持：建立多部门合作机制

未成年人刑事司法涉及的部门多、领域广,这就需要通过一个平台来整合各方力量。因而,各级政府部门应建立由政府牵头,公、检、法、司和教育、民政、财政等职能部门和妇联、共青团、关工委等团体共同参与的工作机制。根据相关政策和文件规定,各地预防青少年违法犯罪工作领导小组是办理未成年人刑事案件配套工作的综合协调机构,公检法机关都是成员单位。[①] 在此基础上,建立健全办理未成年人刑事案件配套工作的协调和监督机制,各级预防青少年违法犯罪工作领导小组是办理未成年人刑事案件配套工作的综合协调机

[①] 2010 年 8 月,中央综治委预防青少年违法犯罪工作领导小组、最高人民法院、最高人民检察院、公安部、司法部、共青团中央联合发布的《关于进一步建立和完善办理未成年人刑事案件配套工作体系的若干意见》规定,建立健全办理未成年人刑事案件配套工作的协调和监督机制,各级预防青少年违法犯罪工作领导小组是办理未成年人刑事案件配套工作的综合协调机构,应当定期主持召开未成年人司法工作联席会议,及时研究协调解决存在的问题和困难,总结推广成熟有效的工作经验。各级预防青少年违法犯罪工作领导小组应当协调有关部门和社会组织做好被帮教未成年人的就学、就业及生活保障等问题。

构，应当定期主持召开未成年人刑事司法工作联席会议，及时研究存在的问题，协调解决实际困难，总结推广经验。各级预防青少年违法犯罪工作领导小组应当协调有关部门和社会组织做好被帮教未成年人的就学、就业及生活保障等问题。

2. 人力支持：未成年人刑事司法与青少年社会工作的整合

未成年人司法社会工作具有较强的专业性，如果没有专业人才的保障将很难持续进行。因此，专业知识和技能要求较高的事项应当由专业人员参与。譬如，参与主体对未成年被害人提供心理创伤治疗，对涉案未成年人进行社会调查、心理疏导、观护帮教、行为矫治、监督考察等服务具有很高的专业要求，稍有不当就可能产生不良后果。未成年人刑事司法的社会参与属于青少年司法社会工作，而青少年社会工作又是社会工作的重要组成部分，它根据青少年生理、心理和社会特征，通过运用专业社会工作的价值观、理念、方法和技巧，促进青少年健康成长，帮助他们达成一种良好的社会适应状态。① 未成年人刑事司法与青少年社会工作的整合，就是要建设青少年司法社工组织和社工助力未成年人刑事司法社会参与的长效机制，其发展方向是建立以专业性的司法社工为主体的青少年司法社工团队，将专业的社会工作者与志愿者队伍相结合，为未成年人刑事司法实现教育、感化、挽救的价值诉求提供专业性的社会支持。

社会工作的理念、工作方法和专业人员对于社会参与未成年人刑事司法具有重要的保障作用。首先，通过社会工作机构与司法机关的协调配合，建立沟通与协调机制，实现未成年人刑事司法与青少年司法社会工作的有机整合。其次，由于未成年人的社会调查、帮教、社区矫正等业务具有较强的专业性，通过建立青少年事务社会工作的专业人才队伍，为公检法机关办理未成年人刑事案件提供专业人才支持。笔者认为，可以通过聘请教育学、心理学、犯罪学、社会学及青少年社会工作等领域的专家和志愿者组成"未成年人刑事司法社会工作专业人才库"的方式，作为社会力量参与专业性较强的未成年人刑事司法事项的人力资源保障，提高未成年人刑事司法社会工作的专业化程度和可持续性。

3. 政府财力支持：推动政府购买服务

对于公益性的社会组织而言，充足的资金是其充分而有效地参与未成年人刑事司法的重要基础，同时资金短缺也是制约其持续参与的关键因素。在这个

---

① 陆士桢、王玥：《青少年社会工作》（第2版），社会科学文献出版社2012年版，第1页。

意义上说，能否走出资金紧张的困境，已成为社会参与能否顺利开展的关键问题。笔者认为，在社会参与的财力保障机制方面，可引入一定的市场化、契约化机制，推动政府购买公益性社会组织尤其是青少年社工组织的服务。政府购买服务是政府为履行服务社会的职责，通过财政向各类社会服务机构支付费用，用以购买其以契约方式提供的、由政府界定种类和品质的全部或部分公共服务，是一种"政府承担、定向委托、合同管理、评估兑现"的新型政府公共服务提供方式。① 政府购买服务是政府支持社会力量参与社会治理的重要手段。近年来，国家开始关注公共领域的政府购买服务问题。2013年9月30日，国务院办公厅公布了《关于政府向社会力量购买服务的指导意见》，明确要求在公共服务领域更多利用社会力量，加大政府购买服务的力度。在未成年人刑事司法领域推进政府购买服务，把契约化、专业化和社会化有机结合起来，解决"单纯义务参与"的流动性强、规范性差、专业性弱以及缺乏长效机制的问题，有利于进一步激发社会力量参与未成年人刑事司法的活力，有效提高未成年人司法保护的效能。在实践中，政府购买社会组织服务已经在北京、上海、广州等社会组织较为发达的地区实现。其主要运作模式为，由专业的司法社会工作者承担涉罪未成年人的社会调查、观护帮教等社会服务，再由政府向社会组织购买服务。质言之，未成年人刑事司法尽管亟须社会参与，但是社会参与不能替代政府的责任和义务。政府应通过购买服务的方式，承担起参与未成年人刑事司法的非营利性的社会组织所需的大部分资金，且财政拨款不应以左右公益性社会组织自身运作为条件，同时加强中立评估机构对公益性社会组织的监督和评估，真正实现政府和社会力量之间的准确定位及良性互动。

---

① 魏中龙、巩丽伟、王小艺：《政府购买服务运行机制研究》，载《北京工商大学学报》2011年第3期。

附录 调查问卷

调查问卷 A 卷

朋友：

你好！为了了解你的生活状况，我们进行本次调查。你的真实回答非常重要，请按照要求认真回答。调查不用填写姓名，答案没有对错之分，我们会对问卷内容严格保密。

问卷填答说明：

(1) 请在所选的选项上打"√"，或将序号填在对应的括号内，或在 _____ 处填写相应内容。

(2) 题后注明"可多选"的，可以选择多个答案；题后未注明的只能选择一个答案。

第一部分：个人基本资料

请根据你的实际情况选出正确答案，并在相应的选项上打"√"。

1. 你的性别：　(1) 男　　　(2) 女
2. 你的民族是：(1) 汉　　　(2) 少数民族
3. 你现在的年龄是：_____；你犯罪时的年龄是：_____【请填写周岁】
4. 你是否是独生子女：(1) 是　　　(2) 否
5. 你的文化程度：(1) 小学　(2) 初中　(3) 高中　(4) 大专及以上
6. 你的学习成绩如何？(1) 好　　(2) 一般　　(3) 差
7. 犯罪前你的父母的情况是：

(1) 父母同住　(2) 父亲或母亲在外地工作很少回来

(3) 父母因感情不和而分居　　(4) 离婚　　(5) 父亲过世

(6) 母亲过世　　　　　　　　(7) 父母都过世

8. 你父母的受教育程度：【请按照下表，将父母的受教育程度的序号填在对应的横线上】

(1) 父亲受教育程度：_____　(2) 母亲受教育程度：_____

(A) 硕士（含）以上　　(B) 大学或专科毕业　　(C) 高中、中专或职高毕业　　(D) 初中毕业　　(E) 小学及以下　　(F) 不清楚

9. 你父母的职业分别是：【请按照下表，将父母的职业选项的序号填在对应的横线上】

(1) 父亲的职业：_____　(2) 母亲的职业：_____

(A) 离退休人员 (B) 党政、事业和社团机关单位的领导 (C) 经理人员（企业中的高中层管理人员及部门负责人） (D) 私营企业主（生产资料属于私人所有，雇工 8 人以上的营利性组织的业主） (E) 专业技术人员（科教文卫人员、工程技术人员、律师、设计师等） (F) 党政机关或企业的办事人员 (G) 个体工商户（小业主、小雇主、出租少量房屋者等以此职业为主要收入来源者） (H) 商业服务业人员（厨师、出租车司机、推销员、导游、服务员、保安、清洁工等） (I) 产业工人（电工、机修工、搬运工、养路工、建筑工等） (J) 农民（以农业、林业、牧业、渔业为主要职业和收入者） (K) 无业或失业 (L) 其他，请写明_____

10. 与周围的人相比，你认为你家的经济状况如何？

(1) 好　　(2) 一般　　(3) 困难

11. 与周围的人相比，你认为你的健康状况如何？

(1) 好　　(2) 一般　　(3) 差

12. 你是否曾经因违反学校纪律而转学：　　(1) 是　　(2) 否

13. 你是否曾经因违反学校纪律而不去学校上学：　　(1) 是　　(2) 否

14. 你犯罪时住在：(1) 城市　　(2) 城乡结合部　　(3) 农村

第二部分：行为

请根据犯罪前你的实际情况做出选择，回答时请在右侧五个不同的答案中选一个你认为最符合你实际情况的答案，并在所选的答案的数字上打"√"。

	从未有过	有过1~2次	有过5~6次	每周1~2次	经常发生
1. 破坏学校的门窗、桌椅等	(1)	(2)	(3)	(4)	(5)
2. 破坏街边的公共设施	(1)	(2)	(3)	(4)	(5)
3. 偷别人的钱	(1)	(2)	(3)	(4)	(5)
4. 未经允许，骑走陌生人的自行车	(1)	(2)	(3)	(4)	(5)
5. 离家出走	(1)	(2)	(3)	(4)	(5)
6. 携带刀具进入校园	(1)	(2)	(3)	(4)	(5)
7. 故意伤害他人	(1)	(2)	(3)	(4)	(5)
8. 为了获取报酬或以付钱的方式，与他人发生性关系	(1)	(2)	(3)	(4)	(5)
9. 打群架	(1)	(2)	(3)	(4)	(5)
10. 吸食摇头丸、K粉等	(1)	(2)	(3)	(4)	(5)
11. 在学校考试中偷看别人的答案	(1)	(2)	(3)	(4)	(5)

12. 搭公共汽车、出租车等不付钱	(1) (2) (3) (4) (5)
13. 偷拿家人的东西	(1) (2) (3) (4) (5)
14. 在学校暗地里算计老师	(1) (2) (3) (4) (5)
15. 与父母冲突时，动手打父母或其他长辈	(1) (2) (3) (4) (5)
16. 郁闷时，动手打同伴或同学	(1) (2) (3) (4) (5)
17. 强行要同伴的钱、物	(1) (2) (3) (4) (5)
18. 强行拿陌生人的钱	(1) (2) (3) (4) (5)
19. 买东西不付钱	(1) (2) (3) (4) (5)
20. 浏览网络色情信息	(1) (2) (3) (4) (5)
21. 骗取别人的钱	(1) (2) (3) (4) (5)
22. 打骚扰电话或发骚扰短信	(1) (2) (3) (4) (5)
23. 玩网络暴力游戏	(1) (2) (3) (4) (5)
24. 调戏、谩骂或殴打异性	(1) (2) (3) (4) (5)
25. 逃学	(1) (2) (3) (4) (5)

第三部分：亲子关系

请根据犯罪前你的家庭实际情况做出选择，回答时请在右侧五个不同的答案中选一个你认为最符合你实际情况的答案，并在所选的答案的数字上打"√"。

	完全不符合	基本不符合	一半不符合一半符合	基本符合	完全符合
1. 父亲（指你的父亲，下同）经常问你在学校里做什么	(1)	(2)	(3)	(4)	(5)
2. 父亲给你适当的关爱	(1)	(2)	(3)	(4)	(5)
3. 对你来说最坏的事是发现你使父亲不开心	(1)	(2)	(3)	(4)	(5)
4. 当你努力完成某事时，父亲通常高兴并夸奖你	(1)	(2)	(3)	(4)	(5)
5. 父亲信任你	(1)	(2)	(3)	(4)	(5)
6. 你和父亲之间的关系亲密	(1)	(2)	(3)	(4)	(5)
7. 当你和朋友一起出去玩或约会时，父亲想知道你和谁出去	(1)	(2)	(3)	(4)	(5)
8. 当你不在家的时候，父亲知道你和谁在一起以及你在哪里	(1)	(2)	(3)	(4)	(5)
9. 当你放学不直接回家时，父亲要你告诉他你和谁在一起	(1)	(2)	(3)	(4)	(5)

10. 当你不在家的时候,父亲知道你大概在哪里	(1) (2) (3) (4) (5)
11. 母亲(指你的母亲,下同)经常问你在学校里做什么	(1) (2) (3) (4) (5)
12. 母亲给你适当的关爱	(1) (2) (3) (4) (5)
13. 对你来说最坏的事是发现你使母亲不开心	(1) (2) (3) (4) (5)
14. 当你努力完成某事时,母亲通常高兴并夸奖你	(1) (2) (3) (4) (5)
15. 母亲信任你	(1) (2) (3) (4) (5)
16. 你和母亲之间的关系亲密	(1) (2) (3) (4) (5)
17. 当你和朋友一起出去玩或约会时,母亲想知道你和谁出去	(1) (2) (3) (4) (5)
18. 当你不在家时,母亲知道你和谁在一起以及你在哪里	(1) (2) (3) (4) (5)
19. 当你放学不直接回家时,母亲要你告诉她你和谁在一起	(1) (2) (3) (4) (5)
20. 当你不在家的时候,母亲知道你大概在哪里	(1) (2) (3) (4) (5)
21. 你会告诉父母对事情的看法	(1) (2) (3) (4) (5)
22. 你喜欢和父母聊天	(1) (2) (3) (4) (5)
23. 你喜欢和父母一起活动	(1) (2) (3) (4) (5)
24. 在你考试没有考好的时候,父母会与你共同检讨原因	(1) (2) (3) (4) (5)
25. 你的功课有不懂的地方,父母会为你解答疑惑	(1) (2) (3) (4) (5)
26. 父母会检查你的家庭作业	(1) (2) (3) (4) (5)
27. 当你的考试成绩不理想的时候,父母会鼓励你	(1) (2) (3) (4) (5)
28. 父母会禁止你与有不良行为的朋友交往	(1) (2) (3) (4) (5)
29. 父母会禁止你去网吧、酒吧等场所	(1) (2) (3) (4) (5)

30. 有些电视节目或电影，父母会禁止你看	(1) (2) (3) (4) (5)
31. 父母会制定一些规矩要求你遵守	(1) (2) (3) (4) (5)
32. 父母对你的要求，你都能够遵守	(1) (2) (3) (4) (5)
33. 你能接受父母的管教方式	(1) (2) (3) (4) (5)
34. 父母希望你能考上大学	(1) (2) (3) (4) (5)
35. 父母希望你的学习成绩是排在全班的前列	(1) (2) (3) (4) (5)
36. 父母对你的期望很大	(1) (2) (3) (4) (5)
37. 你家庭的气氛很和睦	(1) (2) (3) (4) (5)
38. 你常与父母沟通意见或讨论事情	(1) (2) (3) (4) (5)
39. 遇到特定节日或事件（如生日），家中常常都会庆祝一下	(1) (2) (3) (4) (5)
40. 父母忙于工作，待在家里的时间很少	(1) (2) (3) (4) (5)
41. 父母的意见对你很重要	(1) (2) (3) (4) (5)
42. 你的父母常会与学校老师联系	(1) (2) (3) (4) (5)
43. 你的父母与学校老师的关系比较熟	(1) (2) (3) (4) (5)
44. 你的父母会参加学校的活动	(1) (2) (3) (4) (5)
45. 你家附近的邻居你大部分都认识	(1) (2) (3) (4) (5)
46. 你的父母会参加你家所在小区举办的活动	(1) (2) (3) (4) (5)
47. 邻居会将你的言行告诉你的父母	(1) (2) (3) (4) (5)
48. 父母与亲友有密切的来往	(1) (2) (3) (4) (5)
49. 父母经常会参加亲友们的聚会	(1) (2) (3) (4) (5)
50. 当家里有急事时，父母的亲友可以协助解决	(1) (2) (3) (4) (5)

第四部分：学校和同伴

请根据犯罪前你在学校的实际情况做出选择，回答时请在右侧五个不同的答案中选一个你认为最符合你实际情况的答案，并在所选的答案的数字上打"√"。

	完全不符合	基本不符合	一半不符合一半符合	基本符合	完全符合
1. 当我需要帮助时，我的同学会帮助我	(1)	(2)	(3)	(4)	(5)
2. 当我需要帮助时，我的老师会帮助我	(1)	(2)	(3)	(4)	(5)
3. 我爱我的老师和同学们	(1)	(2)	(3)	(4)	(5)
4. 我乐于参与学校的集体生活	(1)	(2)	(3)	(4)	(5)
5. 当我尽力把事情做好时，老师会称赞我	(1)	(2)	(3)	(4)	(5)
6. 当我帮助同学时，同学会接受并支持我	(1)	(2)	(3)	(4)	(5)
7. 在学校里，老师很注意我是否把事情做好	(1)	(2)	(3)	(4)	(5)
8. 我觉得老师对同学的行为是赏罚分明的	(1)	(2)	(3)	(4)	(5)
9. 与其他同学相比，我很满意在学习上的表现	(1)	(2)	(3)	(4)	(5)
10. 我有信心能够考上大学	(1)	(2)	(3)	(4)	(5)

11. 学校和老师鼓励同学参与义务活动　　　　(1) (2) (3) (4) (5)

12. 我觉得我们学校是鼓励同学们互相帮助的　(1) (2) (3) (4) (5)

13. 我觉得班里的同学愿意互相分享自己的所见所闻和感受　(1) (2) (3) (4) (5)

14. 我会尽力为学校或班集体做出贡献　　　　(1) (2) (3) (4) (5)

15. 我愿意遵守校规校纪　　　　　　　　　　(1) (2) (3) (4) (5)

16. 我热爱我的学校　　　　　　　　　　　　(1) (2) (3) (4) (5)

17. 老师有体罚或变相体罚的行为　　　　　　(1) (2) (3) (4) (5)

18. 我在学校被同学收过保护费　　　　　　　(1) (2) (3) (4) (5)

19. 我与老师吵过架　　　　　　　　　　　　(1) (2) (3) (4) (5)

20. 我的学校注重开展法制教育　　　　　　　(1) (2) (3) (4) (5)

21. 我的学校注重开展性健康教育　　　　　　(1) (2) (3) (4) (5)

22. 我的学校注重开展自我保护教育　　　　　(1) (2) (3) (4) (5)

23. 我的学校周围的社会治安良好　　　　　　(1) (2) (3) (4) (5)

24. 当我需要帮助时，我相信我的朋友一定会帮助我　(1) (2) (3) (4) (5)

25. 在我的生活中，有很多关心我的朋友　　　(1) (2) (3) (4) (5)

26. 我缺乏分辨好朋友和坏朋友的能力　　　　(1) (2) (3) (4) (5)

27. 我没有什么真正的朋友　　　　　　　　　(1) (2) (3) (4) (5)

28. 与其他孩子相比，我比较常换学校读书　　(1) (2) (3) (4) (5)

29. 我喜欢在网上交友，与网友聊天　　　　　(1) (2) (3) (4) (5)

30. 我经常与网友见面　　　　　　　　　　　(1) (2) (3) (4) (5)

第五部分：社区环境和邻里关系

请根据犯罪前你所在社区的实际情况做出选择，回答时请在右侧五个不同的答案中选一个你认为最符合你实际情况的答案，并在所选的答案的数字上打"√"。

	完全不符合	基本不符合	一半不符合一半符合	基本符合	完全符合
1. 我家周围的邻居我大部分都认识	(1)	(2)	(3)	(4)	(5)
2. 我不喜欢与我家周围的邻居打交道	(1)	(2)	(3)	(4)	(5)
3. 我家周围的邻居或小区的人对孩子们很和善	(1)	(2)	(3)	(4)	(5)
4. 我家周围的邻居或小区的人互相都认识	(1)	(2)	(3)	(4)	(5)
5. 如果需要，我的邻居之间会互相照看宠物或孩子	(1)	(2)	(3)	(4)	(5)
6. 我很关心邻居中那些遭遇不幸的人	(1)	(2)	(3)	(4)	(5)
7. 我家的邻居之间就像一个大家庭	(1)	(2)	(3)	(4)	(5)
8. 我家附近经常发生盗窃案件	(1)	(2)	(3)	(4)	(5)
9. 我家附近社会治安不好	(1)	(2)	(3)	(4)	(5)
10. 我家周围经常有小混混出现	(1)	(2)	(3)	(4)	(5)
11. 我的邻居都信任警察	(1)	(2)	(3)	(4)	(5)

12. 我对邻居不是很熟悉　　　　　　　　　　　　　(1)(2)(3)(4)(5)

13. 我家所在的地方在当地是比较繁华的地段　　　　(1)(2)(3)(4)(5)

14. 我家所在地段的环境不好　　　　　　　　　　　(1)(2)(3)(4)(5)

15. 我家附近的邻居之间经常吵架　　　　　　　　　(1)(2)(3)(4)(5)

16. 我家附近的邻居之间经常有打架现象　　　　　　(1)(2)(3)(4)(5)

17. 我家附近有人或邻居有吸毒的　　　　　　　　　(1)(2)(3)(4)(5)

18. 我家附近有人或邻居有贩毒的　　　　　　　　　(1)(2)(3)(4)(5)

19. 时常听说我家的邻居中有人被警察抓了　　　　　(1)(2)(3)(4)(5)

20. 我不知道我家所在的居委会或村委会在哪里　　　(1)(2)(3)(4)(5)

21. 我家所在的居委会或村委会经常组织居（村）民活动　　　　　　　　　　　　　　　　　　　　(1)(2)(3)(4)(5)

22. 我家周围有一些专门为青少年开设的活动场所　　(1)(2)(3)(4)(5)

23. 我家所在的社区经常开展青少年法制教育宣传　　(1)(2)(3)(4)(5)

24. 我家所在的社区经常开展青少年禁毒教育　　　　(1)(2)(3)(4)(5)

25. 我家所在社区的居民都愿意参与志愿服务活动　　(1)(2)(3)(4)(5)

26. 我家所在的社区有对违法犯罪青少年进行救助的组织　　　　　　　　　　　　　　　　　　　　(1)(2)(3)(4)(5)

27. 我家所在社区的网吧不允许未成年人进入　　　　(1)(2)(3)(4)(5)

28. 我家所在的社区有保安　　　　　　　　　　　　(1)(2)(3)(4)(5)

29. 我家所在社区的街道都装有路灯　　　　　　　　(1)(2)(3)(4)(5)

30. 我家所在社区的街角都装有监控探头　　　　　　(1)(2)(3)(4)(5)

第六部分：家庭功能

请根据犯罪前你的家庭实际情况做出选择，回答时请在右侧五个不同的答案中选一个你认为最符合你实际情况的答案，并在所选的答案的数字上打"√"。

	没有	偶尔	有时	经常	总是
1. 在有困难时，家庭成员都会尽最大的努力相互支持帮助	(1)	(2)	(3)	(4)	(5)
2. 我家中的每个成员都可以随便发表自己的意见	(1)	(2)	(3)	(4)	(5)
3. 我家的成员比较愿意与朋友商讨个人问题，而不愿意与家人商量	(1)	(2)	(3)	(4)	(5)
4. 每个家庭成员都参与做出重大的家庭决策	(1)	(2)	(3)	(4)	(5)
5. 家庭成员经常聚在一起进行聚餐、看电影等活动	(1)	(2)	(3)	(4)	(5)
6. 晚辈对长辈的教导可以发表自己的意见	(1)	(2)	(3)	(4)	(5)
7. 在家里，有事大家一起做	(1)	(2)	(3)	(4)	(5)
8. 家庭成员一起讨论问题，并对问题的解决感到满意	(1)	(2)	(3)	(4)	(5)
9. 在家中，我们轮流分担不同的家务	(1)	(2)	(3)	(4)	(5)
10. 家庭成员之间都熟悉每个成员的亲密朋友	(1)	(2)	(3)	(4)	(5)
11. 家庭成员自己要作决策时，喜欢与家人一起商量	(1)	(2)	(3)	(4)	(5)
12. 当家庭中出现矛盾时，成员间相互谦让以达成一致	(1)	(2)	(3)	(4)	(5)
13. 在解决问题时，孩子们的建议能够被接受	(1)	(2)	(3)	(4)	(5)

14. 家庭成员之间的关系是非常密切的　　　　　　(1)(2)(3)(4)(5)

15. 我们家的家教是合理的　　　　　　　　　　　(1)(2)(3)(4)(5)

16. 在家中，每个成员习惯单独活动　　　　　　　(1)(2)(3)(4)(5)

17. 我家喜欢用新方法去解决遇到的问题　　　　　(1)(2)(3)(4)(5)

18. 家庭成员都能按家庭所作的决定去做事　　　　(1)(2)(3)(4)(5)

19. 在我家，每个成员都分担家庭义务　　　　　　(1)(2)(3)(4)(5)

20. 家庭成员喜欢在一起度过业余时间　　　　　　(1)(2)(3)(4)(5)

21. 家庭的生活规律和家规难以改变　　　　　　　(1)(2)(3)(4)(5)

22. 家庭成员都很主动向家里其他人谈自己的心里话　(1)(2)(3)(4)(5)

23. 在家里，家庭成员可以随便提出自己的要求　　(1)(2)(3)(4)(5)

24. 在家中，每个家庭成员的朋友都会受到热情的
接待　　　　　　　　　　　　　　　　　　　(1)(2)(3)(4)(5)

25. 当家庭产生矛盾时，家庭成员会把自己的想法
藏在心里　　　　　　　　　　　　　　　　　(1)(2)(3)(4)(5)

26. 在家里，我们更愿意分开做事，而不太愿意和
全家人一起做　　　　　　　　　　　　　　　(1)(2)(3)(4)(5)

27. 家庭成员可以分享彼此的兴趣和爱好　　　　　(1)(2)(3)(4)(5)

第七部分：社会态度

请根据你的实际情况做出选择，回答时请在右侧五个不同的答案中选一个你最认同的答案，并在所选的答案的数字上打"√"。

	完全同意	部分同意	不确定	部分不同意	完全不同意

1. 目前在社会中虚伪的现象越来越少了　　　　　　　　(1) (2) (3) (4) (5)

2. 与陌生人打交道时最好小心，除非有他们值得信任的依据　　　　　　　　　　　　　　　　　　　　　(1) (2) (3) (4) (5)

3. 阻止多数人触犯法律的是恐惧或惩罚，而不是良心　(1) (2) (3) (4) (5)

4. 考试时如果老师不到场监考，会有更多的人作弊　　(1) (2) (3) (4) (5)

5. 通常父母在遵守诺言方面是可以信赖的　　　　　　(1) (2) (3) (4) (5)

6. 联合国不会成为维持世界和平的有效力量　　　　　(1) (2) (3) (4) (5)

7. 法院是我们都能受到公正对待的场所　　　　　　　(1) (2) (3) (4) (5)

8. 如果公众知道新闻有些已被歪曲，多数人会感到震惊　　　　　　　　　　　　　　　　　　　　　　(1) (2) (3) (4) (5)

9. 不管人们怎样表白，多数人还是主要关心自身的幸福　　　　　　　　　　　　　　　　　　　　　　(1) (2) (3) (4) (5)

10. 尽管在报纸、广播和电视中均可收听、收看新闻，但我们很难得到关于公共事件的客观报道　　　　(1) (2) (3) (4) (5)

11. 多数专家关于自身存在知识局限性的表白是可信的　(1) (2) (3) (4) (5)

12. 多数父母威胁说要惩罚孩子时，通常是说到做到的　(1) (2) (3) (4) (5)

13. 多数人如果说出自己的打算就一定会去实现　　(1) (2) (3) (4) (5)

14. 在这个竞争的年代里，如果不保持警惕，别人就
可能占你的便宜　　　　　　　　　　　　　　　(1) (2) (3) (4) (5)

15. 多数推销人员在描述他们的产品时是诚实的　　(1) (2) (3) (4) (5)

16. 多数学生即使在有把握不被发现时也不作弊　　(1) (2) (3) (4) (5)

17. 多数维修人员即使知道你不懂其专业知识也不会
多收费　　　　　　　　　　　　　　　　　　　(1) (2) (3) (4) (5)

18. 对保险公司的控告有相当一部分是假的　　　　(1) (2) (3) (4) (5)

19. 多数人能诚实地回答民意调查中的问题　　　　(1) (2) (3) (4) (5)

第八部分：犯罪状况

（请根据你犯罪的实际情况选出正确答案，并在相应的选项上打"√"）。

1. 你犯罪时居住在：
（1）城市　　（2）农村　　（3）城乡结合部
2. 在此次犯罪时，你的生活状态属于下列哪种情形？
（1）在上学　　（2）在工作　　（3）既没有上学也没有工作
（4）其他，请写明_____
3. 你此次犯罪的罪名是：（可多选）
（1）故意杀人　　（2）故意伤害　　（3）强奸　　（4）抢劫　　（5）贩毒
（6）寻衅滋事　　（7）抢夺　　（8）猥亵妇女　　（9）盗窃　　（10）诈骗
（11）赌博　　（12）敲诈勒索　　（13）聚众斗殴　　（14）其他，请写明
_____
4. 你此次犯罪受到了什么样的处罚：（可多选）
（1）免予刑事处罚　　（2）缓刑　　（3）管制　　（4）拘役　　（5）有期徒刑 3 年以下（实刑）　　（6）有期徒刑 3 年及以上　　（7）社区矫正
（8）禁止令　　（9）其他，请写明_____
5. 你此次犯罪受到处罚的具体刑期是____年____个月【请填写，具体到多少个月】
6. 你此次犯罪有几个犯罪同伙？（单选）
（1）没有　　（2）1 个　　（3）2 个及以上
7. 你此次犯罪的地点是：（可多选）
（1）街头　　（2）网吧、酒吧、KTV 等公共场所　　（3）出租屋　　（4）学校　　（5）学校附近　　（6）宾馆　　（7）其他，请写明_____
8. 你此次犯罪的时间是：（单选）
（1）白天_____【请将具体犯罪时间在横线上写明】
（2）晚上_____【几点，请在横线上写明】
9. 在犯罪过程中，你最担心什么？（可多选）
（1）治安人员巡逻　　（2）被电子摄像头拍摄到　　（3）被熟人认出来
（4）被害人反抗　　（5）没有什么可担心的　　（6）其他，请写明
_____

10. 你犯罪时是否有以下想法？（对于每个小问题，请在你认可的选项上打"√"）

A. 一时冲动，什么都没想	（1）是　（2）否
B. 知道是坏事，但控制不住自己	（1）是　（2）否
C. 不知道是犯罪，也不知道会受到处罚	（1）是　（2）否
D. 不知道自己的行为触犯了法律	（1）是　（2）否
E. 为朋友两肋插刀，值得	（1）是　（2）否
F. 犯罪后即使被抓住，找关系也可以放出来	（1）是　（2）否
G. 凭经验认为不会被抓住	（1）是　（2）否
H. 几个人一起干，责任可以分担	（1）是　（2）否
I. 其实自己也不想干，但因为外部的原因不得不做	（1）是　（2）否

11. 你认为此次犯罪的原因是：（可多选）
（1）自我控制力低　（2）受坏人教唆　（3）好奇心　（4）不懂法律　（5）报复社会　（6）受影视作品影响　（7）受互联网影响　（8）朋友义气　（9）学历低，找不到好工作　（10）其他，请写明_____

12. 你认为下列矫治措施对你是否有效？（对于每个小问题，请在你认可的选项上打"√"）

A. 法制教育	（1）有　（2）没有
B. 文化教育	（1）没有　（2）有
C. 技能培训	（1）有　（2）没有
D. 人格教育	（1）没有　（2）有
E. 社会帮教	（1）有　（2）没有
F. 心理辅导	（1）没有　（2）有

13. 你对未来生活最担心的是什么？（可多选）
（1）家人歧视　（2）能否找到工作　（3）能否找到配偶　（4）能否继续上学　（5）感觉生活没有什么希望了　（6）社会歧视　（7）其他，请写明_____

14. 在社会帮教方面，青少年维权、志愿者协会等社会组织可以为你提供哪些方面的帮助？（可多选）
（1）法律援助　（2）心理辅导　（3）就业培训　（4）犯罪预防的宣传活动　（5）不良行为的预防和矫治　（6）其他，请写明_____

15. 假如在违法犯罪前存在下列哪些事项，你就不会实施违法犯罪行为？（可多选）
（1）父母对你好一些　（2）老师对你好一些　（3）结交一些朋友　（4）不怕吃苦　（5）好好学习　（6）知道犯罪的代价　（7）没有玩网络游戏成瘾　（8）其他，请写明_____

16. 你认为国家和社会应如何预防青少年犯罪？（可多选）
（1）修改《预防未成年人犯罪法》　（2）制定《未成年人福利法》　（3）成立专门的少年审判组织　（4）加强网络信息管理，净化网络空间　（5）办好专门（工读）学校教育　（6）加强法制教育，使青少年知道犯罪后果　（7）动员和组织更广泛的社会力量参与青少年犯罪预防　（8）开展青少年犯罪预防宣传教育活动　（9）其他，请写明_____

17. A. 在此次犯罪之前，你是否还有过被处罚的犯罪行为？（单选）
（1）否
（2）是（请回答此选项的继续回答下列表格中的问题）
B. 请回答有关重新犯罪的问题：

B1. 你上一次犯罪的罪名是：（可多选） （1）故意杀人　（2）故意伤害　（3）强奸　（4）抢劫　（5）贩毒　（6）寻衅滋事　（7）抢夺　（8）猥亵妇女　（9）盗窃　（10）诈骗　（11）赌博　（12）敲诈勒索　（13）聚众斗殴　（14）其他，请写明_____
B2. 上一次犯罪受到了什么样的处罚：（可多选） （1）免予刑事处罚　（2）缓刑　（3）管制　（4）拘役　（5）禁止令　（6）有期徒刑3年以下（实刑）　（7）有期徒刑3年及以上　（8）社区矫正　（9）其他，请写明_____

B3. 你认为上一次犯罪所受到的处罚的严厉程度是：（单选） （1）不严厉　（2）一般　（3）非常严厉
B4. 上一次犯罪回到社会后的状态是：（单选） （1）继续上学　（2）辍学　（3）外出打工　（4）无业　（5）其他，请写明＿＿＿＿＿
B5. 上一次犯罪受处罚后回到社会过程中遇到的困难主要是：（可多选） （1）罪犯的身份受到社会或别人的歧视　（2）没有一技之长　（3）找不到工作　（4）难以脱离以前的朋友　（5）缺少家庭的关爱　（6）被学校开除，没法继续上学　（7）其他，请写明＿＿＿＿＿
B6. 上一次犯罪受处罚后回到社会的过程中，你最需要哪些帮助：（可多选） （1）继续回到学校读书　（2）学习一项技能　（3）心理辅导　（4）帮助找工作　（5）帮助远离以前的朋友，结交新朋友　（6）其他，请写明＿＿＿＿＿

调查问卷 B 卷

朋友：

你好！为了了解你的生活状况，我们进行本次调查。你的真实回答非常重要，请按照要求认真回答。调查不用填写姓名，答案没有对错之分，我们会对问卷内容严格保密。

问卷填答说明：

(1) 请在所选的选项上打"√"，或将序号填在对应的括号内，或在_____处填写相应内容。

(2) 题后注明"可多选"的，可以选择多个答案；题后未注明的只能选择一个答案。

第一部分：个人基本资料

请根据你的实际情况选出正确答案，并在相应的选项上打"√"。

1. 你的性别： （1）男 （2）女
2. 你的民族是：（1）汉 （2）少数民族
3. 你现在的年龄是：_____；你犯罪时的年龄是：_____【请填写周岁】
4. 你是否是独生子女：（1）是 （2）否
5. 你现在是：
(1) 小学生 (2) 初中生 (3) 高中生 (4) 大学生（大专以上）
6. 你现在学习的学校是：
(1) 普通学校（小学、中学） (2) 中等职业学校 (3) 专门学校
(4) 打工子弟学校 (5) 大学
7. 你的学习成绩如何？
(1) 好 (2) 一般 (3) 差
8. 目前你的父母的情况是：
(1) 父母同住 (2) 父亲或母亲在外地工作很少回来 (3) 父母因感情不和而分居 (4) 离婚 (5) 父亲过世 (6) 母亲过世 (7) 父母都过世

9. 你父母的受教育程度:【请按照下表,将父母的受教育程度的序号填在对应的横线上】

(1) 父亲受教育程度:_____ (2) 母亲受教育程度:_____

> (A) 硕士(含)以上　　(B) 大学或专科毕业　　(C) 高中、中专或职高毕业　(D) 初中毕业 (E) 小学及以下　　(F) 不清楚

10. 你父母的职业分别是:【请按照下表,将父母的职业选项的序号填在对应的横线上】

(1) 父亲的职业:_____ (2) 母亲的职业:_____

> (A) 离退休人员
> (B) 党政、事业和社团机关单位的领导
> (C) 经理人员(企业中的高中层管理人员及部门负责人)
> (D) 私营企业主(生产资料属于私人所有,雇工8人以上的营利性组织的业主)
> (E) 专业技术人员(科教文卫人员、工程技术人员、律师、设计师等)
> (F) 党政机关或企业的办事人员
> (G) 个体工商户(小业主、小雇主、出租少量房屋者等以此职业为主要收入来源者)
> (H) 商业服务业人员(厨师、出租车司机、推销员、导游、服务员、保安、清洁工等)
> (I) 产业工人(电工、机修工、搬运工、养路工、建筑工等)
> (J) 农民(以农业、林业、牧业、渔业为主要职业和收入者)
> (K) 无业或失业
> (L) 其他,请写明_____

11. 与周围的人相比,你认为你家的经济状况如何?
(1) 好　　(2) 一般　　(3) 困难

12. 与周围的人相比,你认为你的健康状况如何?
(1) 好　　(2) 一般　　(3) 差

13. 你是否曾经因违反学校纪律而转学:　　　　(1) 是　　(2) 否

14. 你是否曾经因违反学校纪律而不去学校上学:　(1) 是　　(2) 否

15. 你目前住在:(1) 城市　　(2) 城乡结合部　　(3) 农村

第二部分：行为

请根据你的实际情况做出选择，回答时请在右侧五个不同的答案中选一个你认为最符合你实际情况的答案，并在所选的答案的数字上打"√"。

	从未有过	有过1~2次	有过5~6次	每周1~2次	经常发生
1. 破坏学校的门窗、桌椅等	(1)	(2)	(3)	(4)	(5)
2. 破坏街边的公共设施	(1)	(2)	(3)	(4)	(5)
3. 偷别人的钱	(1)	(2)	(3)	(4)	(5)
4. 未经允许，骑走陌生人的自行车	(1)	(2)	(3)	(4)	(5)
5. 离家出走	(1)	(2)	(3)	(4)	(5)
6. 携带刀具进入校园	(1)	(2)	(3)	(4)	(5)
7. 故意伤害他人	(1)	(2)	(3)	(4)	(5)
8. 为了获取报酬或以付钱的方式，与他人发生性关系	(1)	(2)	(3)	(4)	(5)
9. 打群架	(1)	(2)	(3)	(4)	(5)
10. 吸食摇头丸、K粉等	(1)	(2)	(3)	(4)	(5)
11. 在学校考试中偷看别人的答案	(1)	(2)	(3)	(4)	(5)
12. 搭公共汽车、出租车等不付钱	(1)	(2)	(3)	(4)	(5)
13. 偷拿家人的东西	(1)	(2)	(3)	(4)	(5)
14. 在学校暗地里算计老师	(1)	(2)	(3)	(4)	(5)

15. 与父母冲突时，动手打父母或其他长辈　　(1)(2)(3)(4)(5)

16. 郁闷时，动手打同伴或同学　　　　　　　(1)(2)(3)(4)(5)

17. 强行要同伴的钱、物　　　　　　　　　　(1)(2)(3)(4)(5)

18. 强行拿陌生人的钱　　　　　　　　　　　(1)(2)(3)(4)(5)

19. 买东西不付钱　　　　　　　　　　　　　(1)(2)(3)(4)(5)

20. 浏览网络色情信息　　　　　　　　　　　(1)(2)(3)(4)(5)

21. 骗取别人的钱　　　　　　　　　　　　　(1)(2)(3)(4)(5)

22. 打骚扰电话或发骚扰短信　　　　　　　　(1)(2)(3)(4)(5)

23. 玩网络暴力游戏　　　　　　　　　　　　(1)(2)(3)(4)(5)

24. 调戏、谩骂或殴打异性　　　　　　　　　(1)(2)(3)(4)(5)

25. 逃学　　　　　　　　　　　　　　　　　(1)(2)(3)(4)(5)

第三部分：亲子关系

> 请根据你的实际情况做出选择，回答时请在右侧五个不同的答案中选一个你认为最符合你实际情况的答案，并在所选的答案的数字上打"√"。

	完全不符合	基本不符合	一半不符合一半符合	基本符合	完全符合

1. 父亲（指你的父亲，下同）经常问你在学校里做什么　　　　　　　　　　　　　　(1) (2) (3) (4) (5)

2. 父亲给你适当的关爱　　　　　　　　　　(1) (2) (3) (4) (5)

3. 对你来说最坏的事是发现你使父亲不开心　(1) (2) (3) (4) (5)

4. 当你努力完成某事时，父亲通常高兴并夸奖你　(1) (2) (3) (4) (5)

5. 父亲信任你　　　　　　　　　　　　　　(1) (2) (3) (4) (5)

6. 你和父亲之间的关系亲密　　　　　　　　(1) (2) (3) (4) (5)

7. 当你和朋友一起出去玩或约会时，父亲想知道你和谁出去　　　　　　　　　　　　　　(1) (2) (3) (4) (5)

8. 当你不在家的时候，父亲知道你和谁在一起以及你在哪里　　　　　　　　　　　　　　(1) (2) (3) (4) (5)

9. 当你放学不直接回家时，父亲要你告诉他你和谁在一起　　　　　　　　　　　　　　　(1) (2) (3) (4) (5)

10. 当你不在家的时候，父亲知道你大概在哪里　(1) (2) (3) (4) (5)

11. 母亲（指你的母亲，下同）经常问你在学校里做什么　　(1) (2) (3) (4) (5)

12. 母亲给你适当的关爱　　(1) (2) (3) (4) (5)

13. 对你来说最坏的事是发现你使母亲不开心　　(1) (2) (3) (4) (5)

14. 当你努力完成某事时，母亲通常高兴并夸奖你　　(1) (2) (3) (4) (5)

15. 母亲信任你　　(1) (2) (3) (4) (5)

16. 你和母亲之间的关系亲密　　(1) (2) (3) (4) (5)

17. 当你和朋友一起出去玩或约会时，母亲想知道你和谁出去　　(1) (2) (3) (4) (5)

18. 当你不在家时，母亲知道你和谁在一起以及你在哪里　　(1) (2) (3) (4) (5)

19. 当你放学不直接回家时，母亲要你告诉她你和谁在一起　　(1) (2) (3) (4) (5)

20. 当你不在家的时候，母亲知道你大概在哪里　　(1) (2) (3) (4) (5)

21. 你会告诉父母对事情的看法　　(1) (2) (3) (4) (5)

22. 你喜欢和父母聊天　　(1) (2) (3) (4) (5)

23. 你喜欢和父母一起活动　　(1) (2) (3) (4) (5)

24. 在你考试没有考好的时候，父母会与你共同检讨原因　　(1) (2) (3) (4) (5)

25. 你的功课有不懂的地方，父母会为你解答疑惑　　(1) (2) (3) (4) (5)

26. 父母会检查你的家庭作业　　(1) (2) (3) (4) (5)

27. 当你的考试成绩不理想的时候，父母会鼓励你　　(1) (2) (3) (4) (5)

28. 父母会禁止你与有不良行为的朋友交往　　(1) (2) (3) (4) (5)

29. 父母会禁止你去网吧、酒吧等场所　　(1) (2) (3) (4) (5)

30. 有些电视节目或电影，父母会禁止你看	(1) (2) (3) (4) (5)
31. 父母会制定一些规矩要求你遵守	(1) (2) (3) (4) (5)
32. 父母对你的要求，你都能够遵守	(1) (2) (3) (4) (5)
33. 你能接受父母的管教方式	(1) (2) (3) (4) (5)
34. 父母希望你能考上大学	(1) (2) (3) (4) (5)
35. 父母希望你的学习成绩是排在全班的前列	(1) (2) (3) (4) (5)
36. 父母对你的期望很大	(1) (2) (3) (4) (5)
37. 你家庭的气氛很和睦	(1) (2) (3) (4) (5)
38. 你常与父母沟通意见或讨论事情	(1) (2) (3) (4) (5)
39. 遇到特定节日或事件（如生日），家中常常都会庆祝一下	(1) (2) (3) (4) (5)
40. 父母忙于工作，待在家里的时间很少	(1) (2) (3) (4) (5)
41. 父母的意见对你很重要	(1) (2) (3) (4) (5)
42. 你的父母常会与学校老师联系	(1) (2) (3) (4) (5)
43. 你的父母与学校老师的关系比较熟	(1) (2) (3) (4) (5)
44. 你的父母会参加学校的活动	(1) (2) (3) (4) (5)
45. 你家附近的邻居你大部分都认识	(1) (2) (3) (4) (5)
46. 你的父母会参加你家所在小区举办的活动	(1) (2) (3) (4) (5)
47. 邻居会将你的言行告诉你的父母	(1) (2) (3) (4) (5)
48. 父母与亲友有密切的来往	(1) (2) (3) (4) (5)
49. 父母经常会参加亲友们的聚会	(1) (2) (3) (4) (5)
50. 当家里有急事时，父母的亲友可以协助解决	(1) (2) (3) (4) (5)

第四部分：学校和同伴

> 请根据你在学校的实际情况做出选择，回答时请在右侧五个不同的答案中选一个你认为最符合你实际情况的答案，并在所选的答案的数字上打"√"。

	完全不符合	基本不符合	一半不符合一半符合	基本符合	完全符合
1. 当我需要帮助时，我的同学会帮助我	(1)	(2)	(3)	(4)	(5)
2. 当我需要帮助时，我的老师会帮助我	(1)	(2)	(3)	(4)	(5)
3. 我爱我的老师和同学们	(1)	(2)	(3)	(4)	(5)
4. 我乐于参与学校的集体生活	(1)	(2)	(3)	(4)	(5)
5. 当我尽力把事情做好时，老师会称赞我	(1)	(2)	(3)	(4)	(5)
6. 当我帮助同学时，同学会接受并支持我	(1)	(2)	(3)	(4)	(5)
7. 在学校里，老师很注意我是否把事情做好	(1)	(2)	(3)	(4)	(5)
8. 我觉得老师对同学的行为是赏罚分明的	(1)	(2)	(3)	(4)	(5)
9. 与其他同学相比，我很满意在学习上的表现	(1)	(2)	(3)	(4)	(5)
10. 我有信心能够考上大学	(1)	(2)	(3)	(4)	(5)
11. 学校和老师鼓励同学参与义务活动	(1)	(2)	(3)	(4)	(5)

12. 我觉得我们学校是鼓励同学们互相帮助的	(1) (2) (3) (4) (5)
13. 我觉得班里的同学愿意互相分享自己的所见所闻和感受	(1) (2) (3) (4) (5)
14. 我会尽力为学校或班集体做出贡献	(1) (2) (3) (4) (5)
15. 我愿意遵守校规校纪	(1) (2) (3) (4) (5)
16. 我热爱我的学校	(1) (2) (3) (4) (5)
17. 老师有体罚或变相体罚的行为	(1) (2) (3) (4) (5)
18. 我在学校被同学收过保护费	(1) (2) (3) (4) (5)
19. 我与老师吵过架	(1) (2) (3) (4) (5)
20. 我的学校注重开展法制教育	(1) (2) (3) (4) (5)
21. 我的学校注重开展性健康教育	(1) (2) (3) (4) (5)
22. 我的学校注重开展自我保护教育	(1) (2) (3) (4) (5)
23. 我的学校周围的社会治安良好	(1) (2) (3) (4) (5)
24. 当我需要帮助时，我相信我的朋友一定会帮助我	(1) (2) (3) (4) (5)
25. 在我的生活中，有很多关心我的朋友	(1) (2) (3) (4) (5)
26. 我缺乏分辨好朋友和坏朋友的能力	(1) (2) (3) (4) (5)
27. 我没有什么真正的朋友	(1) (2) (3) (4) (5)
28. 与其他孩子相比，我比较常换学校读书	(1) (2) (3) (4) (5)
29. 我喜欢在网上交友，与网友聊天	(1) (2) (3) (4) (5)
30. 我经常与网友见面	(1) (2) (3) (4) (5)

第五部分：社区环境和邻里关系

> 请根据你所在社区的实际情况做出选择，回答时请在右侧五个不同的答案中选一个你认为最符合你实际情况的答案，并在所选的答案的数字上打"√"。

	完全不符合	基本不符合	一半不符合一半符合	基本符合	完全符合
1. 我家周围的邻居我大部分都认识	(1)	(2)	(3)	(4)	(5)
2. 我不喜欢与我家周围的邻居打交道	(1)	(2)	(3)	(4)	(5)
3. 我家周围的邻居或小区的人对孩子们很和善	(1)	(2)	(3)	(4)	(5)
4. 我家周围的邻居或小区的人互相都认识	(1)	(2)	(3)	(4)	(5)
5. 如果需要，我的邻居之间会互相照看宠物或孩子	(1)	(2)	(3)	(4)	(5)
6. 我很关心邻居中那些遭遇不幸的人	(1)	(2)	(3)	(4)	(5)
7. 我家的邻居之间就像一个大家庭	(1)	(2)	(3)	(4)	(5)
8. 我家附近经常发生盗窃案件	(1)	(2)	(3)	(4)	(5)
9. 我家附近社会治安不好	(1)	(2)	(3)	(4)	(5)
10. 我家周围经常有小混混出现	(1)	(2)	(3)	(4)	(5)
11. 我的邻居都信任警察	(1)	(2)	(3)	(4)	(5)

12. 我对邻居不是很熟悉	(1)(2)(3)(4)(5)
13. 我家所在的地方在当地是比较繁华的地段	(1)(2)(3)(4)(5)
14. 我家所在地段的环境不好	(1)(2)(3)(4)(5)
15. 我家附近的邻居之间经常吵架	(1)(2)(3)(4)(5)
16. 我家附近的邻居之间经常有打架现象	(1)(2)(3)(4)(5)
17. 我家附近有人或邻居有吸毒的	(1)(2)(3)(4)(5)
18. 我家附近有人或邻居有贩毒的	(1)(2)(3)(4)(5)
19. 时常听说我家的邻居中有人被警察抓了	(1)(2)(3)(4)(5)
20. 我不知道我家所在的居委会或村委会在哪里	(1)(2)(3)(4)(5)
21. 我家所在的居委会或村委会经常组织居（村）民活动	(1)(2)(3)(4)(5)
22. 我家周围有一些专门为青少年开设的活动场所	(1)(2)(3)(4)(5)
23. 我家所在的社区经常开展青少年法制教育宣传	(1)(2)(3)(4)(5)
24. 我家所在的社区经常开展青少年禁毒教育	(1)(2)(3)(4)(5)
25. 我家所在社区的居民都愿意参与志愿服务活动	(1)(2)(3)(4)(5)
26. 我家所在的社区有对违法犯罪青少年进行救助的组织	(1)(2)(3)(4)(5)
27. 我家所在社区的网吧不允许未成年人进入	(1)(2)(3)(4)(5)
28. 我家所在的社区有保安	(1)(2)(3)(4)(5)
29. 我家所在社区的街道都装有路灯	(1)(2)(3)(4)(5)
30. 我家所在社区的街角都装有监控探头	(1)(2)(3)(4)(5)

第六部分：家庭功能

> 请根据你的家庭实际情况做出选择，回答时请在右侧五个不同的答案中选一个你认为最符合你实际情况的答案，并在所选的答案的数字上打"√"。

	没有	偶尔	有时	经常	总是
1. 在有困难时，家庭成员都会尽最大的努力相互支持帮助	(1)	(2)	(3)	(4)	(5)
2. 我家中的每个成员都可以随便发表自己的意见	(1)	(2)	(3)	(4)	(5)
3. 我家的成员比较愿意与朋友商讨个人问题，而不愿意与家人商量	(1)	(2)	(3)	(4)	(5)
4. 每个家庭成员都参与做出重大的家庭决策	(1)	(2)	(3)	(4)	(5)
5. 家庭成员经常聚在一起进行聚餐、看电影等活动	(1)	(2)	(3)	(4)	(5)
6. 晚辈对长辈的教导可以发表自己的意见	(1)	(2)	(3)	(4)	(5)
7. 在家里，有事大家一起做	(1)	(2)	(3)	(4)	(5)
8. 家庭成员一起讨论问题，并对问题的解决感到满意	(1)	(2)	(3)	(4)	(5)
9. 在家中，我们轮流分担不同的家务	(1)	(2)	(3)	(4)	(5)
10. 家庭成员之间都熟悉每个成员的亲密朋友	(1)	(2)	(3)	(4)	(5)
11. 家庭成员自己要作决策时，喜欢与家人一起商量	(1)	(2)	(3)	(4)	(5)
12. 当家庭中出现矛盾时，成员间相互谦让以达成一致	(1)	(2)	(3)	(4)	(5)
13. 在解决问题时，孩子们的建议能够被接受	(1)	(2)	(3)	(4)	(5)
14. 家庭成员之间的关系是非常密切的	(1)	(2)	(3)	(4)	(5)

15. 我们家的家教是合理的　　　　　　　　　　(1)(2)(3)(4)(5)

16. 在家中,每个成员习惯单独活动　　　　　　(1)(2)(3)(4)(5)

17. 我家喜欢用新方法去解决遇到的问题　　　　(1)(2)(3)(4)(5)

18. 家庭成员都能按家庭所作的决定去做事　　　(1)(2)(3)(4)(5)

19. 在我家,每个成员都分担家庭义务　　　　　(1)(2)(3)(4)(5)

20. 家庭成员喜欢在一起度过业余时间　　　　　(1)(2)(3)(4)(5)

21. 家庭的生活规律和家规难以改变　　　　　　(1)(2)(3)(4)(5)

22. 家庭成员都很主动向家里其他人谈自己的心里话　(1)(2)(3)(4)(5)

23. 在家里,家庭成员可以随便提出自己的要求　(1)(2)(3)(4)(5)

24. 在家中,每个家庭成员的朋友都会受到热情的接待　(1)(2)(3)(4)(5)

25. 当家庭产生矛盾时,家庭成员会把自己的想法藏
在心里　　　　　　　　　　　　　　　　　(1)(2)(3)(4)(5)

26. 在家里,我们更愿意分开做事,而不太愿意和
全家人一起做　　　　　　　　　　　　　　(1)(2)(3)(4)(5)

27. 家庭成员可以分享彼此的兴趣和爱好　　　　(1)(2)(3)(4)(5)

第七部分：社会态度

> 请根据你的实际情况做出选择，回答时请在右侧五个不同的答案中选一个你最认同的答案，并在所选的答案的数字上打"√"。

	完全同意	部分同意	不确定	部分不同意	完全不同意
1. 目前在社会中虚伪的现象越来越少了	(1)	(2)	(3)	(4)	(5)
2. 与陌生人打交道时最好小心，除非有他们值得信任的依据	(1)	(2)	(3)	(4)	(5)
3. 阻止多数人触犯法律的是恐惧或惩罚，而不是良心	(1)	(2)	(3)	(4)	(5)
4. 考试时如果老师不到场监考，会有更多的人作弊	(1)	(2)	(3)	(4)	(5)
5. 通常父母在遵守诺言方面是可以信赖的	(1)	(2)	(3)	(4)	(5)
6. 联合国不会成为维持世界和平的有效力量	(1)	(2)	(3)	(4)	(5)
7. 法院是我们都能受到公正对待的场所	(1)	(2)	(3)	(4)	(5)
8. 如果公众知道新闻有些已被歪曲，多数人会感到震惊	(1)	(2)	(3)	(4)	(5)
9. 不管人们怎样表白，多数人还是主要关心自身的幸福	(1)	(2)	(3)	(4)	(5)
10. 尽管在报纸、广播和电视中均可收听、收看到新闻，但我们很难得到关于公共事件的客观报道	(1)	(2)	(3)	(4)	(5)
11. 多数专家关于自身存在知识局限性的表白是可信的	(1)	(2)	(3)	(4)	(5)
12. 多数父母威胁说要惩罚孩子时，通常是说到做到的	(1)	(2)	(3)	(4)	(5)

13. 多数人如果说出自己的打算就一定会去实现　　（1）（2）（3）（4）（5）

14. 在这个竞争的年代里，如果不保持警惕，别人就
    可能占你的便宜　　　　　　　　　　　　　　（1）（2）（3）（4）（5）

15. 多数推销人员在描述他们的产品时是诚实的　　（1）（2）（3）（4）（5）

16. 多数学生即使在有把握不被发现时也不作弊　　（1）（2）（3）（4）（5）

17. 多数维修人员即使知道你不懂其专业知识也不会
    多收费　　　　　　　　　　　　　　　　　　（1）（2）（3）（4）（5）

18. 对保险公司的控告有相当一部分是假的　　　　（1）（2）（3）（4）（5）

19. 多数人能诚实地回答民意调查中的问题　　　　（1）（2）（3）（4）（5）